厚德博學
經濟匡時

金融学系列

支付清算导论

张留禄　编著

上海财经大学出版社

图书在版编目(CIP)数据

支付清算导论 / 张留禄编著. —上海:上海财经大学出版社,2021.10
(匡时·金融学系列)
ISBN 978-7-5642-3828-5/F·3828

Ⅰ.①支… Ⅱ.①张… Ⅲ.①支付方式-高等学校-教材 Ⅳ.①F830.73

中国版本图书馆 CIP 数据核字(2021)第 140892 号

责任编辑:江　玉
封面设计:张克瑶
版式设计:朱静怡

支付清算导论

著 作 者: 张留禄　编著
出版发行: 上海财经大学出版社有限公司
地　　址: 上海市中山北一路 369 号(邮编 200083)
网　　址: http://www.sufep.com
经　　销: 全国新华书店
印刷装订: 上海华业装璜印刷厂有限公司
开　　本: 787mm×1092mm　1/16
印　　张: 16.75
字　　数: 327 千字
版　　次: 2021 年 10 月第 1 版
印　　次: 2025 年 9 月第 2 次印刷
印　　数: 3 001—3 500
定　　价: 59.00 元

前　言

改革开放以来，随着社会主义市场经济的深入发展，我国支付体系在法律制度、组织建设和技术体系等方面都发生了巨大变化。中国人民银行不再经营商业性金融业务，商业银行和专业清算机构的支付清算系统纷纷成立，已成为支付服务的主要提供者。国家相继颁布一系列的法律法规、支付制度，包括《中华人民共和国中国人民银行法》《中华人民共和国商业银行法》《中华人民共和国票据法》《支付结算办法》《人民币银行结算账户管理办法》《银行卡管理办法》等。国家级的支付清算网络和各个市场主体的支付清算网络相互融合，构成我国现代支付体系的物理架构，包括中国人民银行大额支付系统和小额支付系统、大型商业银行数据大集中工程、中国银联银行卡转接和清算系统、城市商业银行汇票处理系统、农信银资金清算系统、网联非银行支付机构网络支付清算平台等，形成了以中国人民银行现代化支付系统为核心、商业银行和银行间支付清算系统为基础、社会化支付系统为补充的支付体系架构。

《支付清算导论》是作者在多年实践的基础上，借鉴国内外最新理论和技术编写的，旨在更好地传播支付清算专业知识，推广支付清算行业发展的最新研究成果和创新实践经验，从理论和操作两个层面提高从业人员的专业技能和职业素养，促进行业人才队伍建设，保障行业持续健康发展。本书既可用作高等院校金融专业本科和研究生教材，也可用作支付清算系统广大员工的培训用书，同时也可以作为经济、管理等相关从业人员学习支付清算专业知识的基础读物。

全书共分 8 章，第一章“导论”，第二章“清算业务种类”，第三章“支付工具种类”，第四章“支付清算系统”，第五章“支付清算费用”，第六章“支付风险管理”，第七章“跨国支付清算”，第八章“发展趋势及业务创新”。每章均附有小结和思考题，可供读者学习参考。

本书写作参考了国内外学者的最新研究成果，得到了中国人民银行清算总中心和中国社会科学院的大力支持，上海财经大学出版社的江玉编辑和中国社会科学院的杨涛研究员对本书编写给予了具体指导和帮助，在此一并表示感谢。

由于作者水平所限，不足之处在所难免，敬请广大读者批评指正。

张留禄

2021 年 7 月于广州

目　录

第一章　导　论

第一节　支付清算的产生及内涵

一、支付的产生

支付最初源于买和卖的一个基本过程。在我们的日常生活中，为了满足基本生活需求和经济生产需求，我们会购买商品或原材料，这些活动或者说交易都需要货币的给付行为。简单来说，我们将货币的给付行为称为支付。

如今，在我们的日常经济活动中，支付无处不在。我们乘坐公共交通或出租车时，可能使用纸币支付；在商场购买衣服、电器时，可能使用信用卡支付；在网店上购买商品时可能使用网络或手机支付。尽管支付的手段和方式丰富多样，但它们共同的特点是将货币从买家转移给卖家，从而获得相应的商品或服务。所以，以货币为媒介的商品交易以及相伴随的资金融通是社会经济活动的基本形式。本质上来说，商品交易和资金融通蕴含着资金的转移，故支付的过程实际便是资金转移的过程。

为什么各种经济活动或交易中都会有支付环节呢？主要的经济原因是专业化分工导致商品交易的繁荣，且交易媒介的出现和支付体系的发展提高了商品交易的效率。

早期，人类的经济活动主要是自给自足的自然经济，生产的产品主要是自己使用，较少用于交换。在原始社会的后期，商品生产开始萌芽，这时候人类开始相互交换劳动产品，即所谓的物物交换。由于需要交换的商品数量非常少，物物交换适合当时的经济发展状况。随着社会生产力的发展，人类出现了第一次社会大分工，即农业和畜牧业的分离。分工使社会生产力获得进一步发展，产品数量不断增加，交换范围逐渐扩大，交换已经不是偶然行为，而是经常性行为，此时物物交换显然无法再满足经济社会发展的需要。

随后，出现了支付技术的第一次重要变革——实物交换转变成货币交换。一切商品的价值都集中地、统一地表现在一种贵金属商品如黄金或白银上。贵金属黄金或白银充当了一般等价物——货币。货币的出现是商品交易发展的必然结果，货币的主要功能是媒介交换，而媒介交换正是支付产生的根源和目的。故而随着货币的产生，支付也随之产生了。

1473年，世界上第一家银行在意大利的威尼斯问世，成为支付系统结构演变过程中的一个里程碑。自从银行制度诞生以来，作为支付手段的货币表现为两种主要的形式：一种是实物货币或称现金，另一种是银行存款。现金交易属于典型的"钱货两讫"，支付过程瞬时完成。以银行存款为支付手段的交易则是付款人存在银行账户上的存款资金向收款人银行账户转移。

以银行存款为支付手段的过程包括交易确认、运用非现金支付工具发出支付指令、通过支付系统传递支付信息并实现资金的转移。支付过程的每一个环节能否顺利发挥其功能，直接决定交易的成败和效率。同时，作为支付过程中服务主体的银行业金融机构，不仅提供账户服务，记录存款货币的存量和流量信息，为交易主体提供支付工具、支付信用、支付信息传递渠道和资金转移通道，还为交易主体之间复杂的债权债务提供清算和结算服务。其中，银行所特有的账户信息记录与管理功能使货币、支付与金融紧密联系在一起。

二、支付清算的界定

按照国际清算银行支付结算委员会的定义，所有涉及资金转移的行为都可视作支付行为。支付的概念最大，清算和结算属于支付过程中的特定环节。其中，清算是发生在结算前的环节，该环节的功能主要是为了提高结算的标准化水平和结算的效率。

支付是指完成付款人向收款人转移可以接受的货币债权的过程。从支付的功能出发，支付主要包括交易、清算和结算三个环节。清算是指结算前对支付工具清分、撮合，对待结算的债权、债务进行计算、轧差的过程。例如，在支票支付过程中，对票据的收集、清分和轧差；在银行卡的支付过程中，对通过POS机形成的支付指令信息的传递，对银行卡信息的路由和传递；对日切前当日各个会员银行间待结算债权、债务的轧差，各个参与会员的应收应付额的计算等。以上这些活动都属于清算的范畴。结算是指各个结算银行间资金最终转移的过程，包括收集待结算的债权并进行完整性检验，保证结算资金具有可用性，结清金融机构之间的债权、债务以及记录和通知各方。

由于各方面的原因，长期以来，我国对清算、结算这两个概念并没有明确的单独界定，存在一定的混淆。黄达在2003年版《金融学》（中国人民大学出版社）第十章第四节"中央银行体制下的支付清算系统"中，对"清算"和"结算"两个概念有独到的描述，书中写道："我国目前所使用的'清算'与'结算'就是与clearing和settlement相对应的。大不是一一对应的：不论是'清算'还是'结算'，其含义都包括clearing和settlement这两个过程。”最后，该书总结道：“但是，在讲解支付清算和最终操作支付清算的人群之间最终约定俗成之前，概念的使用总会有交叉、模糊的状况存在。”显然，在我国，对于“清算”和“结算”这两个概念的使用有许多模糊的地方，也有许多相互交叉包含的地方。但是在国内官方文件中，虽然无法看到统一的概念界定，但大体原则是一致的。

例如，在《支付清算组织管理办法》中，直接对“支付清算”进行了界定：

本办法所称支付清算，是指支付指令的交换和计算。其中：

(一)支付指令是指参与者以纸质、磁介质或电子形式发出的，办理确定金额的资金转账命令；

(二)支付指令的交换是指提供专用的支付指令传输路径，用于支付指令的接收、清分和发送；

(三)支付指令的计算是指对支付指令进行汇总和轧差。

在这个定义中，虽然没有直接提及清算和结算两个概念，但可以看出支付指令的交换属于典型的清算行为，支付指令的计算则既包括结算业务，也包含部分清算过程。

另外，在《国务院关于实施银行卡清算机构准入管理的决定》中，对银行卡清算业务的界定为：

本决定所称银行卡清算业务，是指通过制定银行卡清算标准和规则，运营银行卡清算业务系统，授权发行和受理本银行卡清算机构品牌的银行卡，并为发卡机构和收单机构提供其品牌银行卡的机构间交易处理服务，协助完成资金结算的活动。

在这个界定中，银行卡清算业务定位为对资金结算的协助行为，也是把清算和结算过程做了区分，清算在结算之前，为提高结算的效率提供支持。

国际支付结算委员会(Committee on Payment and Settlement Systems，CPSS)将清算系统定义为一系列使得金融机构能够提交和交换与资金或证券转移有关的数据和文件的程序安排，主要包括以下内容：第一，为参与方的应收应付关系建立净头寸，以便于后续结算的过程，称为轧差。第二，清算则指的是交换、协商并确认支付指令或者证券转移指令的过程，清算发生在结算之前。第三，结算指的是包括卖方转移证券或者其他金融工具给买方，并且买方转移资金给卖方的过程，是整个交易的最后一步。

结合国际支付结算委员会(CPSS)的定义，支付清算的内涵主要是指清算，即发挥账房先生的作用。支付清算的目标是为了计算出每家银行的净头寸。各类支付清算组织通过收集一定时间内所有成员银行之间的交易信息，形成标准化的应收应付关系，将相反方向且等量的应收应付关系进行抵销，并计算出每家成员银行的净头寸。

按照我国金融界传统习惯上的认识，一般将中央银行为其他商业银行提供的与支付相关的结算服务称为“清算”，而将商业银行为企事业和个人客户提供的支付服务称为“银行结算”或者“结算”。国际结算银行对清算、结算的定义是按照支付的功能来进行的。

我国对清算和结算的理解可以用图 1.1 示意。

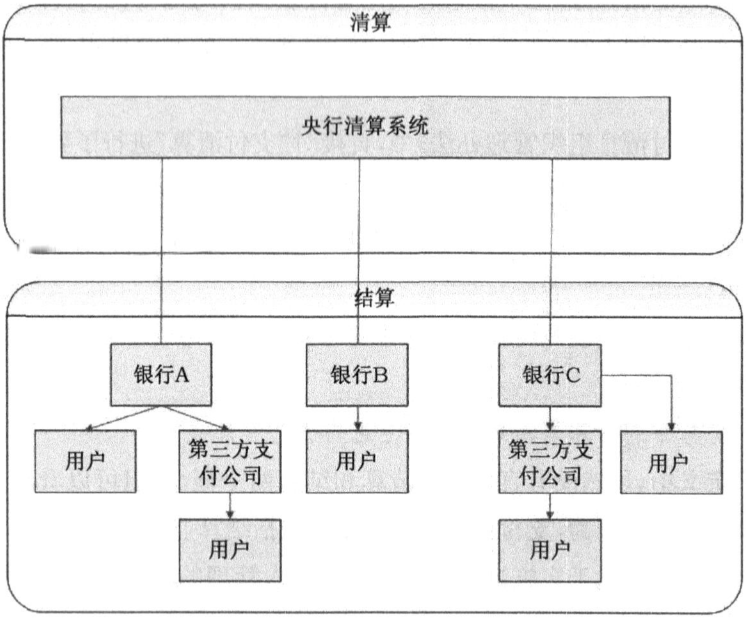

图 1.1　我国传统支付“结算-清算”二级体系

因此，实际上我国使用“支付清算”一词主要是与中央银行或金融市场相关，而使用“支付结算”大体是与商业银行或类似机构相关。近年来，在中国人民银行的倡导下，“清算”与“结算”这两个术语开始采用国际结算银行的定义。理解这两个概念时，要注意上下文关系和一些历史的成因。特别是在这两个术语前面加上“支付”时，比如“支付清算”和“支付结算”，在大部分情况下，它们实际的含义是包含了支付的三个过程的，可以看作是包含了交易、清算、结算三个过程的一种概括形式或简写。考虑到各种客观因素，本书并不刻意区分“支付清算”和“支付结算”，并且在没有特别指明的情况下，一般认为这两个术语都涵盖了支付的三个过程。

三、支付清算体系

支付体系是一个国家的金融基础设施、公共服务，是经济金融体系的重要组成部分。根据中国人民银行发布的《中国支付体系发展报告》，支付体系是实现资金转移的制度和技术安排的有机组合，主要由货币制度、支付制度、结算账户、支付服务组织、支付工具、支付清算系统、支付体系监督管理及市场安排或制度安排等要素组成。

中国人民银行将支付体系分为狭义的支付体系和广义的支付体系。其中，狭义的支付体系主要包括支付服务组织、账户、支付工具、支付清算系统和监督管理等。广义的支付体系还包括存托登记结算机构、证券登记结算系统、中央交易对手和交易数据库等市场基础设施等。

本书所提及的支付体系为狭义的支付体系。其中,支付服务组织是通过账户服务、支付系统、支付工具等手段为社会提供资金清算和结算服务的机构。支付工具是传达收付款人支付指令、实现债权债务清偿和资金转移的载体,分为现金和票据、银行卡等非现金支付工具。支付清算系统是支撑各种支付工具应用、实现资金清算并完成资金转移的通道。支付体系监督管理是中央银行为维护支付体系安全、稳定以及社会公众对支付体系的信心,综合运用经济、法律和行政的手段,对支付服务组织的支付结算业务进行监督管理的行为。

支付体系的发展状况主要取决于一个国家的文化、人们的生活习惯、社会发展的特点、经济金融发展的特点,以及科学技术特别是计算机网络、电子通信技术在经济金融领域的应用。在中国文化、中国人的生活习惯、中国社会发展没有经历资本主义阶段、很长一段时间实行计划经济体制等因素的综合作用下,中国支付体系的建设和发展也具有不同于其他国家的特点。

第二节 中国支付发展的历史沿革

一、发展演进

(一)古代时期

汇兑结算是商品经济、货币制度、信用及信用机构演进至一定阶段的产物。

我国古代的汇兑结算包括三个发展阶段。

唐宋时期,“飞钱”出现。在我国,汇兑结算可溯至公元806—821年的唐宪宗时代。盛唐年间,钱币保管、放款已相当活跃。然而,在德宗建中元年(公元780年)实行《两税法》以后,钱币数量不足,各地纷纷禁钱出境。为解决流通中的货币短缺问题,以“飞钱”(类似汇票)为工具的异地汇兑业务应运而生。“飞钱”彰显出节省钱币流通费用、降低结算交易成本等优势。唐代后期出现的“贴”(类似支票)、宋代出现的“便钱”“交子”等均属早期的支付结算工具。该时期的特点为:支付结算工具出现,且日益丰富。

明清时期,专业信用机构出现。随着工商业的发展和资本主义萌芽的初现,钱铺、钱庄、账局等专业信用机构逐步产生,包括汇兑在内的业务经营渐趋多样。该时期的特点为钱庄、商店是经营汇兑业务的主要机构,以钱票、会票为主要汇兑工具,民间的汇兑行为已展现出一定的组织性及专业性。

清末，山西票号出现了。18 世纪末期、19 世纪初期的嘉庆、道光年间，在账局、钱庄、典当等传统钱币业沿革的基础上，中国银行业发展史中最早期的网点型组织出现，标志着专业化支付中介机构的形成。至 20 世纪初期，山西及其他地域的票号已经可以承办票汇、信汇、电汇、汇条、分地付款汇票等具有现代银行结算特征的基础业务。

（二）近代时期

鸦片战争后清政府统治时期，银行业转化。对外贸易的快速发展，促发了金融服务业的变革。钱庄业突破传统经营范围，开始办理存放款、汇划结算、贸易融资等业务。外国银行纷纷登陆，加速了这一历史变迁。据记载，18 世纪 50 年代，上海、宁波一带的钱庄在经营传统庄票汇兑的基础上，开始从事工商企业存放款业务。与此同时，国家银行开始组建。1904 年，清政府设立了中国首家国家银行“户部银行”，1908 年后改称为“大清银行”。大清银行须依据法律履行支付清算义务，这标志着以国家银行为核心的支付清算体系初现。大清银行成立后，优势凸显，在汇兑尤其是公款汇兑业务领域迅速占据了主导地位。尽管大清银行因辛亥革命爆发而最终停业，但其为以国家银行、中央银行为核心的支付清算体系的形成提供了宝贵的历史经验。该时期的特点为：以国家银行、中央银行为核心的支付清算体系雏形初现。

北洋军阀政府统治时期，形成华资银行、钱庄、外国银行三足鼎立之势。华资银行以商贸、金融中心为汇兑中心，沿交通路线构建通汇渠道，形成汇兑网络体系。钱庄利用申票、庄票等颇具传统色彩的支付工具，为本埠和埠际经贸往来提供账务结算服务。外国银行把持了进出口结算和国际汇兑业务。该时期的特点为三类金融机构形成竞争、互补的多元体系，货币流通呈区域性割裂，各地不同币种间的兑换复杂，支付结算运作效率低。

国民党政府统治时期，中央银行制度实施，中央银行成立。国民党政府官僚资本垄断金融的主体机构“四行两局”（“四行”：中央银行、中国银行、交通银行、中国农民银行；“两局”：中央信托局、邮政储金汇业局）在当时的支付体系中占有主导地位。该时期的特点为：以四行两局为主体的支付体系形成。

（三）现代及当代

近年来，支付清算行业发展迅速，服务的深度和广度进一步拓展。支付清算与各行业发展以及百姓日常生活密切联系，清算组织如雨后春笋般相继出现，行业呈现多元化的新趋势。面对支付行业的蓬勃发展，结合中国经济的时代特性，从源头上重新梳理其演进及发展显得十分必要。

20 世纪 80 年代前，异地联行业务以手工操作为主，存在各行间汇路不通、互相占压资金、效率低下等问题。该时期的特点为随着社会主义市场经济的繁荣，支付清算的通道“瓶颈”日渐突出，制约了经济的发展。

1989—2000 年，支付清算以手工处理为主，但自动化程度迅速提高。1989 年，中国人民银行开始建设中国金融数据卫星通信专用网络，我国支付清算系统迈上新的台阶；1995 年，中国人民银行开始推进电子联行"天地对接"工程；2002 年，电子联行系统发展成为包括一个卫星主站、1 924 个收发站、20 000 多个通汇网点的大型系统，覆盖了除香港和澳门特区、台湾地区以外的 31 个省、直辖市、自治区的县级以上城市，大额支付业务量逐年增加。

2000 年至今，一体化的现代支付系统建立起来，标志着我国支付清算系统已接近发达国家水平。2000 年，我国自主开发现代化支付系统；2002 年，中国现代化支付系统(China National Advanced Payment System，CNAPS)试运行；2005 年，大额支付系统(High-Value Payment System，HVPS)上线；2006 年，小额支付系统(Bulk Electronic Payment System，BEPS)推广；2007 年，全国支票影像交换系统(CIS)推广，加快了票据影像化进程；2008 年，境内外币支付系统(China Foreign Exchange Payment System，CFXPS)投产，成为境内银行间外币支付主渠道；2010 年，网上支付跨行清算系统(Internet Banking Payment System，IBPS)上线成功；2013 年，二代支付系统上线推广；2013 年至今，非现金支付工具飞速发展，形成了网上支付、移动支付等新兴支付方式作为补充的非现金支付体系。

支付体系的改革和发展是一个持续、动态的过程，需要拓宽视野、统筹规划、稳步实施。今后一个时期内，中国支付体系的建设目标为：形成以中央银行和银行业金融机构为主体、各类支付清算组织为补充的支付服务组织体系；改进和完善以支票、汇票、本票和银行卡为主体、以电子支付工具为发展方向、适应多种经济活动和居家服务需要的支付工具体系；建立以现代化支付系统为核心、以各商业银行行内系统为基础、票据交换系统和卡基支付系统等并存的支付清算体系；建立健全有利于调动支付服务组织创新积极性、有利于推动支付工具多元化发展、有利于支付系统稳定高效运行、有利于防范支付风险和维护市场秩序的科学高效的支付监管体制。

二、中国支付清算服务组织与系统

2013 年，中国人民银行第二代支付系统(见图 1.2 和表 1.1)上线推广，对于完善我国支付清算体系，维护金融体系的安全、高效运行，以及央行履行宏观调控和服务职能具有重要意义。第二代支付系统相对于第一代系统，能支持参与机构一点接入、一点清算，适应了银行业金融机构(以下简称银行机构)行内系统数据大集中的发展趋势，为银行机构节约了流动性和接入成本；大额、小额、网银各应用系统间的技术性耦合，增加了参与机构对应用系统的自主选择权；支付结算方式的创新和服务质量的优化，高效支撑了各种跨境、电子支付和金融市场交易，提升了支付体系整体竞争力。

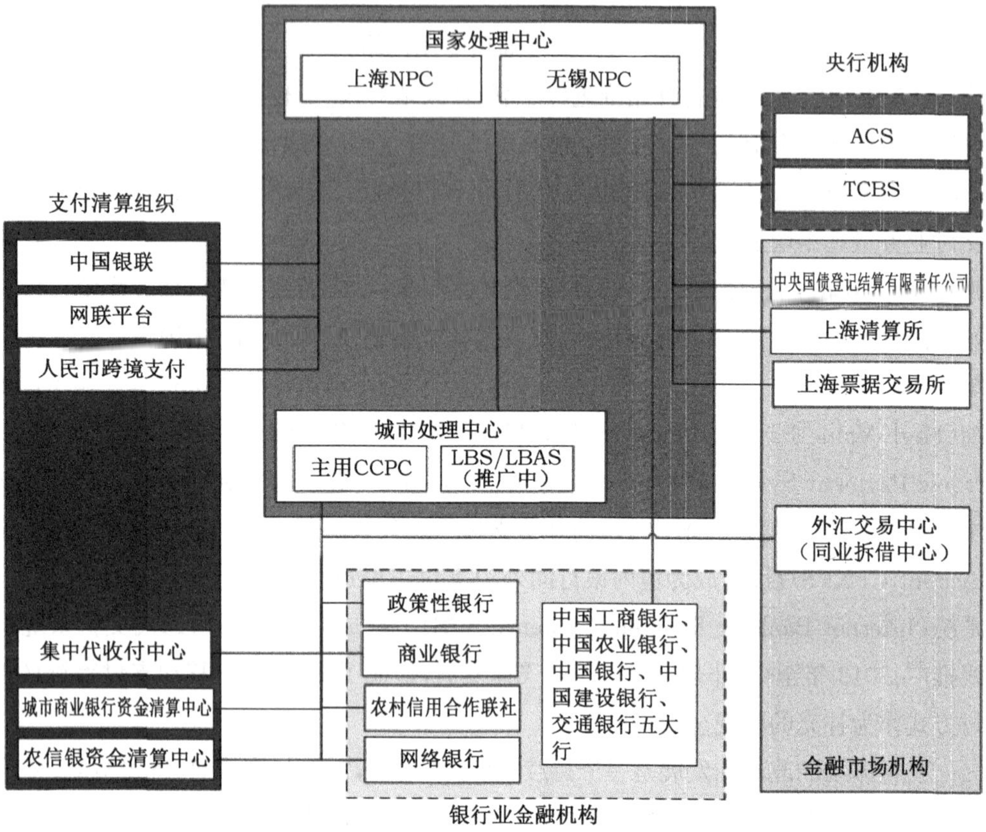

图 1.2　中国人民银行第二代支付系统

表 1.1　中国人民银行第二代支付系统各机构职能及概况

名　称	功　能	概　况
中国人民银行	作为跨行支付服务的提供者，肩负"维护支付、清算系统正常运行""推进支付工具创新"的法定职责，是我国支付体系建设的组织者、推动者、监督者。	建设运行了大、小额支付系统等业务系统，对于加速社会资金周转、促进经济金融发展发挥了重要作用。 2014 年第三季度，中国人民银行支付系统共处理支付业务 11.17 亿笔，金额 664.60 万亿元。
银行业金融机构	银行金融机构是中国企业和个人支付服务的主要供给主体。	主要业务为基于行内系统完成的行内支付业务。 2014 年第三季度，银行业金融机构行内支付系统共处理支付业务 37.99 亿笔，金额 228.39 万亿元。

续表

名 称	功 能	概 况
中国银联股份有限公司	主要运营全国的银行卡跨行信息交换网络系统，提供银行卡跨行信息交换专业化服务。	成立于2002年3月，是由80多家国内金融机构共同发起设立的股份制非金融机构，与大额支付系统实现连接，由中国人民银行实施最终结算。 2014年第三季度，银行卡跨行支付系统共处理业务30.42亿笔，金额8.50万亿元。
城市商业银行资金清算中心	主要经营城市商业银行等中小金融机构的银行汇票资金清算等业务。	成立于2002年10月，是国内第一家解决多法人制银行机构银行汇票结算的清算组织。建设运行了“城市商业银行银行汇票业务处理系统”，依托中国人民银行大额支付系统，实现城市商业银行银行汇票业务的实时清算。 2014年第三季度，城市商业银行汇票处理系统和清算系统处理业务37.74万笔，金额821.79亿元。
农信银资金清算中心	面向全国农村信用合作社、农村商业银行、农村合作银行及其他地方性金融机构，办理全国农村金融机构实时电子汇兑业务、银行汇票业务的异地资金清算和个人存款账户通存通兑业务的资金清算等业务。	成立于2006年5月，是由30家省级农村信用合作联社、农村商业银行、农村合作银行及深圳农村商业银行共同发起成立的全国性股份制非金融类企业。 2014年第三季度，农信银支付清算系统处理业务5 646.90万笔，金额6 447.42亿元。
中央国债登记结算有限责任公司	银行间债券市场的总登记托管机构，实行一级托管制，是中国人民银行大额支付系统的特许参与者。	成立于1996年，经国务院同意，由中国人民银行和财政部共同批准，为银行间债券市场提供国债、金融债券、企业债券和其他固定收益类债券的登记、托管、交易结算等服务。
银行间市场清算所股份有限公司	经中国人民银行、财政部批准成立的，主要为金融市场提供直接和间接的本外币交易及其衍生品交易清算服务。	于2009年11月28日成立，从事包括清算、结算、交割、保证金管理、抵押品管理、信息服务、咨询业务以及中国人民银行批准的其他业务。
第三方支付机构	主要服务支付清算、资金配置、风险管理及信息管理等，弥补金融服务渠道的不足，起到补充零售支付以及部分银行业个人支付的作用。	非银行机构在支付体系中的作用逐渐提升，尤其在零售支付领域。截至2014年9月末，我国共有第三方支付机构269家，前三季度共发生支付金额24.1万亿元。

第二代支付系统参与机构众多，以下是截至2017年5月的数据：

大小额支付系统：309家直接参与者(法人机构)，142 449家间接参与者。

网银系统：182家直接参与者。

全国支票影像交换系统(CIS)：2 171家票据交易所，68 678家交换机构。

外币:4 家结算银行,52 家直接参与者。

电票:303 个接入点,406 个直接法人机构。

截至 2017 年 5 月,第二代支付系统日均成交量及金额如下:

大额支付系统(HVPS):日均 357 万笔,金额 14 万亿元;峰值 628 万笔,18.7 万亿元。

小额支付系统(BEPS):日均 788 万笔,金额 1 020 亿元;峰值 1 465 万笔,5 118 亿元。

网银系统:日均 1 623 万笔,金额 1 280 亿元;峰值 2 717 万笔,2 525 亿元。

全国支票影像交换系统(CIS):日均业务量 2 万笔,金额 11 亿元。

电子商业汇票系统(ECDS):日均处理业务 10 396 张,票面金额 309 亿元;峰值 40 133 万笔,800 亿元。

境内外币支付系统:日均业务量 7 498 笔。

三、第二代支付系统的主要特征

第二代系统在信息传输方面采用类似于环球同业银行金融电讯协会(Society Worldwide Interbank Financial Telecommunication,SWIFT)的传输渠道,信息传输和业务处理相分离,所有参与机构接入公共信息传输平台,业务信息经公共信息传输平台清分后,分别提交大额、小额、网银三个应用系统处理,多个参与机构可以通过一个前置机接入支付系统。

(一)国家处理中心和城市处理中心的功能定位重新调整

第二代支付系统引入接入云概念,全国 32 个城市处理中心(CCPC)仅仅作为参与机构接入第二代系统的物理接入节点,进行最基本的报文格式检查,不再具备第一代系统的轧差、管理和数据存储功能,各城市处理中心(CCPC)可以互为备份。所有轧差、数据存储和管理功能均集中到了国家处理中心(NPC),时序、权限和参数管理也由位于国家处理中心(NPC)的公共控制管理系统进行。

(二)各个业务应用系统相互独立

第二代支付系统解除了大额系统和清算账户系统的绑定关系,以及小额系统和轧差服务器的内嵌关系,清算账户系统直接为大额、小额和网银系统提供资金结算服务,小额和网银系统无须通过大额系统提交轧差净额,轧差服务器从小额系统中分离出来,为小额和网银系统管理净借记限额和提供轧差服务。因此,大额、小额和网银三个应用系统相互独立,可分别运行。

(三)提供多边轧差净额结算模式

除了支持各种贷记、借记、即时转账业务外,第二代支付系统还开发了多边轧差净额结算模式，能为支付清算组织提交的一揽子参与机构多边轧差净额提供资金结算服务，正如泛欧实时全额自动清算系统（Trans-European Automated Real-time Gross-settlement Express Transfer System，TARGET2），为证券交易、零售支付和货币市场等金融市场支付清算系统提交的多边轧差净额业务完成参与机构资金账户的最终结算。

（四）支持外汇交易市场的“款款对付”结算

“款款对付”（PvP）结算又称对等支付结算、同步收付结算，是指不同币种资金同步进行交收并互为交收条件的结算方式，一直被视为外汇交易结算系统应该实现的最重要功能之一。第二代支付系统设计了 PvP 结算的完整流程，通过大额支付系统、外汇交易清算系统和结算银行的同步处理，本、外币两笔即时转账业务将分别完成外汇交易中本币和外币的资金转账处理，避免外汇交易的本金风险。

（五）启用多种排队业务解救机制

启用多种排队业务解救机制，不仅为小额排队业务提供撮合功能，还为大额排队业务设计了日间双边撮合和业务截止多边撮合机制，只要排队业务符合撮合条件，即可解救因账户余额不足形成的排队队列。启用多种排队业务解救机制，为在央行开立多个清算账户的法人银行提供了“资金池”管理功能。当分支机构清算账户因缺乏头寸而出现排队业务时，系统依据法人银行事先授权，自动将资金从法人银行调入分支机构账户解救排队业务。启用多种排队业务解救机制，为不同法人银行提供了自动拆借功能。当法人银行头寸不足支付时，系统依据法人银行事先签订的拆借协议，启动法人银行之间的资金拆借功能，化解流动性风险，确保当日不能解退的轧差净额清算业务完成最终结算。

（六）提供各类账户查询功能

法人银行可于当日查询所有分支机构清算账户的余额、可用头寸、预期头寸，还可以查询其在中国人民银行非清算账户的余额信息；分支机构则可查询自身清算账户和在中国人民银行开设的非清算账户的有关信息。此外，与第二代支付系统同步上线的中央银行会计核算数据集中系统还为银行机构设计了零余额账户管理功能，有利于法人银行清算账户和非清算账户资金的集中归并和使用。

（七）适应跨境和创新业务的发展

为适应跨境业务的发展趋势，第二代支付系统拓展跨境业务种类，涵盖资本项下跨境支付和退款、服务贸易结算和退款、货物贸易结算和退款等支付种类，报文采用 ISO20022 标准并支持英文填写。小额系统票据截留业务增加了银行汇票、商业汇票、银行本票等种类，能支撑各类票据的影像信息传递和资金结算。第二代支付系统还做强了非金融支付服务组织的支付业务功能，为集中代收付中心开辟了实时代收、实时代付业务功能，增加了协议信息验证功能，统一了协议核验要素。

（八）全面改进参与机构服务体验

中国人民银行发起的涉及银行机构清算账户资金变动的单边、错账冲正和同城轧差净额业务，均会通知该参与机构；特许参与者发出的即时转账、多边轧差净额业务如遇排队情形，也会及时通知缺款行，方便其筹措资金。此外，所有涉及清算账户的维护信息都会通知到清算账户所属的银行机构。

四、支付系统的意义

（一）健全支付体系法律法规制度，夯实支付体系发展的法律基础

1. 研究制定支付系统管理法规制度

完善支付系统规则设计，明确支付指令、结算最终性和轧差安排的法律地位及法律效力，做好与《中华人民共和国公司法》《中华人民共和国商业银行法》《中华人民共和国企业破产法》《中华人民共和国反洗钱法》等相关法律的衔接。提升支付系统管理制度的法律层次，研究拟订“支付系统监管条例”“非金融机构支付服务管理条例”。制定重要支付系统判断标准，提高重要支付系统监管透明度，切实防范系统性风险，保障系统参与者及社会公众的合法权益。

2. 建立健全非现金支付工具法规制度

推动《中华人民共和国票据法》《票据管理实施办法》和《支付结算办法》的修订工作，明确电子票据的法律地位及法律效力。推动出台《银行卡条例》，做好《银行卡收单业务管理办法》的制定实施工作。制定与完善互联网支付、移动支付等新兴支付方式的业务管理办法。整合完善人民币银行结算账户管理制度，统一规范人民币银行结算账户管理。

3. 完善外汇结算法规制度

明确外汇交易集中清算的法律地位，确保外汇交易的结算最终性，保障清算机构对担保品优先受偿权。理顺外汇交易、清算、结算机构及市场参与者的法律关系，明确各主体间市场协议的法律地位，保障各参与者的合法权益。增强交易、清算、结算过程之间的信息互通与共享。

4. 完善债券交易结算法规制度

推动债券电子簿记法规建设，保障电子化证券的法律权利。研究明确债券结算机构、金融机构和投资者之间的法律关系。处理好《中华人民共和国证券法》与《中华人民共和国企业破产法》相关规定的衔接，落实保障证券结算优先原则，确保结算最终性。

5. 完善支付清算结算服务收费定价机制

根据经济金融的改革与发展水平，不断完善支付清算结算服务收费定价机制，推

动支付服务市场化、规范化发展，倡导风险、成本与收益相匹配的定价策略，保护消费者合法权益。协调推动农村地区非现金支付服务优惠支持政策出台，有效降低农村地区非现金支付工具使用成本。

(二)扎实推进金融基础设施建设，构建安全高效的资金、证券结算系统网络

1. 完善支付清算网络体系

整合中国人民银行支付系统，建成功能更完善、架构更合理、管理更先进的第二代支付系统，合理规划和部署现有应用系统迁移工作。推进完善支付体系建设，提高业务连续性保障能力。充分发挥银行业金融机构行内支付系统的基础性功能。积极支持各类市场主体在零售支付系统建设中发挥作用，推动零售支付系统服务功能的持续优化，为社会公众提供更加安全、便捷、低成本的支付服务。鼓励提供灵活多样的系统接入方式，广泛支持农村地区银行业金融机构使用各类支付清算系统，推进农村地区支付环境建设。

2. 提升外汇结算系统功能

研究推动外汇结算系统与境内外支付系统的衔接应用，提高外汇结算效率。进一步丰富外汇结算系统功能，支持外汇业务创新，努力推进外汇交易同步收付(PvP)结算的实施，有效防范外汇结算风险。

3. 加强债券市场基础设施建设

研究多币种证券清算结算及跨境交易的清算结算，推动实现债券市场净额结算。研究推动债券结算系统功能优化，支持资本市场发展与创新，不断满足新业务、新产品的结算需求。提高利用中央银行货币进行证券资金结算的比重，发挥支付系统与证券结算系统联合运行的优势。

4. 协调支付系统和证券结算系统的发展

完善各系统的准入、退出标准，研究各系统之间互联互通标准，实现各系统的协调发展，进一步发挥支付系统和证券结算系统在货币政策、金融市场、金融创新和经济发展方面的支持作用。完善各系统的危机处置预案和应急计划，健全各系统安全稳定运行的评估机制和考核机制，切实提高各系统应对突发事件的处置能力，稳步提升各系统的安全性与可靠性。协调支付系统和证券结算系统之间的结算过程，有效防范跨系统风险。

(三)鼓励非现金支付工具发展创新，推动非现金支付工具的普及应用

1. 继续推动票据业务创新

支持和推动票据影像业务和电子票据的发展，降低票据处理成本、提高票据支付效率，保障票据支付安全。充分发挥电子商业汇票系统效能，研究引入电子票据新品种，推动票据市场统一化、电子化进程。提升纸质票据防伪技术及核验水平，确保票据

使用安全。

2. 大力支持银行卡产业发展

规范银行卡发行。继续扩大银行卡受理范围，不断改善受理环境，全面促进银行卡应用，提高支农、惠农卡普及率。规范收单市场秩序，强化特约商户和受理终端管理。推动金融集成电路卡（Integrated CirCuit Card，IC 卡）与公共服务应用的结合。建立科学合理的银行卡业务发展评估指标体系，完善银行卡业务发展量化考核机制。进一步加强银行卡风险管理，完善联合整治银行卡违法犯罪工作机制，加大打击银行卡违法犯罪活动的力度。

3. 推动新兴电子支付业务健康有序发展

完善电子支付业务规则和风险控制措施，加强电子支付标准建设，鼓励新兴电子支付业务发展。加强银行业金融机构电子支付管理，规范支付机构电子支付平台的发展。强化对支付机构的信息安全和风险管理要求，保障客户资金安全，促进电子支付业务健康发展。

4. 积极推动非现金支付工具的普及推广

加大支付结算知识宣传普及力度，推动银行业金融机构加大非现金支付工具配套设施布放力度，引导和鼓励社会公众使用非现金支付工具。紧密结合农村实际，充分利用农村地区网络通信设施，推动切合农村实际的电子支付工具在农村地区的应用和普及。鼓励和推动非现金支付工具在国家粮食、农副产品收购以及果蔬、农业生产资料等各类专业市场的广泛应用。

（四）优化账户服务和管理，增强社会诚信意识

1. 推进落实金融账户实名制

加强落实账户实名制监督检查，探索建立落实账户实名制长效机制。加强身份识别手段，提高身份识别有效性，完善联网核查公民身份信息系统功能，探索建立信息共享机制，健全联网核查疑义信息反馈核实及争议处理机制。

2. 改进银行账户管理体系

研究拟订《人民币银行结算账户管理条例》。研究完善金融账户账号编码规则，建设全国集中人民币银行结算账户管理系统。不断完善银行账户司法、税务、审计等有权部门查询、冻结、扣划制度，依法保护各方的合法权益。提高农村地区银行账户的普及率，在依法合规、防范风险的前提下，适当简化开户手续，促进农村地区银行账户的开立和使用，为非现金支付结算业务发展创造便利条件。

（五）加强支付体系监督管理，维护支付体系安全稳定运行

1. 明确支付体系监督管理的重点

充分发挥中国人民银行维护支付、清算系统正常运行的职能及相关金融行业监管

部门在金融体系中的法定监管作用，加强对支撑金融市场运行的支付系统和证券结算系统等的监督管理。及时完整地获取金融市场的交易和风险敞口信息，加强监控同一金融机构作为多个系统参与者时所承受的信用风险和流动性风险，尽早发现、预警和防范系统性风险，切实维护支付体系的安全、高效与稳定运行。

2. 强化支付体系监督管理措施

合理设计支付体系统计监测指标，进一步完善支付信息采集、汇总、分析手段。参照《重要支付系统核心原则》《证券结算系统建议》等国际标准，适时开展各类支付清算结算基础设施的评估工作。

3. 完善支付体系监管机制

建立健全中国人民银行、金融行业监管部门的监管协调机制，有效形成监管合力。切实推动支付清算行业自律管理，维护支付服务市场的竞争秩序。加强人才队伍建设，提高监督管理水平。加强监管部门与社会公众的沟通，提高支付体系监管透明度。

4. 健全支付机构监管机制

落实《非金融机构支付服务管理办法》及配套措施，明确支付机构从事网络支付、预付卡发行与受理、银行卡收单等支付服务的资质和要求，引导督促支付机构规范发展。建立健全“政府监管、行业自律、公司治理、自我约束”的非金融机构支付业务监管体系，有效防范支付风险，切实保障消费者资金安全，维护支付服务市场的稳定运行。

(六)加强支付体系国际交流与合作

1. 积极参与支付结算国际交流与合作

积极参与支付清算结算国际和区域性合作组织，研究国际国内支付体系标准衔接机制，在支付结算国际规则与国际标准制定方面发挥更大作用。统筹研究跨境人民币业务处理系统建设以及跨境债券平台基础设施建设，为跨境经贸往来和金融中介活动提供更加可靠的清算结算安排。研究加强跨境人民币支付信息安全管理，确保我国金融信息安全。

2. 推进支付服务市场对外开放

支持银行业金融机构积极开展国际结算业务，在风险可控和经济可行的前提下，推动业务、机构不断向境外延伸。畅通人民币跨境支付渠道，完善人民币跨境清算体系。推动境内及跨境外币支付系统协调发展，提高外币支付效率。

五、第二代支付系统对参与机构和金融市场的影响

(一)节约参与机构的接入成本

参与机构只需开发集中大额、小额、网银功能的单一接口或摆放一台前置机，即可接入央行系统办理各类支付业务，大大节约了设备等固定资本投入。尤其是多家参与

机构行内系统通过共享前置接入第二代支付系统的方式，为农村金融机构低成本接入支付系统创造了有利条件。国家处理中心（NPC）功能的集中和城市处理中心（CCPC）功能的弱化，可以方便参与机构就近接入支付系统，也为参与机构在主接入点故障情形下，随时切换到备份接入点奠定了基础，数据的集中存储和业务的集中处理也有利于备份系统的集中和建设。但是，"鸡蛋放于同一篮中"虽方便了管理，也凸显了备份系统同步建设的重要性。

（二）新增参与机构对应用系统的自主选择权

在第一代支付系统中，由于中国人民银行会计核算系统接入大额系统，并通过大额系统向清算账户系统提交参与机构开户、销户指令以及资金支付指令，而轧差服务器镶嵌于小额系统，因此，参与机构加入小额和网银系统的前提是必须加入大额系统，退出大额系统前必须先退出小额和网银系统，加入网银系统的前提是必须加入小额系统，退出小额系统前则必须先退出网银系统。在第二代支付系统架构中，由于大额、小额和网银系统相互独立，会计核算系统直接接入清算账户管理系统，提交参与机构开户、销户指令和资金支付指令，因此，参与机构可依据自身业务需要加入或退出上述任一应用系统。

（三）提高中央对手方交易的资金结算效率

各类支付清算组织例如银联、中国证券登记结算有限责任公司、上海清算所等金融市场中央对手方（Central Counter Party，CCP）可以通过大额支付系统提交多边轧差净额业务，改变了原来将多边轧差净额业务拆成多笔以自身为其中记账方的即时转账业务提交大额支付系统完成资金结算的方式，这种国际上中央对手方普遍采用的清算模式有利于提高资金结算的效率，降低资金结算风险，也有利于中央银行及时主动掌握金融市场资金交易状况。

（四）加速外汇交易后台集中清算的进程

目前，我国外汇交易市场的场外询价交易和场内竞价交易均未实现同步收付（PvP）结算。无论作询价交易清算的外汇交易中心，还是作竞价交易集中清算的上海清算所，均面临不同程度的汇率风险和本金风险。第二代支付系统设计的同步收付（PvP）结算功能能极大地降低外汇交易清算和结算环节的风险，提高外汇交易的结算效率，助力外汇交易中心将众多分散的询价交易纳入集中清算系统中，从而对外汇交易市场产生深远影响。外汇交易采用同步收付（PvP）结算模式，以及大宗交易使用央行货币进行结算，也有助于提升国际清算银行和国际货币基金组织对我国金融体系稳健性的总体评估，在扩大外汇市场交易规模的同时，有利于央行对外汇交易总体情况的及时把握和宏观调控。

(五)增强银行体系资金使用效率

第二代支付系统提供的多种流动性管理功能,有助于银行机构了解其在央行开立的所有账户余额情况,盘活法人银行所有流动资金,及时完成日间支付,提高资金使用效率,避免因信息失灵带来的流动性风险。由于这些功能大部分是系统根据事先设置自动触发的,有的是方便法人银行知晓头寸的功能,因而在提高支付清算效率的同时,还降低了银行机构管理流动性的成本,促进了支付行业整体服务水平和服务效率的提高。

(六)提高支付服务国际竞争力

使用国际标准的第二代支付系统报文能够在大额支付系统(HVPS)和环球同业银行金融电讯协会(SWIFT)等跨境系统间自动转接和传输,有利于银行办理跨境业务的联机处理。第二代支付系统运行时序的参数化设置和调整则扫除了跨境支付的时区障碍,为全天候办理跨境支付的最终结算奠定了基础。代收付业务的服务拓展和核验统一,提高了代收付业务处理效率,深化了区域乃至全国代收付业务的开展,有利于支付服务市场的细分,促进支付服务市场向专业化、多元化和市场化方向发展。

第三节 中国支付清算的组织架构与功能

一、法律规范

(一)《非银行支付机构网络支付业务管理办法》

《非银行支付机构网络支付业务管理办法》是为了规范非银行支付机构(以下简称支付机构)网络支付业务,防范支付风险,保护当事人合法权益,根据《中华人民共和国中国人民银行法》《非金融机构支付服务管理办法》(中国人民银行令〔2010〕第 2 号发布)等规定而制定的,由中国人民银行于 2015 年 12 月 28 日发布,自 2016 年 7 月 1 日起施行。

支付机构应当遵循主要服务电子商务发展和为社会提供小额、快捷、便民小微支付服务的宗旨,基于客户的银行账户或者按照《非银行支付机构网络支付业务管理办法》规定为客户开立支付账户,提供网络支付服务。支付账户不得透支,不得出借、出租、出售,不得利用支付账户从事或者协助他人从事非法活动。

支付机构基于银行卡为客户提供网络支付服务的,应当执行银行卡业务相关监管规定和银行卡行业规范。支付机构对特约商户的拓展与管理、业务与风险管理应当执行《银行卡收单业务管理办法》等相关规定。支付机构网络支付服务涉及跨境人民币结算和外汇支付的,应当执行中国人民银行、国家外汇管理局相关规定。支付机构应当依法维护当事人合法权益，遵守反洗钱和反恐怖融资相关规定，履行反洗钱和反恐怖融资义务。

支付机构依照中国人民银行有关规定接受分类评价，并执行相应的分类监管措施。

1. 客户管理

支付机构应当遵循“了解你的客户”原则，建立健全客户身份识别机制。支付机构为客户开立支付账户的，应当对客户实行实名制管理，登记并采取有效措施验证客户身份基本信息，按规定核对有效身份证件并留存有效身份证件复印件或者影印件，建立客户唯一识别编码，并在与客户业务关系存续期间采取持续的身份识别措施，确保有效核实客户身份及其真实意愿，不得开立匿名、假名支付账户。

支付机构应当与客户签订服务协议，约定双方责任、权利和义务，至少明确业务规则，收费项目和标准，查询、差错争议及投诉等服务流程和规则，业务风险和非法活动防范及处置措施，客户损失责任划分和赔付规则等内容。支付机构为客户开立支付账户的，还应在服务协议中以显著方式告知客户，并采取有效方式确认客户充分知晓并清晰理解下列内容：“支付账户所记录的资金余额不同于客户本人的银行存款，不受《存款保险条例》保护，其实质为客户委托支付机构保管的、所有权归属于客户的预付价值。该预付价值对应的货币资金虽然属于客户，但不以客户本人名义存放在银行，而是以支付机构名义存放在银行，并且由支付机构向银行发起资金调拨指令。”支付机构应当确保协议内容清晰、易懂，并以显著方式提示客户注意与其有重大利害关系的事项。

获得互联网支付业务许可的支付机构，经客户主动提出申请，可为其开立支付账户；仅获得移动电话支付、固定电话支付、数字电视支付业务许可的支付机构，不得为客户开立支付账户。支付机构不得为金融机构，以及从事信贷、融资、理财、担保、信托、货币兑换等金融业务的其他机构开立支付账户。

2. 业务管理

支付机构不得经营或者变相经营证券、保险、信贷、融资、理财、担保、信托、货币兑换、现金存取等业务。

支付机构办理银行账户与支付账户之间转账业务的，相关银行账户与支付账户应属于同一客户。支付机构应按照与客户的约定及时办理支付账户向客户本人银行账户转账业务，不得对Ⅱ类、Ⅲ类支付账户向客户本人银行账户转账设置限额。

支付机构为客户办理本机构发行的预付卡向支付账户转账的，应当按照《支付机构预付卡业务管理办法》（中国人民银行公告〔2012〕第12号公布）相关规定对预付卡转账至支付账户的余额单独管理，仅限其用于消费，不得通过转账、购买投资理财等金融类产品等形式进行套现或者变相套现。

支付机构应当确保交易信息的真实性、完整性、可追溯性以及在支付全流程中的一致性，不得篡改或者隐匿交易信息。

因交易取消(撤销)、退货、交易不成功或者投资理财等金融类产品赎回等原因需划回资金的，相应款项应当划回原扣款账户。

对于客户的网络支付业务操作行为，支付机构应当在确认客户身份及真实意愿后及时办理，并在操作生效之日起至少 5 年内，真实、完整保存操作记录。客户操作行为包括但不限于登录和注销登录、身份识别和交易验证、变更身份信息和联系方式、调整业务功能、调整交易限额、变更资金收付方式，以及变更或挂失密码、数字证书、电子签名等。

3. 风险管理与客户权益保护

支付机构应当建立健全风险准备金制度和交易赔付制度，并对不能有效证明因客户原因导致的资金损失及时先行全额赔付，保障客户合法权益。支付机构应于每年 1 月 31 日前，将前一年度发生的风险事件、客户风险损失发生和赔付等情况在网站对外公告。支付机构应在年度监管报告中如实反映上述内容和风险准备金计提、使用及结余等情况。

支付机构应当依照中国人民银行有关客户信息保护的规定，制定有效的客户信息保护措施和风险控制机制，履行客户信息保护责任。支付机构不得存储客户银行卡的磁道信息或芯片信息、验证码、密码等敏感信息，原则上不得存储银行卡有效期。因特殊业务需要，支付机构确需存储客户银行卡有效期的，应当取得客户和开户银行的授权，以加密形式存储。支付机构应当以“最小化”原则采集、使用、存储和传输客户信息，并告知客户相关信息的使用目的和范围。支付机构不得向其他机构或个人提供客户信息，法律法规另有规定，以及经客户本人逐项确认并授权的除外。

支付机构应当通过协议约定禁止特约商户存储客户银行卡的磁道信息或芯片信息、验证码、有效期、密码等敏感信息，并采取定期检查、技术监测等必要监督措施。特约商户违反协议约定存储上述敏感信息的，支付机构应当立即暂停或者终止为其提供网络支付服务，采取有效措施删除敏感信息、防止信息泄露，并依法承担因相关信息泄露造成的损失和责任。

支付机构采用数字证书、电子签名作为验证要素的，数字证书及生成电子签名的过程应符合《中华人民共和国电子签名法》《金融电子认证规范》(JR/T0118-2015)等有关规定，确保数字证书的唯一性、完整性及交易的不可抵赖性。支付机构采用一次性密码作为验证要素的，应当切实防范一次性密码获取端与支付指令发起端为相同物理设备而带来的风险，并将一次性密码有效期严格限制在最短的必要时间内。支付机构采用客户本人生理特征作为验证要素的，应当符合国家、金融行业标准和相关信息安全管理要求，防止被非法存储、复制或重放。

支付机构网络支付业务相关系统设施和技术，应当持续符合国家、金融行业标准和相关信息安全管理要求。如未符合相关标准和要求，或者尚未形成国家、金融行业标准，支付机构应当无条件全额承担客户直接风险损失的先行赔付责任。

支付机构应当在境内拥有安全、规范的网络支付业务处理系统及其备份系统，制定突发事件应急预案，保障系统安全性和业务连续性。支付机构为境内交易提供服务的，应当通过境内业务处理系统完成交易处理，并在境内完成资金结算。

支付机构应当采取有效措施，确保客户在执行支付指令前可对收付款客户名称和账号、交易金额等交易信息进行确认，并在支付指令完成后及时将结果通知客户。因交易超时、无响应或者系统故障导致支付指令无法正常处理的，支付机构应当及时提示客户；因客户原因造成支付指令未执行、未适当执行、延迟执行的，支付机构应当主动通知客户更改或者协助客户采取补救措施。

支付机构应当通过具有合法独立域名的网站和统一的服务电话等渠道，为客户免费提供至少最近一年以内交易信息查询服务，并建立健全差错争议和纠纷投诉处理制度，配备专业部门和人员据实、准确、及时处理交易差错和客户投诉。支付机构应当告知客户相关服务的正确获取途径，指导客户有效辨识服务渠道的真实性。支付机构应当于每年 1 月 31 日前，将前一年度发生的客户投诉数量和类型、处理完毕的投诉占比、投诉处理速度等情况在网站对外公告。

支付机构应当充分尊重客户自主选择权，不得强迫客户使用本机构提供的支付服务，不得阻碍客户使用其他机构提供的支付服务。支付机构应当公平展示客户可选用的各种资金收付方式，不得以任何形式诱导、强迫客户开立支付账户或者通过支付账户办理资金收付，不得附加不合理条件。

支付机构因系统升级、调试等原因，需暂停网络支付服务的，应当至少提前 5 个工作日予以公告。支付机构变更协议条款、提高服务收费标准或者新设收费项目的，应当于实施之前在网站等服务渠道以显著方式连续公示 30 日，并于客户首次办理相关业务前确认客户知悉且接受拟调整的全部详细内容。

4. 监督管理

支付机构提供网络支付创新产品或者服务、停止提供产品或者服务、与境外机构合作在境内开展网络支付业务的，应当至少提前 30 日向法人所在地中国人民银行分支机构报告。支付机构发生重大风险事件的，应当及时向法人所在地中国人民银行分支机构报告；发现涉嫌违法犯罪的，同时报告公安机关。

支付机构应当加入中国支付清算协会，接受行业自律组织管理。中国支付清算协会应当根据本办法制定网络支付业务行业自律规范，建立自律审查机制，向中国人民银行备案后组织实施。自律规范应包括支付机构与客户签订协议的范本，明确协议应记载和不得记载事项，还应包括支付机构披露有关信息的具体内容和标准格式。中国支付清算协会应当建立信用承诺制度，要求支付机构以标准格式向社会公开承诺依法合规开展网络支付业务、保障客户信息安全和资金安全、维护客户合法权益、如违法违规自愿接受约束和处罚。

（二）国内信用证结算办法

为更好地适应国内发展贸易需要，促进国内信用证业务健康发展，规范业务操作及防范风险，保护当事人合法权益，中国人民银行、中国银行业监督管理委员会对原《国内信用证结算办法》进行了修订，并于 2016 年 4 月 27 日公布实施。

修订后的《国内信用证结算办法》适用于银行为国内企事业单位质监货物和服务贸易提供的信用证服务。服务贸易包括但不限于运输、旅游、咨询、通讯、建筑、保险、金融、计算机和信息、专有权利使用和特许、广告宣传、电影音像等服务项目。

开证银行与申请人在开证前应签订明确双方权利义务的协议。开证行可要求申请人交存一定数额的保证金，并可根据申请人资信情况要求其提供抵押、质押、保证等合法有效的担保。

开证申请人申请开立信用证，须提交其与受益人签订的贸易合同。开证行应根据贸易合同及开证申请书等文件，合理、审慎设置信用证付款期限、有效期、交单期、有效地点。

保兑行自对信用证加具保兑之时起即不可撤销地承担对相符交单付款、确认到期付款或议付的责任。

指定银行拒绝按照开证行授权或要求对信用证加具保兑时，应及时通知开证行，并可仅通知信用证而不加具保兑。

通知行应于收到受益人同意或拒绝修改通知书次日起 3 个营业日内告知开证行，在受益人告知通知行其接受修改或以交单方式表明接受修改之前，原信用证（或含有先前被接受的修改的信用证）条款对受益人仍然有效。

开证行收到通知行发来的受益人拒绝修改的通知，信用证视为未做修改，开证行应于收到通知次日起 2 个营业日内告知开证申请人。

议付行将注明付款提示的交单面函（寄单通知书）及单据寄开证行或保兑行索偿资金。除信用证另有约定外，索偿金额不得超过单据金额。

开证行、保兑行负有对议付行符合《国内信用证结算办法》的议付行为的偿付责任，该偿付责任独立于开证行、保兑行对受益人的付款责任并不受其约束。

开证行或保兑行在收到交单行寄交的单据及交单面函（寄单通知书）或受益人直

接递交的单据的次日起5个营业日内，及时核对是否为相符交单。单证相符或单证不符但开证行或保兑行接受不符点的，对即期信用证，应于收到单据次日起5个营业日内支付相应款项给交单行或受益人（受益人直接交单时）；对远期信用证，应于收到单据次日起5个营业日内发出到期付款确认书，并于到期日支付款项给交单行或受益人（受益人直接交单时）。

银行收到单据时，应仅以单据本身为依据，认真审核信用证规定的所有单据，以确定是否为相符交单。

相符交单指与信用证条款、《国内信用证结算办法》的相关适用条款、信用证审单规则及单据之内、单据之间相互一致的交单。

银行不审核信用证没有规定的单据。银行收到此类单据，应予退还或将其照转。

如信用证含有一项条件，却未规定用以表明该条件得到满足的单据，银行将视为未作规定不予理会，但提交的单据中显示的相关信息不得与上述条件冲突。

（三）《网上支付跨行清算系统运行管理办法》

网上支付跨行清算系统（IBPS）是中国人民银行建设的人民币跨行支付清算基础设施，是中国现代化支付系统（CNAPS）的重要组成部分。网上支付跨行清算系统（IBPS）为经央行批准获得支付业务许可证的非金融支付服务组织提供接入渠道，支持非金融支付服务组织通过灵活多样的方式为社会提供支付服务，主要支持网上跨行零售业务的处理，业务指令逐笔发送、实时轧差、定时清算。客户可通过在线方式提交支付业务，并可实时获取业务处理结果。系统支持商业银行以及经中国人民银行批准的非金融支付服务机构接入，并向客户提供7×24小时全天候服务。

为规范网上支付跨行清算系统（IBPS）的运行管理，确保网上支付跨行清算系统（IBPS）的安全、稳定、高效运行，依据《中华人民共和国中国人民银行法》等有关法律法规，中国人民银行于2011年8月制定《网上支付跨行清算系统运行管理办法》，自网上支付跨行清算系统（IBPS）运行之日起执行。

《网上支付跨行清算系统运行管理办法》适用于承担网上支付跨行清算系统（IBPS）运行、维护和管理的中国人民银行清算总中心（以下简称清算总中心）、中国人民银行各分支机构清算中心（含结算中心，下同，以下简称清算中心）以及系统参与者运行维护部门。

网上支付跨行清算系统（IBPS）运行管理的范围包括：网银中心、网上支付跨行清算系统（IBPS）的接入节点、网上支付跨行清算系统（IBPS）参与者前置机、网上支付跨行清算系统（IBPS）备份系统、网上支付跨行清算系统（IBPS）网络、网上支付跨行清算系统（IBPS）应用安全子系统。

清算总中心负责网银中心、网银中心备份系统、支付系统骨干网络以及应用安全子系统的运行、维护和管理；负责对清算中心进行监督、检查和考核；负责对系统运行、维护提供业务指导和技术支持。

清算中心负责接入节点及其备份设备、应用安全子系统的运行、维护和管理；负责对辖区内业务处理情况进行监测、统计和分析；负责对辖区内参与者提供运行、维护指导和技术支持。

网上支付跨行清算系统(IBPS)网络运行维护部门负责与网上支付跨行清算系统(IBPS)相关网络的运行、维护和管理。

《网上支付跨行清算系统运行管理办法》还详述了岗位管理、操作管理、维护管理、安全管理、机房管理、设备管理、文档管理等一系列规定。

二、中国人民银行的作用

中国人民银行支付结算司是中国人民银行的直属单位，下设综合处、支付工具管理处、银行卡业务管理处、支付系统管理处、会计核算管理处、清算组织监管处、信息分析处、研究规划处。其主要职责是：拟订全国支付体系发展规划；会同有关方面研究拟订支付结算政策和规则，制定支付清算、票据交换和银行账户管理的规章制度并组织实施；维护支付清算系统的正常运行；组织建设和管理中国现代化支付系统；拟订银行卡结算业务及其他电子支付业务管理制度；推进支付工具的创新；组织中国人民银行会计核算。

中国人民银行支付结算司发挥中央银行作为最终清算者的职能作用，为参与者和特许参与者提供大额支付系统(HVPS)、小额支付系统(BEPS)、清算账户处理系统以及支付管理信息系统等服务，并实现与各行行内系统、中央会计核算系统、国库系统的连接。该系统的总体目标主要是提供跨行的支付清算服务，创造公平竞争环境，满足社会各种支付活动的需要；支持公开市场操作、债券交易、同业拆借、外汇交易等金融市场资金的即时清算；充分利用支付系统蕴藏的大量支付业务信息资源，为金融监管提供信息和手段；防范支付风险，提高流动性，并确保支付的最终清算。

(一)推动支付工具的创新

支付工具是用于资金清算和结算过程的一种载体，可以是记录和授权传递支付指令和信息发起者的合法金融机构账户证件，也可以是支付发起者合法签署的可用于清算和结算的金融机构认可的资金凭证。

1. 实物支付阶段

从实物交换到货币交换的转变是支付技术发生的第一次重要变革，此后一切商品的价值都集中地、统一地表现在一种贵金属商品如黄金或白银上。贵金属黄金或白银充当了一般等价物——货币，并具有支付工具的职能，这是实物货币阶段。马克思指出:“金银天然不是货币,但货币天然是金银。”以金银作为货币,几乎成为所有国家共同的历史。

2. 信用支付阶段

支付工具是历史的产物,其形式的变化和发展始终与商品经济和信用制度的发展联系在一起。纸币的出现是支付技术发生的第二次重大变革。纸币是在信用没有充分发展的条件下,由国家印制、强行发行并代替金属货币使用的价值符号。从由贵金属做后盾的纸币发展到与贵金属无关的纸币,意味着货币形式发展到了一个新的阶段,即信用货币阶段。

3. 电子支付阶段

目前,支付系统正在进行着一场变革,电子支付系统正逐渐取代传统支付系统,支付工具和支付手段也在发生变革。一种以电子数据形式存储在计算机中并能通过计算机网络而使用的资金被人们形象地称为“电子货币”。电子钱包、网络货币的出现,不仅从支付方式上进行了变革,而且从货币本质上对现代金融理论以及中央银行的货币政策提出了挑战。

(二)组织中国人民银行会计核算

随着中国人民银行会计核算改革的不断深入,会计核算不再局限于处理数据、登记财务、形成报表,而是通过优化核算体系、加强核算资源运用,逐步发挥出服务决策、参与管理的作用。

会计核算是中国人民银行的基础业务,不仅与中国人民银行自身业务运转相关,还肩负着金融机构准备金、再贷款、再贴现等核算管理,以及国库和货币金银核算等职责。科学、高效的会计核算体系有助于进一步提升人民币的金融服务水平,更好地实施货币和维护金融稳定。因此,中国人民银行未来的会计核算将以促进高效履职为目标,通过管理转型、流程再造和系统升级等手段,向数据集中化、管理扁平化和决策科学化方向发展。

随着经济金融改革向纵深发展,信息技术日新月异,金融消费者需求日益多样,国内银行业针对复杂多变的市场需求和经济环境积极实施战略转型,不断探索科技核算发展新模式。早在21世纪初,国内各商业银行为应对激烈的市场竞争和业务拓展的需要,纷纷进行会计核算业务流程再造。

为适应经济金融形势的发展,满足中央银行有效履行各项职能的需要,自20世纪90年代以来,中国人民银行借鉴商业银行的成功经验,全面开展了会计核算改革和创新,先后研发推广了单机版的中央银行会计核算系统、会计核算“四集中”系统、中央银行会计集中核算系统、中央银行会计集中核算系统等会计业务软件,建设了国家金库核算系统、国库会计数据集中系统、财税库横向联网系统等国库业务系统,以及货币金银管理信息系统。数据集中化、管理扁平化的会计核算模式已基本显现，并在提高会计管理水平、提升金融服务效率、防范会计核算风险等方面发挥了积极作用。

中国人民银行会计核算的发展特点为：

(1)数据集中处理。会计核算数据集中处理，是指依托统一的业务处理平台，由数据处理中心集中进行账户处理的模式。其做法是建设全国数据集中核算系统，依托网络通信、影像传输等技术，将所有账户集中摆放总行业务处理中心，业务处理中心按既定的标准和流程处理账务，通过一系列交易、计算过程，将账务直接记载于目的账户，将账户数据全面储存于会计档案数据库。

(2)流程科学高效。通过核算业务流程再造，减少核算层次，缩短管理路径，做到业务员管理扁平化，劳动组合优化灵活，业务处理简便快捷，实现中国人民银行会计核算业务的规模经济效应。

(3)风险过程控制。风险管理和业务处理同步，会计核算监督贯穿会计核算的全过程，实现事前审批、事中控制和事后监督每个环节与核算流程紧密结合。

(4)信息资源共享。会计核算蕴藏着丰富的会计数据和核算基础信息，通过采集、加工、分析、存储信息资源，可为制定货币政策、加强会计管理、强化国库监管等提供依据。利用现代信息技术和强大的网络系统，可实现核算业务处理高度自动化，信息资源高度共享。

(三)监管支付体系

支付体系监管是指为提高支付体系的安全与效率，特别是为减少系统性风险而进行的公共政策行为。近年来，发达国家支付体系监管呈现出如下趋势：第一，监管目标日益清晰，安全和效率成为各国中央银行支付体系监管的核心目标。实务中，优先选择哪个目标应依据对整个体系及其薄弱环节的评估，但中央银行始终把应对潜在的系统性风险放在优先位置。除了安全和效率外，反洗钱、保护消费者、避免竞争缺失等也成为部分中央银行支付体系监管的目标。第二，监管标准日益完善，越来越多的国家采用或参考国际通用的监管标准。在国际清算银行、国际证券业监管委员会等国际组织和有关中央银行的共同努力之下，支付体系监管的国际标准日益完善。目前，支付体系监管的国际标准主要有三套，即《重要支付系统核心原则》《证券结算系统建议》和《中央对手(CCP)建议》。这些标准来自许多国家的经验，构成发达国家支付体系监管的共同基础或重要参考。目前，一些发展中国家也开始运用这些标准来监管本国的支付体系。第三，监管范围在不断拓宽。一个重要体现就是部分国家开始将大型代理银行(为其他银行提供支付服务的商业银行)纳入监管范围。这是由于随着银行之间的合并，支付流集中于少数几家代理银行，而这有可能会造成信用风险、流动性风险和运行风险集中于少数几家银行并引发系统性风险。

三、账户的作用

银行结算账户按用途分为基本存款账户、一般存款账户、专用存款账户和临时存款账户。

(一)基本存款账户

基本存款账户是指存款人办理日常转账结算和现金收付而开立的银行结算账户。基本存款账户是办理转账结算和现金收付的主办账户,经营活动的日常资金收付以及工资、奖金和现金的支取均可通过该账户办理。存款人只能在银行开立一个基本存款账户并且在其账户内应有足够的资金支付。存款人的基本存款账户,实行中国人民银行当地分支机构核发开户许可证制度。开立基本存款账户是开立其他银行结算账户的前提。

凡是具有民事权利能力和民事行为能力,并依法独立享有民事权利和承担民事义务的法人和其他组织,均可以开立基本存款账户。同时,有些单位虽然不是法人组织,但具有独立核算资格,有自主办理资金结算的需要,包括非法人企业、外国驻华机构、个体工商户、单位设立的独立核算的附属机构等,也可以开立基本存款账户。

非独立法人公司是指未取得政府工商行政管理部门颁发的企业法人营业执照,而只是取得营业执照的公司。

(二)一般存款账户

一般存款账户是存款人因借款或其他结算需要,在基本存款账户开户银行以外的银行营业机构开立的银行结算账户。

一般存款账户是存款人的辅助结算账户,借款转存、借款归还和其他结算的资金收付可通过该账户办理。该账户可以办理现金缴存,但不得办理现金支取。该账户开立数量没有限制。

只要有借款或其他结算需要,开立基本存款账户的存款人都可以开立一般存款账户。

(三)专用存款账户

专用存款账户是存款人按照法律、行政法规和规章,对其特定用途资金进行专项管理和使用而开立的银行结算账户。

开立专用存款账户的目的是保证特定用途的资金专款专用,并有利于监督管理。修订后的《账户管理办法》强调,只有法律、行政法规和规章规定要专户存储和使用的资金,才纳入专用存款账户管理。该规定缩小了纳入专用存款账户管理的资金范围。

对下列资金的管理与使用,存款人可以申请开立专用存款账户:①基本建设资金；②更新改造资金；③财政预算外资金；④粮、棉、油收购资金；⑤证券交易结算资金；⑥期货交易保证金；⑦信托基金；⑧金融机构存放同业资金；⑨政策性房地产开发资金；⑩单位银行卡备用金；⑪住房基金；⑫社会保障基金；⑬收入汇缴资金和业务支出资金；⑭党、团、工会设在单位的组织机构经费；⑮其他需要专项管理和使用的资金。

（四）临时存款账户

临时存款账户是存款人因临时需要并在规定期限内使用而开立的银行结算账户。临时存款账户用于办理临时机构以及存款人临时经营活动发生的资金收付。

临时存款账户应根据有关开户证明文件确定的期限或存款人的需要确定其有效期限。存款人在账户的使用中需要延长期限的，应在有效期限内向开户银行提出申请，并由开户银行报中国人民银行当地分支行核准后办理展期。临时存款账户的有效期最长不得超过 2 年。

有下列情况的，存款人可以申请开立临时存款账户：设立临时机构；异地临时经营活动；注册验资。

以上四类银行结算账户可归纳如表 1.2 所示。

表 1.2　　银行结算账户的种类

	基本存款账户	一般存款账户	专用存款账户	临时存款账户
概念	基本存款账户是存款人因办理日常转账结算和现金收付需要开立的银行结算账户。任何单位只能开立一个基本存款账户。	一般存款账户是存款人因借款或其他结算需要，在基本存款账户开户银行以外的银行营业机构开立的银行结算账户，但需在基本存款账户上登记。只要存款人具有借款或其他结算需要，都可以申请开立一般存款账户。要强调的是，一般存款账户不能在存款人基本存款账户的开户银行（指同一营业机构）开立。	按照法律、行政法规和规章的规定，存款人具有特定用途需专项管理的资金，要纳入专用存款账户使用和管理。	临时存款账户是指存款人因临时需要并在规定期限内使用而开立的银行结算账户。临时存款账户最长使用年限不超过 2 年。

续表

	基本存款账户	一般存款账户	专用存款账户	临时存款账户
使用范围	办理存款人日常经营活动的资金收付及工资、奖金和现金的支取。	办理存款人借款转存、借款归还和其他结算的资金收付。该账户可以办理现金缴存，但不得办理现金支取。	专门用于下列资金的管理和使用：①基本建设资金；②更新改造资金；③财政预算外资金；④粮、棉、油收购资金；⑤证券交易结算资金；⑥期货交易保证金；⑦信托基金；⑧金融机构存放同业资金；⑨政策性房地产开发资金；⑩单位银行卡备用金；⑪住房基金；⑫社会保障基金；⑬收入汇缴资金和业务支出资金；⑭党、团、工会设在单位的组织机构经费；⑮其他需要专项管理和使用的资金。	①设立临时机构，例如工程指挥部、筹备领导小组、摄制组等；②异地临时经营活动，例如建筑施工及安装单位等；③注册验资。临时存款账户支取现金，应按照国家现金管理的规定办理。注册验资的临时存款账户在验资期间只收不付。
开立资格	以下存款人可以开立基本存款账户：①企业法人，机关、事业单位，社会团体，军队、武警团级（含）以上单位以及分数执勤的支（分）队，居民委员会、村民委员会、社区委员会、民办非企业组织；②不是法人组织，但具有独立核算资格的单位：非法人企业（如具有营业执照的企业集团下属的分公司）、外国驻华机构、个体工商户、单位设立的独立核算的附属机构。	只要存款人具有借款或其他结算需要，都可以申请开立一般存款账户，且没有数量限制。	对“使用范围”中所列资金的管理与使用，存款人可以申请开立专用存款账户。	有下列情况的，存款人可以申请开立临时存款账户：①设立临时机构；②异地临时经营活动；③注册验资。

续表

	基本存款账户	一般存款账户	专用存款账户	临时存款账户
开立账户所需证明文件	①企业法人应出具企业法人营业执照正本，非法人企业应出具企业营业执照正本；②机关和实行预算管理的事业单位应出具政府人事部门或编制委员会的批文或登记证书和财政部门同意其开户的证明，非预算管理的事业单位应出具政府人事部门或编制委员会的批文或登记证书；③军队、武警团级(含)以上单位以及分散执勤的支(分)队应出具军队军级以上单位财务部门、武警总队财务部门的开户证明；④社会团体应出具社会团体登记证书，宗教组织还应出具宗教事务管理部门的批文或证明；⑤民办非企业组织应出具民办非企业登记证书；⑥外地常设机构应出具其驻地政府主管部门的批文；⑦外国驻华机构应出具国家有关主管部门的批文或证明，外资企业驻华代表处、办事处应出具国家登记机关颁发的登记证；⑧个体工商户应出具个体工商户营业执照正本；⑨居民委员会、村民委员会、社区委员会应出具其主管部门的批文或证明；⑩独立核算的附属机构应出具其主管部门的基本存款账户开户许可证和批文；⑪其他组织应出具政府主管部门的批文或证明。	①出具开立基本存款账户规定的证明文件；②出具基本存款账户开户登记证；③存款人有向银行借款的需要，应出具借款合同；④存款人有其他结算需要，应出具有关证明。	①基本建设资金、更新改造资金、政策性房地产开发资金、住房基金、社会保障基金，应出具主管部门批文；②财政预算外资金，应出具财务部门的证明；③粮、棉、油收购资金，应出具主管部门批文；④单位银行卡备用金，应按照中国人民银行批准的银行卡章程的规定出具相关证明和资料；⑤证券交易保证金，应出具期货公司或期货管理部门的证明；⑥证券交易结算资金，应出具证券公司或证券管理部门的证明；⑦金融机构存放同业资金，应出具其证明；⑧收入汇缴资金和业务支出资金，应出具基本存款账户存款人有关的证明；⑨党、团、工会在单位的组织机构经费，应出具该单位或有关部门的批文或证明；⑩其他按规定需要专项管理和使用的资金，应出具有关法规、规章或政府部门的有关文件。 提示：同一个证明文件，只能开立一个专用存款账户。	①临时机构，应出具其驻在地主管部门同意设立临时机构的批文；②异地建筑施工及安装单位，应出具其营业执照正本或其隶属单位的营业执照正本，以及施工及安装地建设主管部门核发的许可证或建筑施工及安装合同；③异地从事临时经营活动的单位，应出具其营业执照正本以及临时经营地工商行政管理部门的批文；④注册验资资金，应出具工商行政管理部门核发的企业名称预先核准通知书或有关部门的批文。 上述②③项，存款人还应出具其基本存款账户开户登记证。

四、支付清算系统的作用

支付体系是一个国家最重要的金融基础设施。中国人民银行支付系统是中国现代化支付体系的核心和枢纽。支付系统的建设与发展，极大地改变着社会资金运行的流程、方式、效率、效果，同时也对我国国库资金管理的创新与发展产生着极深远的影响。

几年来，我国支付体系建设取得显著成就，在促进经济社会发展方面发挥了重要作用。支付体系服务主体多元化发展，形成包括中国人民银行、银行业金融机构和其他机构的组织格局，人民币结算账户管理体系不断完善，金融账户实名制稳步落实。现金支付工具广泛应用，形成以票据和银行卡为主体，以物联网支付、移动支付等电子支付为补充的工具系列。支付清算结算基础设施不断完善。

为适应各类支付业务处理的需要，现代化支付系统主要由大额支付系统(HVPS)、小额支付系统(BEPS)及其他业务应用系统组成。

(一)大额支付系统(HVPS)

大额支付系统(HVPS)采取逐笔实时方式处理支付业务，全额清算资金。建设大额支付系统(HVPS)的目的，就是为了给各银行和广大企业单位以及金融市场提供快速、高效、安全、可靠的支付清算服务，防范支付风险，它对中央银行更加灵活、有效地实施货币政策和实施货币市场交易的及时清算具有重要作用。该系统处理同城和异地、商业银行跨行和行内的各种大额贷记及紧急的小额贷记支付业务，处理中国人民银行系统的各种贷记支付业务，处理债券交易的即时转账业务。

根据大额支付系统(HVPS)建设的目的、设计的功能特点以及与小额支付系统(BEPS)应用范围的划分原则，大额支付系统(HVPS)处理下列支付业务：

(1)规定金额起点以上的跨行贷记支付业务；

(2)规定金额起点以下的紧急跨行贷记支付业务；

(3)各银行行内需要通过大额支付系统(HVPS)处理的贷记支付业务；

(4)特许参与者发起的即时转账业务；

(5)城市商业银行银行汇票资金的移存和兑付资金的汇划业务；

(6)中国人民银行会计营业部门和国库部门发起的贷记业务及内部转账业务；

(7)中国人民银行规定的其他支付清算业务。

大额支付系统(HVPS)是金融基础设施的核心系统，是连接社会经济活动及其资金运动的“大动脉”“金融高速公路”。大额支付系统(HVPS)在加速社会资金周转、畅通货币政策传导、密切各金融市场有机联系、促进金融市场发展、防范支付风险、维护金融稳定等方面正在发挥重要的作用。大额支付系统(HVPS)在全国推广使用后，成功取代了原来的全国电子联行系统，彻底解决了资金汇划速度较慢的问题，给社会带来了巨大的经济效益，促进了市场经济的快速发展。

大额支付系统（HVPS）给银行和广大企事业单位以及金融市场提供了快速、高效、安全的支付清算平台。其最大的特点是实时清算，支付指令逐笔实时发送，全额清算资金，实现跨行资金清算的零在途。大额支付系统（HVPS）连接着境内办理人民币结算业务的中、外资银行业金融机构，香港、澳门人民币清算行等。每笔业务实时到账，其功能和效率达到国际先进水平。

（二）小额支付系统（BEPS）

小额支付系统（BEPS）在一定时间内对多笔支付业务进行轧差处理，净额清算资金。建设小额支付系统（BEPS）的目的，是为社会提供低成本、大业务量的支付清算服务，支撑各种支付业务的使用，满足社会各种经济活动的需要。该系统处理同城和异地纸质凭证截留的商业银行跨行的定期借记和定期贷记支付业务、中央银行会计和国库部门办理的借记支付业务，以及每笔金额在规定起点以下的小额贷记支付业务。小额支付系统（BEPS）采取批量发送支付指令，轧差净额清算资金。

1. 小额支付系统（BEPS）的特点

小额支付系统（BEPS）更加贴近人民群众的日常生活。它为社会提供低成本、大业务量的支付清算服务，支撑各种支付工具的使用，满足社会各种支付活动的需要。小额支付系统（BEPS）与大额支付系统（HVPS）的业务模式和服务对象有较大不同，其特点在于它的便利性和公益性。

（1）全时无缝运行。小额支付系统（BEPS）采取“连续运行、逐笔发起、批量发送、实时传输、双边轧差、定时清算”的处理流程，实行 7×24 小时连续运行，为客户通过“网上银行”“电话银行”纳税等服务提供支持，同时满足法定节假日的支付活动需要，提供的是“全时”服务。

（2）交易成本低。与大额支付系统（HVPS）相比，小额支付系统（BEPS）批量组包发送支付指令，每包最多可达 2 000 笔，根据业务品种、发送业务时间段而有所不同。

（3）能够支撑各种支付工具的应用。小额支付系统（BEPS）除传统的款项汇划业务外，还能办理财税库横向联网业务、跨行通存通兑业务、支票圈存和截留业务、银行本票、公用事业收费、工资和养老等保险金的发放等业务。

（4）金额有限制。目前小额贷记业务金额上限为 5 万元，借记业务不设金额上限。

（5）借贷记业务都能处理。大额支付系统（HVPS）只处理贷记支付业务，主要是汇款业务；而小额支付系统（BEPS）主要面向消费性支付（借贷记），既支持汇款等贷记业务，又支持收款等借记业务。

2. 小额支付系统(BEPS)的业务种类

小额支付系统(BEPS)设计的业务种类有普通借记支付业务、普通贷记支付业务、定期借记支付业务、定期贷记支付业务、实时借记支付业务、实时贷记支付业务、支票截留业务、支票圈存业务、通存通兑业务、清算组织发起的代收付业务、国库业务、同城轧差净额清算业务、信息服务业务共13种。在13种业务种类中，除国库业务、同城轧差净额清算业务、信息服务业务以及普通借记支付业务主要是由银行使用外，其他业务种类与社会公众息息相关，为人民群众的日常生活和支付活动带来了极大的便利。

普通借记支付业务指收款行向付款行主动发起的收款业务，包括银行机构间的借记业务。

普通贷记支付业务指付款行向收款行主动发起的付款业务，包括汇兑、委托收款(划回)、托收承付(划回)、网银贷记支付业务等。

定期借记支付业务指收款行依据当事各方事先签订的协议，定期向指定付款行发起的批量收款业务，包括代收水、电、煤气等公用事业费业务，国库批量扣税业务等。

定期贷记支付业务指付款行依据当事各方事先签订的协议，定期向指定收款行发起的批量付款业务，包括代付工资、代付养老金等。

实时借记支付业务指收款行接受收款人委托发起的，将确定款项实时借记指定付款人账户的业务，包括通兑业务、国库实时扣税业务等。

实时贷记支付业务指付款行接受付款人委托发起的，将确定款项实时贷记指定收款人账户的业务，包括个人储蓄通存业务等。

(三)全国支票影像交换系统(CIS)

全国支票影像交换系统(CIS)是指运用影像技术将实物支票转换为支票影像信息，通过计算机及网络将影像信息传递至出票人开户银行提示付款的业务处理系统。它是中国人民银行继大额、小额支付系统建成后的又一重要金融基础设施。影像交换系统定位于处理银行机构跨行和行内的支票影像信息交换，其资金清算通过中国人民银行覆盖全国的小额支付系统处理。支票影像业务的处理分为影像信息交换和业务回执处理两个阶段，即支票提出行通过影像交换系统将支票影像信息发送至提入行提示付款，提入行通过小额支付系统向提出行发送回执完成付款。

依照世界各国的通行做法，其基本原理就是：运用计算机影像技术将实物支票转换为支票影像信息，通过网络将支票影像信息传递到出票人开户银行提示付款，从而实现支票的全国通用。

(四)支付系统的主要作用

1. 加快资金周转，提高社会资金的使用效益

中国现代化支付系统(CNAPS)，特别是其中的大额支付系统(HVPS)，采取从发

起行到接收行的全过程自动化处理，实行逐笔发送、实时清算，是一个高效、快捷的系统。通过支付系统处理的每笔支付业务不到60秒即可到账，实现全国支付清算资金的每日零在途，为促进市场经济的快速发展发挥着重要作用。

2. 支撑多样化支付工具的使用，满足各种社会经济活动的需要

中国现代化支付系统(CNAPS)，尤其是其中的小额支付系统(BEPS)，能够支撑各种贷记、借记支付业务的快速处理，并能为其提供大业务量、低成本的服务，满足社会各种经济活动的需要。

3. 培育公平竞争的环境，促进银行业整体服务水平的提高

随着金融体制改革的不断深化，我国逐步形成了政策性银行、国有独资商业银行、股份制银行、城市商业银行、农村合作银行、城乡信用合作社以及外资银行的组织体系，金融机构相互之间既有合作也有竞争。建设运行的中国现代化支付系统(CNAPS)，是中国人民银行为金融机构提供的一个公共的支付清算服务平台，所有符合条件的银行及其分支机构都可以参与到这个系统中，从而为各金融机构创造一个公平竞争的经营环境，推动各银行的有序竞争，促进银行业整体服务水平的提高。

4. 增强商业银行的流动性，提高商业银行的经营管理水平

流动性、盈利性、安全性是商业银行经营的基本原则。商业银行是经营货币的特殊企业，讲究流动性是现代商业银行经营的核心。中国现代化支付系统(CNAPS)可以为银行提供日间透支、自动质押回购、预期头寸查询，帮助商业银行进一步提高其资金的使用效率，使其资金使用尽可能最大化，有效支持商业银行对其流动性的管理。系统将商业银行法人及其分支机构的清算账户物理上集中摆放在国家处理中心处理跨行的资金清算，商业银行法人、管理行以及开户行可以随时查询监控其头寸的变动情况，根据需要及时调度资金。支付系统是一个高效运转的系统，有利于商业银行头寸快速调度以及从货币市场寻找的资金及时到账，提高头寸的运用水平。

5. 适应国库单一账户改革，提高财政资金的使用效益

近年来，财政国库管理制度改革正在逐步深入，建立以国库单一账户体系为基础、以集中收付为主要形式的国库核算体系，以加强财政资金的管理，提高财政资金的使用效益。要保证这一改革的有效实施，必须要有一个高效的支付系统给予支持。中国现代化支付系统(CNAPS)适应了这一改革的需要，加快了国库资金的汇划。

6. 支持货币政策的实施，增强金融宏观调控能力

实施货币政策，加强金融调控，是中央银行的重要职能。公开市场操作是当今各国中央银行运用的一种主要货币政策工具；实行存款准备金制度，也是一国中央银行实施货币政策和加强宏观调控的重要手段。上述货币政策工具、宏观调控手段需要中国现代化支付系统(CNAPS)的有效支持，才能得到更好的实施。中国现代化支付系

统(CNAPS)与中央债券簿记系统直接连接,实现公开市场操作业务的即时转账,可以大大提高其资金清算和公开市场运转的效率;支付系统可以对法人存款准备金进行考核,中国人民银行及其分支行通过支付系统及时掌握存款准备金的余额信息,便于对其进行管理。此外,支付系统还蕴藏着大量的支付业务和资金清算信息,可以为研究货币政策和宏观调控提供决策参考。

7. 支持货币市场资金清算,促进货币市场发展

近年来,随着金融改革的推进,中国的债券市场、外汇市场、同业拆借市场发展相当迅速,日交易量不断扩大,其资金清算要求的时效性较强。中国现代化支付系统(CNAPS)与这些市场主体相连接,可以实现贷券交易资金的即时转账(即钱券对付)和外汇交易的人民币资金、同业拆借资金的高效汇划,促进货币市场的发展。

8. 防范支付风险,维护金融稳定

商业银行经营的风险往往会在清算环节发生,甚至会导致系统性风险,如一家银行的清算问题可能导致支付瓶颈,引发多米诺效应,蔓延到整个系统。这是一些发达国家中央银行乃至商业银行在建设支付系统时关注和改革的重点。现阶段中国的商业银行特别是一些中小金融机构的风险控制能力还比较薄弱,表现在支付清算方面的风险系数可能会进一步加大。为此,中国人民银行在建设中国现代化支付系统(CNAPS)时,将防范支付系统风险作为一个重要目标,采取了一系列措施:大额支付实时清算,小额支付净额清算,不足支付排队处理;设置清算窗口时间,用于头寸不足的银行及时筹措资金;设置清算账户控制功能,对有风险的账户进行事前控制。这些措施能有效防范支付风险的发生,维护金融稳定。

第四节 组织主体

一、中国人民银行清算总中心

中国人民银行清算总中心是中国人民银行直属的、实行企业化管理的事业法人单位,是为中央银行、商业银行和全社会提供支付清算及相关服务的全国性金融服务组织。

中国人民银行清算总中心负责建设、运行、维护、管理的支付清算系统包括大额支付系统(HVPS)、小额支付系统(BEPS)、全国支票影像交换系统(CIS)、境内外币支付系统(CFXPS)、电子商业汇票系统(Electronic Commercial Draft System,ECDS)和网上支付跨行清算系统(IBPS),是我国重要的金融基础设施,是国家和社会资金流动的大动脉。

清算总中心在中国人民银行的正确领导下，坚持科学发展观和“为社会主义市场经济服务”的宗旨，始终把“建立和完善统一、高效、安全的支付清算系统”，打造和谐支付，构建和谐金融服务环境作为矢志不渝的努力方向，扎实推进支付系统建设，努力提高支付清算服务水平。

20 世纪 80 年代末，改革开放的春风吹遍大江南北，我国进入市场经济高速发展期，各类金融服务机构大量涌现。为稳定支付清算秩序，提供公平的支付清算服务，中国人民银行开始谋划改进支付清算服务。

1989 年 5 月，国务院批准中国人民银行建设金融卫星通信专用网和全国电子联行系统。1990 年 5 月 9 日，中国人民银行决定在总行和 35 个一级分行、5 个二级分行分级组建资金清算中心。中国人民银行从此有了面向商业银行提供支付清算服务的专门机构。清算总中心就此诞生。

如今，中国人民银行清算总中心拥有 1 个直属单位、13 个内设部门和 4 个直属企业。全国有 32 个城市处理中心，分别设在北京市、上海市、天津市、重庆市、哈尔滨市、长春市、沈阳市、呼和浩特市、石家庄市、太原市、济南市、郑州市、南京市、成都市、武汉市、合肥市、杭州市、南昌市、长沙市、福州市、广州市、深圳市、贵阳市、南宁市、昆明市、海口市、西安市、兰州市、银川市、西宁市、乌鲁木齐市、拉萨市。

我国的资金清算系统大体经历了三个发展阶段：手工联行系统、电子联行系统和现代化支付系统。

(一)手工联行时代→电子联行时代

清算总中心孕育在手工联行时代，那时我国的资金清算系统还是手工联行系统，顾名思义，依靠人工记账，发报收报。

为改变手工联行的落后局面，清算总中心迎难而上，短短几年就建成了金融卫星通信专用网和全国电子联行系统，支付指令经账务处理后送入系统，经卫星通信链路传输，发送到收报行。

在地面通信相对落后的条件下，清算总中心运行的金融卫星通信专用网的最大规模达到 2 个卫星主站和近 700 个卫星小站。此外，清算总中心还运行维护中国人民银行全行电视电话会议系统，保障中国人民银行内蒙古 18 个地市和西藏 8 个地市的卫星话音服务。清算总中心的卫星通信应用水平全国领先。

(二)电子联行时代→现代化支付系统

通过全国电子联行系统(Electronic Interbank System，EIS)，支付业务的处理仍然有着“天上 3 秒，地上 3 天”的瓶颈。清算总中心充分借鉴国际先进经验，全力建设中国现代化支付系统(CNAPS)。2002 年 10 月，大额支付系统(HVPS)投产运行，支付指令逐笔实时发送、全额清算资金，更快更便捷，资金实时到账。经过近 3 年时间，全国电子联行系统(EIS)逐步被取代,再也不用“大锅盖”把数据传到天上去了!运行了14年的全国电子联行系统(EIS)正式退出历史舞台。这才是资金汇划真正的“高速公路”,更是我国金融的“大动脉”。

此后,清算总中心又以迅雷不及掩耳之势上线了小额支付系统(BEPS)、全国支票影像交换系统(CIS)、境内外币支付系统(CFXPS)、电子商业汇票系统(ECDS)、网上支付跨行清算系统(IBPS),并马不停蹄地把系统升级为第二代,还承担了中央银行会计核算数据集中系统(Accounting Data Centralized System,ACS)业务处理,开发建设了大名鼎鼎的人民币跨境支付系统(Cross-border Interbank Payment System,CIPS),业务遍及四海八方,服务惠及千家万户,社会责任与日俱增,为履行最终清算者的职能,中国人民银行支付系统还为中央国债、国库、中国银联等提供清算服务。

二、行业机构

按照从事支付服务主体类型不同,可将支付服务组织分为银行业金融机构和非银行金融机构。虽然二者都是中国支付服务组织的主要参与者,但两者的市场定位有明显不同,各自拥有不同的资源优势。

(一)银行业金融机构

银行业金融机构是指在中华人民共和国境内设立的商业银行、城市信用合作社、农村信用合作社等吸收公众存款的金融机构以及政策性银行。

中国银行业监督管理委员会(简称银监会)负责对全国银行业金融机构及其业务活动的监督管理工作。

截至2019年底,我国银行业金融机构包括:

3家政策性银行:国家开发银行、中国进出口银行、中国农业发展银行。政策性银行即由政府创立、参股或保证,不以营利为目的,专门为贯彻、配合政府社会经济政策或意图,在特定的业务领域内,直接或间接地从事政策性融资活动的机构。

5家国有大型商业银行:中国工商银行、中国建设银行、中国银行、中国农业银行、交通银行。国有商业银行是指由国家(财政部、中央汇金公司)直接管控的商业银行。虽然数量不多,但是体量庞大,占中国银行业总盘子的40%左右,可谓银行业的“定海神针”。

12家全国性股份制商业银行:招商银行、中信银行、光大银行、华夏银行、浦发银行、兴业银行、民生银行、平安银行、广发银行、恒丰银行、渤海银行、浙商银行。

134家城市商业银行:北京银行、宁波银行、南京银行、江苏银行(这4家已经在A股上市)等。20世纪90年代中期,中央以城市信用社为基础,组建城市商业银行,这是中央金融主管部门整肃城市信用社、化解地方金融风险的产物。目前,不少城市商业银行的总资产规模超过1万亿元，超越了全国性股份制商业银行中的华夏银行等。

18家民营银行：深圳前海微众银行、天津金城银行、温州民商银行、浙江网商银行、上海华瑞银行，此外，2016年来又有多家民营银行获批。

859家农村商业银行：重庆农村商业银行、成都农商银行、北京农商银行、上海农商银行、广州农商银行等总资产规模已经在5 000亿～8 000亿元规模区间。此外，2016年，江阴农村商业银行成为第一家登陆A股的农村商业银行。

(二)非银行金融机构

非银行金融机构以发行股票和债券、接受信用委托、提供保险等形式筹集资金，并将所筹资金运用于长期性投资的金融机构。

非银行金融机构是指除商业银行和专业银行以外的所有金融机构，主要包括公募基金、私募基金、信托、证券、保险、典当、担保、融资租赁等机构以及财务公司等。这类机构放贷灵活、手续便捷，符合中小企业资金快速融资的要求。

从理论角度看，银行与其他非银行金融机构最大的区别在于非银行金融机构创造信用的能力大大低于银行。从业务角度看，银行可以吸收企事业单位及城乡居民的存款，可以面向这些客户发放贷款，办理汇兑、结算等业务；非银行金融机构不以吸收存款作为主要资金来源，而是以某种方式吸收资金，并以某种方式运用资金并从中获利，如财务公司只能吸收集团内部成员单位的存款、对成员单位发放贷款，保险公司、证券公司、租赁公司根本就不能经办存、贷业务，只能经营专项业务。它们在整个金融体系中是非常重要的组成部分，其发展状况是衡量一国金融机构体系是否成熟的重要标志之一。

三、商业银行

商业银行，其网络通俗谐音是“存吧”，意为存储银行。商业银行的概念是区分于中央银行和投资银行的，是一个以营利为目的，以多种金融负债筹集资金，多种金融资产为经营对象，具有信用创造功能的金融机构。一般的商业银行没有货币发行权，传统的商业银行业务集中于经营存款和贷款(放款)，即以较低的利率借入存款，以较高的利率放出贷款，存贷款之间的利差就是商业银行的主要利润。商业银行的业务范围包括吸收存款、发放贷款、票据贴现及中间业务等。它是存储机构而不是投资机构。

商业银行在现代经济中的主要功能和作用有：

(一)信用中介

信用中介是最基本也是最能反映其经营活动特征的职能。一方面，商业银行通过受信业务，把社会上的各种闲散资金集中起来，形成银行的资金来源；另一方面，商业银行又通过授信业务，把资金投向社会经济的各个领域，成为银行资产。

通过信用中介职能，商业银行吸收存款，并将其转化为贷款，从而在不增加社会货币资金总量的情况下，提高整个社会货币资金的增值能力；通过信用中介职能，商业银行根据国家产业政策和自身利益的原则，合理分配和贷放资金，从而有利于调整产业结构，优化社会资源的配置，进而大大提高社会货币资金的使用效益。

（二）支付中介

商业银行作为货币经营机构，具有为客户保管、出纳和代理支付货币的职能。

商业银行支付中介职能的发挥是整个社会经济正常、稳定运行的必要条件。它一方面大大减少了现金的使用量和流通量，从而节约了现金的印制、铸造、保管、清点、运转等流通费用；另一方面又加速了结算过程和货币资金的周转，等于相应增加了生产资金的总量，从而促进了社会再生产的扩大。与此同时，客户如要想获得转账结算等支付中介的服务便利，就必须在商业银行开户存款，这使商业银行能持续拥有比较稳定的廉价资本来源，有利于降低银行资金成本。

（三）信用创造

信用创造职能是建立在信用中介职能和支付中介职能的基础之上的。在整个银行体系中，商业银行运用所吸收的活期存款进行贷款或投资，通过支票流通和转账结算的过程，形成存款货币的成倍扩张或收缩。

商业银行信用创造的制约机制，又发挥着现代社会宏观经济调控的十分重要的杠杆作用。中央银行通过变化存款准备金率和商业银行的备付金比率，就能调节商业银行的贷款供给，控制商业银行的存款派生能力，从而有效控制全国的货币供应量，达到缓和或刺激经济发展、控制通货膨胀或通货紧缩的效果，进而影响整个社会经济的活动水平。这一宏观调控作用，对维护整个社会经济的持续、稳定和健康发展，具有十分深远的现实意义。

（四）金融服务

金融服务是商业银行利用其在国民经济活动中的特殊地位及其在提供信用中介和支付中介过程中所获取的大量信息，运用电子计算机等先进手段和工具，为客户提供的其他服务。

通过提供这些服务，商业银行一方面扩大了社会联系面和市场份额，另一方面为银行取得了不少费用收入，同时也提高了信息技术的利用价值。商业银行是各行各业中率先大规模使用计算机和信息技术的部门之一，借助日新月异的信息技术，商业银行的金融服务功能也正在发挥着越来越大的作用，并使整个商业银行业发生着革命性的变化，向着“电子银行”“网上银行”方向发展。

四、第三方支付机构

(一)第三方支付

除了网上银行、电子信用卡等手段之外,还有一种方式也可以相对降低网络支付的风险,那就是正在迅猛发展起来的利用第三方机构的支付模式,即第三方支付。所谓第三方支付,就是与产品所在国以及国外各大银行签约,并具备一定实力和信誉保障的第三方独立机构提供的交易支持平台。在使用第三方支付平台的交易中,买方选购商品后,使用第三方平台提供的账户进行货款支付,由第三方通知卖家货款到达、进行发货,买方检验物品后,就可以通知付款给卖家,第三方再将款项转至卖家账户。通过第三方支付平台交易的流程如图 1.3 所示。

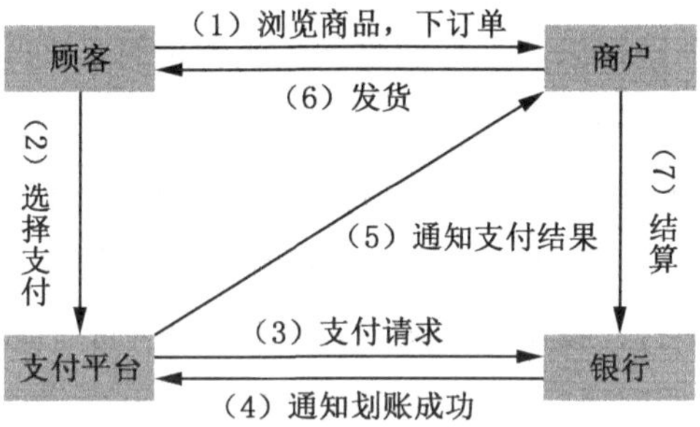

图 1.3 第三方支付交易流程

(1)网上消费者浏览商户检索网页并选择相应商品,下订单,达成交易。

(2)在弹出的支付页面上,网上消费者选择具体的某一个第三方支付平台,直接链接到其安全支付服务器上,在第三方支付的页面上选择合适的支付方式,点击后进入银行支付页面进行支付。

(3)第三方支付平台将网上消费者的支付信息,按照各银行支付网关技术要求,传递到相关银行。

(4)相关银行(银联)检查网上消费者的支付能力,实行冻结、扣账或者划账,并将结果信息回传给第三方支付平台和网上消费者。

(5)第三方支付平台将支付结果通知商户。

(6)接到支付成功的通知后,商户向网上消费者发货或者提供服务。

(7)各个银行通过第三方支付平台与商户实施清算。

购买者并非使用者,使用者并非最大的受益者,真正的受益者并非决策者,这就是第三方买单的逻辑。你消费,不用自己买单,产品或服务的提供商根本不收你的钱,而且你消费得越多,厂商还越高兴。这种消费模式之所以能够一直存在,是因为有第三方在替你买单，替产品或服务的提供商支付费用。这种经济模式又被称为“第三方（者）买单”。

第三方支付机构必须具有一定的诚信度。在实际的操作过程中，这个第三方支付机构可以是发行信用卡的银行本身。在进行网络支付时，信用卡号以及密码的披露只在持卡人和银行之间转移，降低了应通过商家转移而导致的风险。当第三方是除了银行以外的具有良好信誉和技术支持能力的某个机构时，支付也通过第三方在持卡人或者客户和银行之间进行。持卡人首先和第三方以替代银行账号的某种电子数据的形式（例如邮件）传递账户信息，避免持卡人将银行信息直接透露给商家，另外也可以不必每次登录不同的网上银行界面，取而代之以相对熟悉和简单的第三方支付机构的界面。第三方支付机构与各个主要银行之间签订有关协议，使得第三方支付机构与银行可以进行某种形式的数据交换和相关的信息确认。这样第三方支付机构就能实现在持卡人或消费者与各个银行以及最终的收款人或者是商家之间建立支付的流程。

第三方支付具有显著的特点：

第一，第三方支付平台提供一系列的应用接口程序，将多种银行卡支付方式整合到一个界面上，负责交易结算中与银行的对接，使网上购物更加快捷、便利。消费者和商家不需要在不同的银行开设不同的账户，可以帮助消费者降低网上购物的成本，帮助商家降低运营成本；同时，还可以帮助银行节省网关开发费用，并为银行带来一定的潜在利润。

第二，较之 SSL、SET 等支付协议，利用第三方支付平台进行支付操作更加简单而易于接受。SSL 协议是应用比较广泛的安全协议，在 SSL 协议中只需要验证商家的身份。SET 协议是基于信用卡支付系统的比较成熟的技术。但在 SET 协议中，各方的身份都需要通过证书颁发机构进行认证，程序复杂，手续繁多，速度慢且实现成本高。有了第三方支付平台，商家和客户之间的交涉由第三方来完成，使网上交易变得更加简单便利。

第三，第三方支付平台本身依附于大型的门户网站，且以与其合作的银行的信用作为信用依托，因此，第三方支付平台能够较好地突破网上交易中的信用问题，有利于推动电子商务的快速发展。

（二）第三方支付产品的主流品牌

按照行业分类，第三方支付机构包括互联网型支付企业、金融型支付企业和第三方支付公司。

互联网型支付企业提供的产品以支付宝、财付通为首，它们以在线支付为主，捆绑大型电子商务网站，迅速做大做强。

金融型支付企业提供的产品以快钱、汇付天下、易宝、拉卡拉等为首，侧重行业需求和开拓行业应用。

第三方支付公司提供的产品如银联商务、拉卡拉、嘉联支付等手机刷卡器产品。第三方支付公司通过和国内外各大银行签约，具备很好的实力和信用保障，是在银行的监管下保证交易双方利益的独立机构，在消费者与银行之间建立一个某种形式的数据交换和信息确认的支付流程。例如，乐富支付向广大银行卡持卡人提供基于 POS 终端的线下实时支付服务，并向终端特约商户提供 POS 申请/审批、自动结账/对账、跨区域 T+1 清算、资金归集、多账户管理等综合服务。

目前，第三方支付产品主要有 PayPal、支付宝、微信支付、百度钱包、中汇支付、拉卡拉、财付通、融宝、盛付通、腾付通、通联支付等。

1. PayPal

PayPal 公司(PayPal Holdings，Inc.)是美国 eBay 公司的全资子公司，1998 年 12 月由 Peter Thiel 及 Max Levchin 建立，总部位于美国加利福尼亚州圣荷西市。

通过 PayPal 在使用电子邮件标识身份的用户之间转移资金，避免了传统的邮寄支票或者汇款的方法。PayPal 也和一些电子商务网站合作，成为它们的货款支付方式之一；但是用这种支付方式转账时，PayPal 收取一定数额的手续费。

2017 年 4 月，Android Pay 与 PayPal 合作，PayPal 成为 Android Pay 用户可使用的移动支付平台，至此，两大支付竞争对手正式化敌为友。2017 年 6 月 6 日，“2017 年 Brand Z 全球最具价值品牌 100 强”榜单公布，PayPal 名列第 52 位。

2. 支付宝

支付宝(中国)网络技术有限公司是国内领先的第三方支付平台，致力于提供简单、安全、快速的支付解决方案。支付宝公司从 2004 年建立开始，始终以“信任”作为产品和服务的核心。旗下有“支付宝”与“支付宝钱包”两个独立品牌。自 2014 年第二季度开始，支付宝成为当前全球最大的移动支付厂商。

支付宝与国内外 180 多家银行以及 VISA、MasterCard 国际组织等机构建立战略合作关系，成为金融机构在电子支付领域最可信任的合作伙伴。

3. 拉卡拉

拉卡拉是行业领先的综合性互联网金融服务平台。拉卡拉成立于 2005 年，秉承普惠、科技、创新、综合的理念，打造了底层统一、用户导向的共生系统，为个人和企业用户提供支付、征信、融资、社区金融等服务。其在国内第三方移动支付领域和线下银行卡收单行业长期保持交易规模前三。

4. 财付通

财付通(Tenpay)是腾讯公司于 2005 年 9 月正式推出的专业在线支付平台，其核心业务是帮助在互联网上进行交易的双方完成支付和收款，致力于为互联网用户和企业提供安全、便捷、专业的在线支付服务。

个人用户注册财付通后，即可在拍拍网及 20 多万家购物网站轻松进行购物。财付通支持全国各大银行的网银支付，用户也可以先充值到财付通，享受更加便捷的财付通余额支付体验。

财付通与拍拍网、腾讯 QQ 有着很好的融合。按交易额来算，2019 年第三季度，财付通排名第二，市场份额约为 39.5%，仅次于支付宝。

本章小结

1. 支付的产生主要是源于买卖过程，目的是满足人们的日常生产生活资料与社会经济发展的客观需求，导致支付环节出现的主要原因是专业化的分工产生的生产过剩，并且以货币为媒介进行的商品交易以及伴随的资金融通是社会经济活动的基本形式，商品的交易和融通必然伴随着资金的转移，简而言之，货币的给付行为就是支付。支付的演变过程是从偶然的商品互换开始的，随着生产力的进一步提高，经常性发生商品互换，但是，由于商品互换的一些缺陷，如携带不便、未被普遍认可等原因，出现了支付史上的重大变革，即出现了货币互换，以货币作为基本度量单位进行商品的价值衡量，一切商品的价值都集中地、统一地表现在一种贵重金属如黄金或白银上，货币也就承担了主要的货币交换功能，进行日常支付。在银行问世之后，便有两种支付手段：一是现金或者实物货币，二是银行存款，以银行存款作为主要的交易方式涉及一系列严密而复杂的过程。

2. 我国的汇兑结算最早可以追溯到唐宋时期，主要是解决流通货币短缺问题，其次是为了节省钱币流通费用，降低交易成本，出现了“飞钱”“便钱”“交子”等早期支付工具。明清时期，由于工商业和资本主义的萌芽，开始出现钱铺、钱庄等信用机构，以山西钱庄最为典型。在鸦片战争后，中国逐步丧失主权，外国银行纷纷登陆中国，使得钱庄不断突破营业范围，进行更加现代化的跨国贸易支付，在此期间形成了以国家银行和中央银行为核心的支付清算体系。到北洋政府时期，形成了银行、钱庄、外国银行三足鼎立之势。华资银行以商贸、金融中心为汇兑中心，沿交通路线构建渠道，形成汇兑网络体系；钱庄则利用申票、庄票等颇具传统色彩的支付工具，为本埠和埠际经贸往来提供账务结算服务；外国银行把持了进出口结算和国际汇兑业务。该时期的特点为三类金融机构形成竞争、互补的多元体系；货币流通呈区域性割裂，各地不同币种间的兑换复杂，支付结算运作效率低。到现代，支付清算行业发展迅速。在 20 世纪 80 年代以前，异地联动支付业务以手工操作为主，各行汇路不通，互相挤占资金，效率特别低下；到 90 年代，开始建立了金融数据通信卫星，实现自动化；2000 年至今，中国已经建立了一体化的中国现代化支付系统，标志着中国的支付清算程度已经都达到了发达国家水平。

3. 中国人民银行在现代支付清算中发挥以下几个作用：第一，推动支付工具的创新。随着生产力的发展以及商贸的日渐频繁，商品与货币的分割越来越明显，两者之间的固有矛盾加重。支付工具从传统的金银到以国家信用为支撑的纸币，再到后来的无纸化电子货币，大大提高了支付清算速度。第二，组织中国人民银行会计核算。现代经济高速发展，使得会计核算出现了较大变革。现代中国人民银行会计核算的发展特点体现为：数据集中处理，风险过程控制，信息资源共享。第三，监管支付体系。

4. 我国的资金清算体系发展经历了三个阶段：手工联行系统、电子联行系统以及现代化支付系统。我国最初的资金清算系统属于手工联行系统，依靠人工记账，收发报文；其次通过卫星通信链路进行收发报文，即电子联行系统；最终建立了中国现代化支付系统，大额支付系统通过支付指令逐笔实时发送、全额清算资金，实现资金的实时到账。

第三方支付机构主要是指一些与产品所在国家以及国外各大银行签约，并具备一定实力和信誉保障的第三方独立机构提供的交易支持平台，买卖双方通过第三方支付机构进行商品与服务的交易，并建立起与银行的关联。第三方支付机构的特点在于：第一，第三方支付平台提供一系列的应用接口程序，将多种银行卡支付方式整合到一个界面上，负责交易结算中与银行的对接，使网上购物更加快捷、便利。第二，相比于 SSL、SET 等支付协议，通过第三方支付平台进行支付操作更加简单而易于接受。第三，第三方支付平台本身依附于大型的门户网站，且以与其合作的银行的信用作为信用依托，可以较好地解决交易中的信用问题。

思考题

1. 支付产生的原因有哪些？现代有哪些新兴的支付工具，它们与传统的支付工具相比有哪些优缺点？

2. 中国近现代支付体系是如何演变的？未来的支付系统发展方向是怎样的？

3. 现代支付系统主要发挥什么作用？随着支付工具的不断创新，中国人民银行应该从哪些方面进行监管更新？

4. 简述商业银行在现代经济中的主要功能与作用。第三方支付机构的行业分类有哪几种？简述第三方支付机构的支付流程。

第二章　清算业务种类

中央银行作为银行的银行，各商业银行等其他金融机构都在中央银行开立账户，因此，由中央银行来负责清算它们之间的资金往来和债权债务关系具有客观的便利条件。

清算业务是指中央银行作为一国支付清算体系的参与者和管理者，通过一定的方式、途径，使金融机构之间的债权债务清偿及资金转移顺利完成并维护支付系统的平稳运行，从而保证经济活动和社会生活的正常运行。

第一节　汇　兑

汇兑又称汇兑结算，是指企业(汇款人)委托银行将其款项支付给收款人的结算方式。单位和个人的各种款项的结算，均可使用汇兑结算方式。这种方式便于汇款人向异地的收款人主动付款，适用范围十分广泛。简而言之，汇兑即委托银行作为付款人进行付款。

一、汇兑的分类

汇兑根据划转款项的不同方法以及不同传递方式可以分为信汇和电汇两种，由汇款人自行选择。

(一)信汇

信汇是汇款人向银行提出申请，同时交存一定金额及手续费，汇出行将信汇委托书以邮寄方式寄给汇入行，授权汇入行向收款人解付一定金额的一种汇兑结算方式。

(二)电汇

电汇是汇款人将一定款项交存汇款银行，汇款银行通过电报或电话传给目的地的分行或代理行(汇入行)，指示汇入行向收款人支付一定金额的一种汇兑结算方式。

在这两种汇兑结算方式中，信汇费用较低，但速度相对较慢，而电汇具有速度快的优点，但汇款人要负担较高的电报电传费用，因而通常只在紧急情况下或者金额较大时使用电汇。另外,为了确保电报的真实性,汇出行在电报上加注双方约定的密码;而信汇则不须加密码,签字即可。

二、汇兑的特点

汇兑结算适用范围广,手续简便易行,灵活方便,因而是目前应用极为广泛的一种结算方式。

汇兑结算,无论是信汇还是电汇,都没有金额起点的限制,不管款多款少都可使用。

汇兑结算属于汇款人向异地主动付款的一种结算方式。它对于异地上下级单位之间的资金调剂、清理旧欠以及往来款项的结算等都十分方便。汇兑结算方式还广泛地用于先汇款后发货的交易结算方式。在销货单位对购货单位的资信情况缺乏了解或者商品较为紧俏的情况下,可以让购货单位先汇款,等收到货款后再发货以免收不回货款。当然购货单位采用先汇款后发货的交易方式时,应详尽了解销货单位的资信情况和供货能力,以免盲目地将款项汇出却收不到货物。如果对销货单位的资信情况和供货能力缺乏了解,可将款项汇到采购地,在采购地开立临时存款户,派人监督支付。

汇兑结算方式除了适用于单位之间的款项划拨外,也可用于单位对异地的个人支付有关款项,如退休工资、医药费、各种劳务费、稿酬等,还可用于个人对异地单位支付有关款项,如邮购商品、书刊等。

汇兑结算手续简便易行,单位或个人很容易办理。

三、汇兑办理

汇款人委托银行办理汇兑,应向汇出银行填写信汇、电汇凭证,详细填明汇入地点、汇入银行名称、收款人名称、汇款金额、汇款用途(军工产品可以免填)等各项内容,并在信汇、电汇凭证上加盖预留银行印鉴。

(一)信汇凭证与电汇凭证的基本格式

信汇凭证一式四联。第一联(回单)是汇出行受理信汇凭证后给汇款人的回单;第二联(支款凭证)是汇款人委托开户银行办理信汇时转账付款的支付凭证;第三联(收款凭证)是汇入行将款项收入收款人账户后的收款凭证;第四联(收账通知或取款收据)是在直接记入收款人账户后通知收款人的收款通知,或不直接记入收款人账户时收款人凭以领取款项的取款收据。

电汇凭证一式三联。第一联(回单)是汇出行给汇款人的回单;第二联(支款凭证)为汇出银行办理转账付款的支付凭证;第三联(发电依据)是汇出行向汇入行拍发电报的凭据。

(二)审查内容

汇出行受理汇款人的信汇、电汇凭证后,应按规定进行审查。审查内容包括:

(1)信、电汇凭证填写的各项内容是否齐全、正确,格式是否规范。

(2)汇款人账户内是否有足够支付的存款余额。

(3)汇款人盖的印章是否与预留银行印鉴相符,等等。

审查无误后即可办理汇款手续,在第一联回单上加盖“转讫”章退给汇款单位,并按规定收取手续费,如果不符条件的,汇出银行不予办理汇出手续,作退票处理。

(三)记账凭证

汇款单位根据银行退回的信汇、电汇凭证第一联,根据不同情况编制记账凭证。

(1)如果汇款单位用汇款清理旧欠,则应编制银行存款付款凭证,其会计分录为:

借:应付账款——××单位

贷:银行存款

(2)如果汇款单位是为购买对方单位产品而预付货款,则应编制银行存款付款凭证,其会计分录为:

借:预付账款

贷:银行存款

(3)如果汇款单位将款项汇往采购地,在采购地银行开立临时存款户,则应编制银行存款付款凭证,其会计分录为:

借:其他货币资金——外埠存款

贷:银行存款

(四)注意事项

(1)汇款单位需要派人到汇入银行领取汇款时,除在“收款人”栏写明取款人的姓名外,还应在“账号或住址”栏内注明“留行待取”字样。留行待取的汇款,需要指定具体收款人领取汇款的,应注明收款人的单位名称。

(2)个体经济户和个人需要在汇入银行支取现金的,应在信汇、电汇凭证上“汇款金额”大写栏先填写“现金”字样,接着再紧靠其后填写汇款金额大写。

(3)汇款人确定不得转汇的,应在“备注”栏内注明。

(4)汇款需要收款单位凭印鉴支取的,应在汇款凭证上加盖收款单位预留银行印鉴。

四、转汇退汇

(一)转汇办理

汇款人因汇入地没有所需商品等原因需要转汇时,可以待取款通知和有关证件,请求汇入银行重新办理信汇、电汇手续，将款项汇往其他地方。按照规定，转汇的收款人和汇款用途必须是原汇款的收款人和汇款用途。汇入银行办理转汇手续，在汇款凭证上加盖“转汇”戳记。第三联信汇凭证备注栏注明“不得转汇”的，汇入银行不予办理转汇。

（二）退汇办理

汇款人因故对汇出的款项要求退汇，如果汇款是直接汇给收款单位的存款账户入账的，退汇由汇出单位自行联系，银行不予介入。如果汇款不是直接汇往收款单位存款账户入账的，由汇款单位备公函或持本人身份证件连同原信汇、电汇凭证回单交汇出行申请退汇，由汇出银行通知汇入银行，经汇入银行查实汇款确未解付，方可办理退汇；如果汇入银行接到退汇通知前汇款已经解付收款人账户或被支取，则由汇款人与收款人自行联系退款手续。如果汇款被收款单位拒绝接受的，由汇入银行立即办理退汇。汇款超过两个月，收款人尚未来汇入银行办理取款手续或在规定期限内汇入银行已寄出通知但由于收款人地址迁移或其他原因致使该笔汇款无人受领时，汇入银行主动办理退汇。

汇款单位收到汇出银行寄发的注有“汇款退回已代进账”字样的退汇通知书第四联（适用于汇款人申请退汇）或者由汇入银行加盖“退汇”字样、汇出银行加盖“转讫”章的特种转账贷方凭证（适用于银行主动退汇）后，即表明汇款已退回本单位账户。财务部门即可据此编制银行存款收款凭证，其会计分录则与汇出时银行存款付款凭证会计分录相反。

五、汇款领取

按照规定，汇入银行对开立账户的收款单位的款项应直接转入收款单位的账户。采用信汇方式的，收款单位开户银行（即汇入银行）在信汇凭证第四联上加盖“转讫”章后交给收款单位，表示汇款已由开户银行代为进账。

采用电汇方式的，收款单位开户银行根据汇出行发来的电报编制三联联行电报划收款补充报单，在第三联上加盖“转讫”章作收账通知交给收款单位，表明银行已代为进账。收款单位根据银行转来的信汇凭证第四联（信汇）或联行电报划收款补充报单（电汇）编制银行存款收款凭证，借记“银行存款”账户，贷记有关账户（依据汇款的性质而定）。

如对方汇款是用来偿付旧欠，则收款单位收款凭证的会计分录为：

借：银行存款

　　贷：应收账款

如果属于对方单位为购买本单位产品而预付的货款，则收款凭证的会计分录为：

借:银行存款

　　贷:预收账款

待实际发货时,再根据有关原始凭证编制转账凭证,其会计分录为:

借:预收货款

　　贷:主营业务收入

如果款到即发货,也可直接编制收款凭证,其会计分录为:

借:银行存款

　　贷:产品销售收入(或商品销售收入等)

需要在汇入银行支取现金的,信汇(或电汇)凭证上“汇款金额”栏必须注明“现金”字样,可以由收款人填制一联支款单连同信汇凭证第四联(或联行申报划收款补充报单第三联),并携带有关身份证件到汇入银行取款。汇入银行审核有关证件后一次性办理现金支付手续。在汇款凭证上未填明“现金”字样,需要在汇入银行支取现金的单位,由汇入银行按照现金管理的规定支付。

留行待取的汇款,收款人应随身携带身份证件或汇入地有关单位足以证实收款人身份的证明去汇入银行办理取款。汇入银行向收款人问明情况,与信汇、电汇凭证进行核对,并将证件名称、号码、发证单位名称等批注在信汇、电汇凭证空白处,并由收款人在“收款人盖章”处签名或盖章,然后办理付款手续。如果凭印鉴支取的,收款人所盖印章必须同预留印鉴相同。

收款人需要在汇入地分次支取汇款的,可以由收款人在汇入银行开立临时存款户,将汇款暂时存入该账户,分次支取。临时存款账户只取不存,付完清户,不计付利息。

第二节　消　费

消费是社会再生产过程中的一个重要环节,也是最终环节。它是指利用社会产品来满足人们各种需要的过程。

消费又分为生产消费和个人消费。前者是指物质资料生产过程中的生产资料和生活劳动的使用和消耗。后者是指人们把生产出来的物质资料和精神产品用于满足个人生活需要的行为和过程,是“生产过程以外执行生活职能”。它是恢复人们劳动力和劳动力再生产必不可少的条件。

一、消费理论

宏观经济学中，消费是指某时期一人或一国用于消费品的总支出。严格地说，“消费”应仅指这一时期中那些完全用掉了的（分享过的或吃掉了的）消费品。但在实际上，消费支出包括所有已购买的商品，而这其中许多商品的使用时间要远远超出考察时期，如家具、衣物和汽车等。

20 世纪 30 年代以前，关于消费理论的研究比较简单。当时处于支配地位的正统理论是马歇尔的需求理论。这种需求理论的要点是：假定消费者收入不变，消费者所获得的商品数量依价格的升降向反方向变动。恩格尔系数是衡量消费水平高低的重要因素。

30 年代以后，凯恩斯把消费问题引入宏观经济领域，他把消费看作国民收入流通的基本形式之一。购买消费品的支出，称为消费支出。从全社会看，一个人的支出，就是另一个人的收入，总支出等于总收入。在两部门的经济中，社会总需求等于消费和投资之和，从总需求中去掉投资支出，就是消费支出。凯恩斯在分析消费概念的基础上，又提出了平均消费倾向、边际消费倾向等概念，给消费理论增添了新的含义。消费是宏观经济学中的一个基本变量。

凯恩斯的绝对收入消费理论认为，消费取决于一个人的当前收入。

莫迪利安尼的生命周期消费理论认为，一个人会在其一生中综合考虑消费和收入问题，消费取决于一个人一生的收入和支出的综合衡量。

杜森贝利的相对收入消费理论提出，一个人的消费取决于过去的消费和周围人群的消费。

弗里德曼的持久收入消费理论提出，一个人的消费取决于他的长期的持久性的收入。

二、消费的分类

（一）按消费主体划分

消费分为生产消费和个人消费。

1. 生产消费

生产消费是指物质资料生产过程中的生产资料和生活劳动的使用和消耗。

2. 个人消费

个人消费是指人们把生产出来的物质资料和精神产品用于满足个人生活需要的行为和过程，是在“生产过程以外执行生活职能”。它是恢复人们劳动力和劳动力再生产不可缺少的条件。通常讲的消费，是指个人消费。

例如，资本主义生产就是以剥削雇佣工人创造的剩余价值为目的的生产。这就决定了劳动人民的消费被限制在很狭小的范围内。劳动人民消费水平的低下又阻碍甚至破坏生产的发展，经济危机就是一个突出的例子。在社会主义制度下，社会生产的目的是为了满足人们日益增长的物质文化生活的需要，这就消除了生产和消费的对抗性矛盾，并且消费也成为推动整个社会生产发展的强大动力。

(二)按消费资料层次划分

消费分为生存消费、享受消费和发展消费。

要考察消费结构，必须对消费资料加以科学分类、层次划分。

按照消费资料对人们生活的重要性及人们消费它们的形式，可作如下层次的划分：生存资料、享受资料、发展资料。生存资料是补偿劳动者必要劳动消耗所必需的消费资料。发展资料是劳动力扩大再生产所必需的消费资料。享受资料是提高劳动者生活水平、满足人们享乐需要的消费资料。

在这三大类中，生存资料是消费资料中的基础性层次，其消费需求的弹性最小。人们只有在获得这一层次的消费之后，其消费需求才会向较高的层次延伸和发展。但是，随着社会生产力的发展和人们生活水平的改善，三类消费资料的数量和种类也不断增加和扩大，某些原来属于发展或享受的资料会转化成生存资料。因此，三类的区分只能是相对的、历史的。它们在内容上既有很多交叉和相互关联的“结合部”，而且随着社会生产力的发展而不断变化。

三、消费心理

消费心理学是心理学的一个重要分支，它研究消费者在消费活动中的心理现象和行为规律。消费心理学也是消费经济学的组成部分。研究消费心理，对于消费者，可提高消费效益；对于经营者，可提高经营效益。

四、消费者的类型

消费者的类型包括计划型、随意型、节俭型。

(一)计划型

这类人按个人或家庭收入实际情况和生活目标制定计划，消费时大致按计划进行，非常理智，很少出现盲目和突击性消费。

(二)随意型

这类人完全按个人喜好和临时兴趣进行消费，较少考虑整体消费效益，所谓钱多多花、钱少少花，就是这部分人的突出特点，他们较易出现盲目和浪费性消费。

(三)节俭型

这类人消费时精打细算,能省即省,并且善于利用再生性消费。这一类型的消费方式能够使家庭逐渐殷实,然而过于节俭的意识有时也可能因过量购买便宜货而造成积压性消费。

这三种消费方式各有利弊。过分按计划消费,遇到临时性的消费时有可能错过好产品;年轻人大多喜欢随意型消费,但没有计划的随意消费有可能导致入不敷出,影响生活;节俭型消费大多是老年人的选择,适当的节俭可以带来可观的效益。

上述三类消费者的决策依据不同。消费者购买决策是指消费为了满足某种需求,在一定的购买动机的支配下,在可供选择的两个或者两个以上的购买方案中,分析、评价、选择并且实施最佳的购买方案,以及购后评价的活动过程。它是一个系统的决策活动过程,包括需求的确定、购买动机的形成、购买方案的抉择和实施、购后评价等环节。

五、消费相关指数

(一)恩格尔系数

恩格尔系数是衡量消费水平高低的重要因素,是食品支出总额占个人消费支出总额的比重,公式为:

$$恩格尔系数=\frac{食品支出}{个人(家庭或国家)总消费支出}\times 100\%$$

恩格尔系数越高,表示其越贫穷;恩格尔系数越低,表示其越富裕。恩格尔系数在59%以上为贫困,50%～59%为温饱,40%～50%为小康,30%～40%为富裕,低于30%为最富裕。

(二)消费者物价指数

消费者物价指数又称居民消费价格指数,是世界各国普遍编制的一种指数,它可以用于分析市场价格的基本动态,是政府制定物价政策和工资政策的重要依据。消费者物价指数是衡量特定时段内所选定的一篮子消费品的购买价格随时间而变动的相对数。计算消费者物价指数时,每种商品的权数依据特定时段内该商品在城市消费者生活开支中所占的份额来确定。消费者物价指数是根据与居民生活有关的产品及劳务价格统计出来的物价变动指标,通常作为观察通货膨胀水平的重要指标。

如果消费者物价指数升幅过大,则表明通胀已经成为经济不稳定因素,央行会采取紧缩货币政策和财政政策,造成经济前景不明朗。因此,该指数过高的升幅往往不被市场欢迎。

例如,2008 年的 12 个月内,消费者物价指数上升 2.3%,表示生活成本比 12 个月前平均上升2.3%。生活成本提高，货币贬值，意味着一年前的100元纸币如今只可以买到价值97.70元的货品及服务。一般来说，当CPI增幅>3%时，我们称之为通货膨胀；而当CPI增幅>5%时，我们称之为严重的通货膨胀。

（三）消费水平指数

消费水平指数是反映不同时期每户（每人）消费水平变动程度的指标。消费水平指数等于基期消费水平指数乘以t期居民消费水平，再除以基期居民消费水平所得的数值。

第三节　证券及期货交易

一、证券交易

证券交易是指证券持有人依照交易规则，将证券转让给其他投资者的行为。证券交易除应遵循《中华人民共和国证券法》规定的证券交易规则，还应同时遵守《中华人民共和国公司法》及《中华人民共和国民法典》的相关规定。

（一）证券交易的形式

证券交易一般分为两种形式：

一种形式是上市交易，是指证券在证券交易所集中交易挂牌买卖。凡经批准在证券交易所内登记买卖的证券称为上市证券；其证券能在证券交易所上市交易的公司，称为上市公司。

另一种形式是上柜交易，是指公开发行但未达上市标准的证券在证券柜台交易市场买卖。众多的股份有限公司发行了股票，但不是所有的股票都可以自由上市或上柜交易的。股票要上市或上柜交易，必须按一定条件和标准进行审查，符合规定的才能上市或上柜自由买卖。已上市股票如指标下降，达不到标准，证券交易所可以停止其上市资格。

（二）证券交易的分析方法

证券交易的分析方法有如下三种：基本分析、技术分析、演化分析，其中基本分析主要应用于投资标的物的价值判断和选择，技术分析和演化分析则主要应用于具体投资操作的时间和空间判断，作为提高证券投资分析有效性和可靠性的重要手段。

1. 基本分析(fundamental analysis)

基本分析以企业内在价值作为主要研究对象，通过对决定企业价值和影响股票价格的宏观经济形势、行业发展前景、企业经营状况等进行详尽分析（一般经济学范式），以大概测算上市公司的长期投资价值和安全边际，并与当前的股票价格进行比较，形成相应的投资建议。基本分析认为股价波动轨迹不可能被准确预测，而只能在有足够安全边际的情况下“买入并长期持有”，在安全边际消失后卖出。

2. 技术分析(technical analysis)

技术分析以股票价格涨跌的直观行为表现作为主要研究对象，以预测股价波动形态和趋势为主要目的，从股价变化的K线图表与技术指标入手(物理学或牛顿范式)，对股市波动规律进行分析。技术分析有三个颇具争议的前提假设，即市场行为包容消化一切，价格以趋势方式波动，历史会重演。国内比较流行的技术分析方法包括道氏理论、波浪理论、江恩理论等。

3. 演化分析(evolutionary analysis)

演化分析以股市波动的生命运动内在属性作为主要研究对象，从股市的代谢性、趋利性、适应性、可塑性、应激性、变异性、节律性等方面入手(生物学或达尔文范式)，对市场波动方向与空间进行动态跟踪研究，为股票交易决策提供机会和风险评估。演化分析从股市波动的本质属性出发，认为股市波动的各种复杂因果关系或者现象都可以从生命运动的基本原理中找到逻辑关系及合理解释，并为构建科学合理的博弈决策框架提供令人信服的依据。

(三)证券交易的特点

1. 证券交易是特殊的证券转让

证券转让是指证券持有人依转让意思及法定程序，将证券所有权转移给其他投资者的行为，其基本形式是证券买卖。

在广义上，证券转让还包括依照特定法律事实将全部或部分证券权利转移给其他人的行为或者设定证券质押的行为等。所谓依照特定法律事实发生的转移，包括因赠与、继承和持有人合并等发生的证券权利转移；所谓设定质押，是依照担保法规定，以证券作为债务担保的行为。根据《中华人民共和国证券法》第三十条，证券交易主要指证券买卖，即依照转让证券权利意思而发生的转让行为。

2. 证券交易是反映证券流通性的基本形式

证券流通性是确保证券作为基本融资工具的基础。

证券发行完毕后，证券即成为投资者的投资对象和投资工具，赋予证券以流通性和变现能力，可使得证券投资者便利地进入或者退出证券市场。

不同证券的流通性存有差异。股份公司依法发行和上市的股票，除社会公众股股票可依照证券交易所规定的交易规则自由转让外，公司发起人及其他高级管理人员所持股份在法定期限内不得转让，国家股和法人股的流通性受到影响。

3. 证券转让须借助证券交易场所完成

证券交易场所是依法设立、进行证券交易的场所，包括进行集中交易的证券交易所以及依照协议完成交易的无形交易场所。

前者如国际上著名的纽约证券交易所、伦敦证券交易所和法兰克福证券交易所；我国的上海证券交易所以及深圳证券交易所也属于集中交易场所。后者如美国全美证券商自动报价系统（NASTAQ）以及各国的店头交易场所；我国场外交易场所主要包括原有的STAQ和NET两个交易系统。

4. 证券交易须遵守相应交易规则

为确保证券交易的安全与快捷，维护资本市场的稳定与发展，我国颁布和制定了一系列法律法规。《中华人民共和国证券法》是调整证券交易的特别法；《中华人民共和国公司法》对股份及公司债券转让也有原则性规定。其他法律、法规如《中华人民共和国民法典》《中华人民共和国银行法》《中华人民共和国保险法》和《中华人民共和国刑法》也直接或间接地调整着证券交易关系。证券交易所颁布的自律性规范也具有法律约束力。

（四）证券交易方式

早期证券交易主要采取现货交易方式，但随着商品经济及资本市场的发展，证券交易方式呈现出由低级向高级、由简单向复杂、由单一向复合的发展趋势。各国证券交易方式的分类标准出现多元化趋势，既可按单一标准分类，也可兼采多种标准分类，形成了现货交易、信用交易、期货交易和期权交易等并存的交易方式。

1. 现货交易

现货交易是证券交易双方在成交后即时清算交割证券和价款的交易方式。

现货交易双方分别为持券待售者和持币待购者。持券待售者意欲将所持证券转变为现金，持币待购者则希望将所持货币转变为证券。

最初的现货交易是在成交后即时交割证券和钱款，为“一手交钱、一手交货”的典型形式。

在现代现货交易中，证券成交与交割间通常都有一定时间间隔，时间间隔长短依证券交易所规定的交割日期确定。证券成交与交割日期可在同一日，也可不是同一日期。在国际上，现货交易的成交与交割的时间间隔一般不超过20日。

如依现行的T+1交割规则，证券经纪机构与投资者之间应在成交后的下一个营业日办理完毕交割事宜，如果该下一营业日正逢法定休假日，则交割日期顺延至该法定休假日开始后的第一个营业日。

证券交易所为了确保证券交易所和证券公司有合理时间处理财务事宜（包括准备证券交付和款项往来），都会对证券成交和交割的时间间隔作出规定。但为防止该时间间隔过长而影响交割安全性，交割日期主要有当日交割、次日交割和例行交割。当日交割也称“T+0”交割，为成交当日进行交割；次日交割又称“T+1”交割，为成交完成后下一个营业日办理交割;例行交割,则依照交易所规定确定,往往是成交后5个营业日内进行交割。

在现货交易中,证券出卖人必须持有证券,证券购买人必须持有相应的货币,成交日期与交割日期相对比较接近,交割风险较低。从稳定交易秩序的角度,现货交易应成为主要交易形式。

现货交易作为历史上最古老的证券交易方式,适用于信用制度相对落后和交易规则相对简单的社会环境,有助于减少交易风险,是一种较安全的证券交易形式,也是场内交易和场外交易中广泛采用的证券交易形式。

2. 期货交易

在广义上,期货交易包括远期交易,与现货交易相对应。其特点是:

(1)期货交易对象不是证券本身,而是期货合约,即未来购买或出卖证券并交割的合约。期货合约属于证券交易所制定的标准合约。根据期货合约,一方当事人应于交割期限内,向持有期货合约的另一方交付期货合约指定数量的金融资产。

(2)期货合约期限通常比较长,有些金融资产的期货合约期限可能长达数月,甚至一年。在合约期限来临前,期货合约持有人可依公开市场价格向他人出售合约,并借此转让期货合约项下权利。所以,在合约期限来临前,合约持有人可因转让期货合约而发生若干变化。

在证券交易所制定标准期货合约时,参考了该等证券资产当时的市场价格,但在期货合约期限内,证券资产的实物价格会发生变动,但在交割证券资产时,其期货价格可能已接近实物资产的市场价格。

由于期货交易具有预先成交、定期交割和价格独立的特点,买卖双方在达成证券期货合同时并无意等到指定日期到来时实际交割证券资产,而是企盼在买进期货合约后的适当时机再行卖出,以谋取利益或减少损失,从而出现“多头交易”和“空头交易”。多头交易与空头交易是站在对期货价格走势不同判断的基础上分别作出的称谓,但均属于低买高卖并借此谋利的交易行为。

在期货合约期限届满前,有一交割期限。在该期限内,期货合约持有人有权要求对方向其进行实物交割。证券交易所为保持信誉和交割安全性,会对此提供担保,并同时要求交割方存入需交割的证券或金钱。

3. 期权交易

证券期权交易是当事人为获得证券市场价格波动带来的利益,约定在一定时间内,以特定价格买进或卖出指定证券,或者放弃买进或卖出指定证券的交易。

证券期权交易是以期权作为交易标的的交易形式。期权分为看涨期权和看跌期权两种基本类型。根据看涨期权,期权持有人有权在某一确定时间,以某一确定价格购买标的资产即有价证券。根据看跌期权，期权持有人有权在某一确定的时间，以某一确定价格出售标的资产。

根据期权交易规则，看涨期权持有人可以在确定日期购买证券实物资产，也可在到期日放弃购买证券资产；看跌期权持有人可在确定日期出售证券实物资产，也可拒绝出售证券资产而支付保证金。期权交易属于选择权交易。

4. 信用交易

对证券信用交易，学术上有多种学说。

依据一般观点，信用交易是投资者凭借自己提供的保证金和信誉，取得经纪人信用，在买进证券时由经纪人提供贷款，在卖出证券时由经纪人贷给证券而进行的交易。

因此，凡符合以下条件的证券交易，均属于信用交易：

(1)典型的信用交易必须是保证金交易，即投资者向经纪人交付一定数额的保证金，并在此基础上进行交易，故信用交易也称保证金交易。

(2)经纪人向投资者提供借款以购买证券，或者经纪人向投资者提供证券以供出售。据此，可将信用交易分为融资信用交易和融券信用交易，故证券信用交易也可称为融资融券交易。

(3)信用交易是证券交易所依照法律规定创设的证券交易方式。证券信用交易具有活跃市场、创造公正市场价格和满足投资者需求的优点，但因存在投资风险，须均衡证券信用交易优劣，设置合理和周严的风险控制制度，给证券信用交易以适当的地位，以实现扬长避短之理想。

信用交易可分为融资交易和融券交易两种类型，但这与我国证券交易实践中的融资交易与融券交易根本不同。

首先，信用交易是依照法律和证券交易所规则创设的证券交易方式，具有适法性，实践中的融资融券交易则缺乏法律依据。

其次，信用交易以投资者交付保证金为基础，实践中的融资融券交易则几乎没有保证金交易的性质。

最后，信用交易是经纪人向投资者提供信用的方式，但我国实践中广泛存在经纪人向投资者借用资金或借用证券的形式，属于反向融资融券行为，其中有些资金和证券的借用并未经投资者同意，属于非法挪用资金和证券行为。在此意义上，未经法律准许的融资融券行为，属非法交易行为。

在各国证券市场中，除前述四种基本证券交易方式外，还大量存在其他非主要形态的证券交易方式，有些相对独立于前四种证券交易方式，如股票指数交易，有的则附属于前四种证券交易方式，如利率期货等。

5. 证券上市交易

上市交易是指已公开发行且经批准上市的股票在证券交易所集中交易挂牌买卖。

6. 证券上柜交易

上柜交易是指已公开发行但未达上市标准的股票在证券柜台交易市场买卖。

7. 证券全价交易

全价交易是指公司债券以全价(含息价)进行报盘、竞价、撮合、成交,并以全价结算。

银行间债券市场和证券交易所债券市场都实行净价交易。

8. 证券净价交易

净价交易是指公司债券以净价(不含息价)进行报盘、竞价、撮合、成交,并以净价结算,默认由持有人享有持有期的利息收入。

(五)证券交易的一般规定

允许交易的证券,必须是依法发行并交付的证券。所谓依法发行并交付,是指证券的发行是完全按照有关法律的规定进行的,符合法律规定的条件和程序,具有法律依据,通过发行程序并将证券已经交付给购买者。也就是说,进行证券交易的当事人依法买卖的证券,是其合法持有的证券。非依法发行的证券,即证券的发行未按照法律规定的条件和程序进行的,这样的证券不得买卖。

依法发行的股票或者公司债券及其他证券,都允许依法进行交易。依法发行的证券可以进行交易,但并不排除法律根据证券的性质和其他情况,对某些证券的交易作出限制性规定。在现实中,对某些证券的转让期限作出限制是可能存在的。如有些债券,只允许在发行后满一定期限才可转让。对于股票,如《中华人民共和国公司法》对股份有限公司发起人持有的股份有限公司股份的转让限定为 3 年之内不得转让。再如对上市公司中内部职工股的转让也有期限的限制。凡是法律对转让期限作出限制性规定的,在限定的期限内,该种证券不得买卖。

经依法核准的上市交易的证券在证券交易所挂牌交易,必须采用公开的集中竞价交易方式。公开的集中竞价,是所有有关购售该证券的买主和卖主集中在一个市场内公开申报、竞价交易,每当买卖出价相吻合就构成一笔买卖,交易依买卖组连续进行,每个买卖形成不同的价格。公开的集中竞价具有过程公开性、时间连续性、价格合理性和对快速变化的适应性等特点。

证券交易的集中竞价实行价格优先、时间优先的原则,即买方出价高的优先于买方出价低的,卖方出价低的优先于卖方出价高的,多数卖方中出价最低的与多数买方中出价最高的优先成交,以此类推,连续竞价。在出价相同时,由最先出价者优先成交。

证券交易以现货进行交易，即证券交易达成后，按当时的价格进行实物交割。买卖双方的资金和股票发生转移，购买者以直接持有股票为目标，相对其他交易形式来讲更具有投资性。

证券交易所、证券公司、证券登记结算机构从业人员、证券监督管理机构工作人员和法律、行政法规禁止参与股票交易的其他人员，在任期或者法定限期内，不得直接或者以化名、借他人名义持有、买卖股票，也不得收受他人赠送的股票。任何人在成为上列人员时，其原已持有的股票必须依法转让。为股票发行出具审计报告、资产评估报告或者法律意见书等文件的专业机构和人员，在该股票承销期内和期满后6个月内，不得买卖该种股票。此外，为上市公司出具审计报告、资产评估报告或者法律意见书等文件的专业机构和人员，自接受上市公司委托之日起至上述文件公开后5日内，不得买卖该种股票。

(六)证券交易所

对证券交易所最简单的理解就是证券交易的场所。而设立证券交易所的目的就是为了给证券交易提供公平、公正的环境，让证券交易得以正常进行。

证券交易所的职责：

(1)证券交易所应当为组织公平的集中交易提供保障，公布证券交易即时行情，并按交易日制作证券市场行情表，予以公布。未经证券交易所许可，任何单位和个人不得发布证券交易即时行情。

(2)证券交易所有权依照法律、行政法规，以及国务院证券监督管理机构的规定，办理股票、公司债券的暂停上市、恢复上市或者终止上市的事务。

(3)因突发性事件而影响证券交易的正常进行时，证券交易所可以采取技术性停牌的措施；因不可抗力的突发性事件或者为维护证券交易的正常秩序，证券交易所可以决定临时停市。证券交易所采取技术性停牌或者决定临时停市，必须及时报告国务院证券监督管理机构。

(4)证券交易所对证券交易实行实时监控，并按照国务院证券监督管理机构的要求，对异常交易的情况提出报告。证券交易所应当对上市公司及相关信息披露义务人披露信息进行监督，督促其依法及时、准确地披露信息。证券交易所根据需要，可以对出现重大异常交易情况的证券账户限制交易，并报国务院证券监督管理机构备案。

(5)证券交易所应当从其收取的交易费用和会员费、席位费中提取一定比例的金额设立风险基金。风险基金由证券交易所理事会管理。证券交易所应当将收存的风险基金存入开户银行专门账户，不得擅自使用。

(6)证券交易所依照证券法律、行政法规制定上市规则、交易规则、会员管理规则和其他有关规则，并报国务院证券监督管理机构批准。

(七)证券交易费用

1. 印花税

印花税是根据国家税法规定,在股票(包括 A 股和 B 股)成交后对买卖双方投资者按照规定的税率分别征收的税金。

印花税的缴纳是由证券经营机构在同投资者的交割中代为扣收,然后在证券经营机构同证券交易所或登记结算机构的清算交割中集中结算,最后由登记结算机构统一向征税机关缴纳。

其收费标准是按 A 股成交金额单边征收 1‰,基金、债券等均无此项费用。

2. 佣金

佣金是指投资者在委托买卖证券成交之后按成交金额的一定比例支付给券商的费用。此项费用一般由券商的经纪佣金、证券交易所交易经手费及管理机构的监管费等构成。

佣金的收费标准为:

(1)上海证券交易所,A 股的佣金为成交金额的 3.5‰,起点为 10 元;债券的佣金为成交金额的 2‰(上限,可浮动),起点为 5 元;基金的佣金为成交金额的 3.5‰,起点为 10 元;证券投资基金的佣金为成交金额的 2.5‰,起点为 5 元;回购业务的佣金标准为:3 天、7 天、14 天、28 天和 28 天以上回购品种,分别在成交金额的 0.15‰、0.25‰、0.5‰、1‰和 1.5‰以下浮动。

(2)深圳证券交易所,A 股的佣金为成交金额的 3.5‰,起点为 5 元;债券的佣金为成交金额的 2‰(上限),起点为 5 元;基金的佣金为成交金额的 3‰,起点为 5 元;证券投资基金的佣金为成交金额的 2.5‰,起点为 5 元;回购业务的佣金标准为:3 天、4 天、7 天、14 天、28 天、63 天、91 天、182 天和 273 天回购品种,分别在成交金额的 0.1‰、0.12‰、0.2‰、0.4‰、0.8‰、1‰、1.2‰、1.4‰和 1.4‰以下浮动。

3. 过户费

过户费是指投资者委托买卖的股票、基金成交后买卖双方为变更股权登记所支付的费用。这笔收入属于证券登记清算机构的收入,由证券经营机构在同投资者清算交割时代为扣收。

过户费的收费标准为:上海证券交易所 A 股、基金交易的过户费为成交票面金额的 1‰,起点为 1 元,其中 0.5‰由证券经营机构交登记公司;深圳证券交易所免收 A 股、基金、债券的交易过户费。

4. 其他费用

其他费用是指投资者在委托买卖证券时,向证券营业部缴纳的委托费(通讯费)、撤单费、查询费、开户费、磁卡费以及电话委托、自助委托的刷卡费、超时费等。

这些费用主要用于通讯、设备、单证制作等方面的开支。在一般情况下，投资者在上海、深圳本地买卖上海证券交易所、深圳证券交易所的证券时，向证券营业部缴纳 1 元委托费，异地缴纳 5 元委托费。其他费用由券商根据需要酌情收取，一般没有明确的收费标准，只要其收费得到当地物价部门批准即可，目前有相当多的证券经营机构出于竞争的考虑而减免部分或全部此类费用。

二、期货交易

期货通常指的是期货合约，是由期货交易所统一制定的、在将来某一特定时间和地点交割一定数量标的物的标准化合约。这个标的物又称为基础资产，是期货合约所对应的现货，可以是某种商品，如铜或原油，也可以是某个金融工具，如外汇、债券，还可以是某个金融指标，如三个月同业拆借利率或股票指数。期货交易是市场经济发展到一定阶段的必然产物。

期货交易是期货合约买卖交换的活动或行为。期货交割则是另外一个概念，期货交割是期货合约内容里规定的标的物（基础资产）在到期日交换的活动或行为。

期货交易特有的套期保值功能、防止市场过度波动功能、节约商品流通费用功能以及促进公平竞争功能对于发展日益活跃的商品流通体制具有重要意义。中国的期货交易有了很大的发展，但是由于缺乏相应的立法，各地各行其是，使得期货交易处于无法可依的状态，且过度投机行为盛行。加强期货交易的专门立法极为必要。

（一）期货交易的历史

期货交易是商品生产者为规避风险，从现货交易中的远期合同交易发展而来的。在远期合同交易中，交易者集中到商品交易场所交流市场行情，寻找交易伙伴，通过拍卖或双方协商的方式来签订远期合同，等合同到期，交易双方以实物交割来了结义务。

交易者在频繁的远期合同交易中发现：由于价格、利率或汇率波动，合同本身就具有价差或利益差，因而完全可以通过买卖合同来获利，而不必等到实物交割时再获利。为适应这种业务的发展，期货交易应运而生。

期货交易是投资者交纳 5%～15%的保证金后，在期货交易所内买卖各种商品标准化合约的交易方式。一般的投资者可以通过低买高卖或高卖低买的方式获取赢利。现货企业也可以利用期货做套期保值，降低企业运营风险。期货交易者一般通过期货经纪公司代理进行期货合约的买卖，另外，买卖合约后所必须承担的义务，可在合约到期前通过反向的交易行为（对冲或平仓）来解除。

期货交易历史上是在交易大厅通过交易员的口头喊价进行的。现在大多数期货交易通过电子化形式完成，交易时，投资者通过期货公司的电脑系统输入买卖指令，由交易所的撮合系统进行撮合成交。

(二)交易特征

1. 合约标准化

期货交易是通过买卖期货合约进行的，而期货合约是标准化的。期货合约标准化指的是除价格外，期货合约的所有条款都是预先由期货交易所规定好的，具有标准化的特点。期货合约标准化给期货交易带来极大便利，交易双方不需对交易的具体条款进行协商，节约了交易时间，减少了交易纠纷。

2. 交易集中化

期货交易必须在期货交易所内进行。期货交易所实行会员制，只有会员方能进场交易。那些处在场外的广大客户若想参与期货交易，只能委托期货经纪公司代理交易。所以，期货市场是一个高度组织化的市场，并且实行严格的管理制度，期货交易最终在期货交易所内集中完成。

3. 双向交易和对冲机制

双向交易，也就是期货交易者既可以买入期货合约作为期货交易的开端(称为买入建仓)，也可以卖出期货合约作为交易的开端(称为卖出建仓)，也就是通常所说的“买空卖空”。

与双向交易的特点相联系的还有对冲机制，在期货交易中，大多数交易并不是通过合约到期时进行实物交割来履行合约，而是通过与建仓时的交易方向相反的交易来解除履约责任。具体说就是买入建仓之后可以通过卖出相同合约的方式解除履约责任，卖出建仓后可以通过买入相同合约的方式解除履约责任。

期货交易的双向交易和对冲机制的特点，吸引了大量期货投机者参与交易，因为在期货市场上，投机者有双重的获利机会，期货价格上升时，可以低买高卖来获利，价格下降时，可以通过高卖低买来获利，并且投机者可以通过对冲机制免除进行实物交割的麻烦，投机者的参与大大增加了期货市场的流动性。

4. 杠杆机制

期货交易实行保证金制度，也就是说交易者在进行期货交易时只需缴纳少量的保证金，一般为成交合约价值的5%～10%，就能完成数倍乃至数十倍的合约交易，期货交易的这种特点吸引了大量投机者参与期货交易。期货交易具有的以少量资金就可以进行较大价值额投资的特点，被形象地称为“杠杆机制”。期货交易的杠杆机制使期货交易具有高收益、高风险的特点。

5. 每日无负债结算制度

每日无负债结算制度又称每日盯市制度，是指每日交易结束后，交易所按当日各合约结算价结算所有合约的盈亏、交易保证金及手续费、税金等费用，对应收应付的款项实行净额一次划转，相应增加或减少会员的结算准备金。经纪会员负责按同样的方法对客户进行结算。

第四节 外汇交易

外汇交易是同时买入一对货币组合中的一种货币而卖出另外一种货币。外汇以货币对形式交易，例如欧元/美元(EUR/USD)或美元/日元(USD/JPY)。与其他金融市场不同，外汇市场没有具体地点，也没有中央交易所，而是通过银行、企业和个人间的电子网络进行交易。

一、外汇交易的交易方式

(一)即期交易

即期交易又称现汇交易，是交易双方约定于成交后的两个营业日内办理交割的外汇交易方式。

(二)远期交易

远期交易又称期汇交易，即外汇买卖成交后并不交割，而是根据合同规定约定时间办理交割的外汇交易方式。

(三)套汇

套汇是指利用不同的外汇市场、不同的货币种类、不同的交割时间以及一些货币汇率和利率上的差异，进行从低价一方买进，高价一方卖出，从中赚取利润的外汇交易方式。

(四)套利交易

套利交易是指利用两国货币市场出现的利率差异，将资金从一个市场转移到另一个市场，以赚取利润的外汇交易方式。

(五)掉期交易

掉期交易是指将币种相同，但交易方向相反、交割日不同的两笔或者以上的外汇交易结合起来所进行的交易。

(六)外汇期货

外汇期货是指以汇率为标的物的期货合约，用来回避汇率风险。它是金融期货中最早出现的品种。

(七)外汇期权交易

外汇期权买卖的是外汇，即期权买方在向期权卖方支付相应期权费后获得一项权利，即期权买方在支付一定数额的期权费后，有权在约定的到期日按照双方事先约定的协定汇率和金额与期权卖方买卖约定的货币，同时权利的买方也有权不执行上述买卖合约。

（八）外汇交易平台

外汇交易平台由银行和互联网投资公司合办，可以为个人投资降低不必要的成本。

二、外汇交易的种类

外汇交易主要可分为现钞外汇交易、现货外汇交易、合约现货外汇交易、外汇期货交易、外汇期权交易、远期外汇交易、掉期交易等。从外汇交易的数量来看，由国际贸易而产生的外汇交易占整个外汇交易的比重不断减少，可以说外汇交易的主流是投资性的，是以在外汇汇价波动中赢利为目的的。因此，现货、合约现货以及期货交易在外汇交易中所占的比重较大。

（一）现钞外汇交易

具体来说，现钞外汇交易是旅游者以及由于其他各种目的需要外汇现钞者之间进行的买卖。交易标的包括现金、外汇旅行支票等。

（二）现货外汇交易

现货外汇交易是大银行之间以及大银行代理大客户的交易，买卖约定成交后，最迟在两个营业日之内完成资金收付交割。

（三）合约现货外汇交易

合约现货外汇交易又称外汇保证金交易、按金交易、虚盘交易，指投资者和专业从事外汇买卖的金融公司（银行、交易商或经纪商）签订委托买卖外汇的合同，缴付一定比率（一般不超过 10%）的交易保证金，便可按一定融资倍数买卖十万、几十万甚至上百万美元的外汇。

这种合约形式的买卖只是对某种外汇的某个价格作出书面或口头的承诺，然后等待价格出现上升或下跌时，再作买卖的结算，以期从变化的价差中获取利润，当然同时也承担了亏损的风险。由于这种投资所需的资金可多可少，所以吸引了许多投资者的参与。

外汇投资以合约形式出现，主要优点在于节省投资金额。以合约形式买卖外汇，投资额一般不高于合约金额的 5%，而得到的利润或付出的亏损却是按整个合约的金额计算的。外汇合约的金额是根据外币的种类来确定的，具体来说，每个合约的金额分别是 12 500 000 日元、62 500 英镑、125 000 欧元、125 000 瑞士法郎，每个合约的价值约为 10 万美元。每种货币的每个合约的金额是不能根据投资者的要求改变的。投资者可以根据自己定金或保证金的多少，买卖几个或几十个合约。一般情况下，投资者利用 1 000 美元的保证金就可以买卖一个合约，当外币上升或下降时，投资者的盈利与亏损是按合约的金额即 10 万美元来计算的。

(四)外汇期货交易

外汇期货交易是指在约定的日期，按照已经确定的汇率，用美元买卖一定数量的另一种货币。

外汇期货交易与合约现货外汇交易有共同点，亦有不同点。共同点在于：外汇期货的交易数量和合约现货外汇交易是完全一样的。外汇期货交易最少是一个合同，每一个合同的金额，不同的货币有不同的规定。不同点在于：合约现货外汇交易是通过银行或外汇交易公司来进行的，外汇期货交易是在专门的期货市场进行的。全世界的期货市场主要有芝加哥期货交易所、纽约商品交易所、悉尼期货交易所、新加坡期货交易所、伦敦期货交易所。

期货市场至少要包括两个部分：一是交易市场，另一个是清算中心。期货的买方或卖方在交易所成交后，清算中心就成为其交易对方，直至期货合同实际交割为止。

三、外汇市场产生的原因

外汇市场之所以存在，是因为：

(一)贸易和投资

进出口商在进口商品时支付一种货币，而在出口商品时收取另一种货币。这意味着他们在结清账目时收付不同的货币。因此，他们需要将自己收到的部分货币兑换成可以用于购买商品的货币。与此相类似，一家买进外国资产的公司必须用当事国的货币支付，因此，它需要将本国货币兑换成当事国的货币。

(二)投机

两种货币之间的汇率会随着这两种货币供需的变化而波动。交易员在一个汇率上买进一种货币，而在另一个更有利的汇率上抛出该货币，他就可以盈利。投机占外汇市场交易的绝大部分。

(三)对冲

由于两种相关货币之间汇率的波动，那些拥有国外资产(如工厂)的公司将这些资产折算成本国货币时，就可能遭受一些风险。当以外币计值的国外资产在一段时间内价值不变时，如果汇率发生变化，以国内货币折算这项资产的价值时，就会产生损益。公司可以通过对冲消除这种潜在的损益。这就是执行一项外汇交易，其交易结果刚好抵消由汇率变动而产生的外币资产的损益。

四、外汇交易的历史与现状

1992—1993 年，我国期货市场一度盲目发展，当时多家香港地区外汇经纪商未经批准即到内地开展外汇期货交易业务，并吸引了大量内地企业、个人参与。由于绝大多数参与者并不了解外汇市场和外汇交易，因而盲目的参与导致了大面积和大量的亏损，其中包括大量国有企业的亏损。

1994 年 8 月，中国证监会等四部委联合发文，全面取缔外汇期货交易(保证金)。此后，管理部门对境内外汇保证金交易一直持否定和严厉打击态度。

1993 年底，中国人民银行开始允许国内银行开展面向个人的实盘外汇买卖业务。至 1999 年，随着股票市场的规范，买卖股票的盈利空间大幅缩小，部分投资者开始进入外汇市场，外汇实盘买卖逐渐成为一种新兴的投资方式，进入快速发展阶段。外汇买卖市场成为除股票之外最大的投资市场。

与国内股票市场相比，外汇市场要规范和成熟得多。外汇市场每天的交易量大约是股票市场交易量的 1 000 倍，所以尽管在交易规则上不完全符合国际惯例，国内银行开办的个人实盘外汇买卖业务还是吸引了越来越多的参与者。

总体来看，国内绝大多数的外汇投资者参与的是国内银行的实盘交易。至于保证金交易国家尚未开放，投资者尚需待以时日。

第五节　其他清算业务

一、普通清算

普通清算是指公司自愿解散后，由公司股东或股东(大)会确定的人员组成清算组织，依法定程序自行进行清算。公司因章程规定的营业期限届满或者公司章程规定的解散事由出现，公司因股东(大)会决议解散，公司因设立的宗旨业已实现或根本无法实现而解散，公司因国家授权投资的机构或者国家授权的部门决定解散等，都适用普通清算。

(一)普通清算清算组的组成

根据《中华人民共和国公司法》第一百八十三条规定，普通清算清算组的组成有以下两种情形：

(1)因公司章程规定的营业期限届满或者公司章程规定的其他解散事由出现，股东会或者股东大会决议解散，依法被吊销营业执照、责令关闭或者被撤销，以及人民法院依照规定予以解散的，应当在解散事由出现之日起 15 日内成立清算组。其中，有限责任公司解散时，清算组由股东组成；股份有限公司解散时，清算组由董事或股东大会确定的人员组成。股东大会确定的人员既可以是公司的股东、董事，也可以是其他人员。

(2)上述解散事由发生后,公司逾期不成立清算组进行清算的,债权人可以申请人民法院指定有关人员组成清算组。在此情况下,清算组成员的组成由法院指定,法院根据解散公司的具体情形可以指定公司股东、董事、监事、债权人等当事人及利害关系人或其代表组成清算组,在某些情况下,法院也可选派其工作人员作为清算组成员。

二、破产清算

破产清算是指宣告股份有限公司破产以后,由清算组接管公司,对破产财产进行清算、评估和处理、分配。清算组由人民法院依据有关法律的规定,组织股东、有关机关及有关专业人士组成。有关机关一般包括国有资产管理部门、政府主管部门、证券管理部门等,专业人员一般包括会计师、律师、评估师等。

(一)破产清算的相关法律

2006 年 8 月 27 日,《中华人民共和国企业破产法》由第十届全国人大常委会第二十三次会议通过,自 2007 年 6 月 1 日起施行。该法第十章专门对破产清算作了规定。

2018 年 10 月 26 日,第十三届全国人大常委会第六次会议出《关于修改〈中华人民共和国公司法〉的决定》。修正后的《中华人民共和国公司法》第一百九十条规定:公司被依法宣告破产的,依照有关企业破产的法律实施破产清算。

继《中华人民共和国企业破产法》和《中华人民共和国公司法》之后,最高人民法院于 2002 年 7 月发布了《关于审理企业破产案件若干问题的规定》。由于破产清算会计原理与常规会计原理大不相同,因此,破产清算的会计核算方法必然与常规会计核算不同。国家有关破产清算会计核算目前还没有相关的会计准则,只有 1997 年财政部制定的《国有企业试行破产有关会计处理问题暂行规定》,在会计实务中尚存在一些问题有待解决。

(二)确认计价

破产清算会计是以企业主体资格灭失和终止生产经营为基本前提,并通过清算来实现消灭特定企业主体资格并终止其生产经营活动。

企业被宣告破产后,清算组作为一个新的会计主体出现。

在破产清算的情况下,由于企业所处的经济环境变化,一些基本会计原则难以为破产清算会计采用,如历史成本原则。同时,在破产清算会计中,资产的价值更注重可变现价值。如清算组接管破产企业后,建立新账结转期初余额时,由于持续经营假设不再适用,不能直接按照破产企业有关科目的余额转入,作为期初余额,而应当按照资产的可变现价值进行记账,并对不符合资产定义、没有变现价值的账面资产如待摊费用、递延资产予以核销。而按照可变现价值确认记录破产财产价值,就存在如何确定破产财产的可变现价值问题。

(三)确定可变现净值的两种途径

(1)利用资产评估价值确定可变现价值。

(2)随着《企业会计制度》颁布实施,对于历史成本计价原则进行调整。

通过计提八项减值准备引入可变现价值的概念,对于正确适用新会计制度的破产企业可以利用其账面价值确定可变现价值。但在现实会计实务中,清算组成立时并没有对企业的资产进行全面的资产评估,也就没有评估值可以利用。

由于新会计制度颁布较晚且没有全面强制实施,许多企业尚未采用新会计制度。因此,清算组接管破产企业后,首先应当按照新会计制度的要求计提八项减值准备,对历史成本计价原则进行调整,然后可以利用资产账面价值确定资产的可变现价值,以适应破产清算环境下资产计价原则的变化。

三、破产清算与普通清算比较

(一)清算的法律依据不同

企业破产清算依据的主要是《中华人民共和国企业破产法》和《中华人民共和国民事诉讼法》。国有企业破产清算,适用《中华人民共和国企业破产法》,具有法人资格的集体企业、联营企业、私人企业以及设在中国领域内的中外合资经营企业、中外合作经营企业和外资企业等破产清算适用《中华人民共和国民事诉讼法》。普通清算适用的法律主要是《中华人民共和国公司法》《中华人民共和国全民所有制工业企业法》《中华人民共和国乡镇企业法》《中华人民共和国合伙企业法》《中华人民共和国中外合资经营企业法》以及《中华人民共和国反不正当竞争法》《中华人民共和国产品质量法》等。

(二)清算的目的不同

破产清算和普通清算都要通过清算了解企业的债权、债务关系,为企业画上句号。破产清算的基本目的是破产还债;普通清算的基本目的是双重的,一是清产还债,二是清产分配,在一般情况下,普通清算在清偿完债务后,都会有剩余财产,因此,必须进行剩余财产的分配。

(三)清算的性质和程序不同

破产清算适用于破产还债程序,破产还债带有法律的强制性。破产清算组必须在人民法院的指导和监督下工作,破产清算的过程是人民法院审理破产案件的过程,从破产清算组的成立,破产财产的清查、确认、变现、处置和分配,到破产债权的确认、清偿,清算组的撤销,必须严格按照法定程序进行。而普通清算适用于清产还债程序,清算组是在上级主管部门领导和监督下开展工作的。清产还债面对的是每一个债权人,而破产还债面对的是债权人会议。在多数情况下,普通清算都会有剩余财产,在清算程序上,也就会有剩余财产的分配程序。

（四）清算的法律后果不同

企业清算完毕，原有企业都要归于消灭，这是企业清算的必然结果。但从债务清偿的法律后果上看，破产清算和普通清算却有着根本的不同。在破产清算中，债权人会议确认的债权是不能全部清偿的，对未能清偿的债权，破产清算结束后不再清偿，对债务人实行免责。普通清算则不同，在清算期间由于种种原因未能参加清偿的债权人，即使在清算结束后，也有权利行使追偿权，对债务人不能实行免责。

本章小结

1. 汇兑又称为汇兑结算，是指企业（汇款人）委托银行将其款项支付给收款人的结算方式。根据划转款项的不同方法以及传递方式的不同，汇兑可以分为信汇和电汇两种。信汇费用较低，但速度相对较慢；而电汇具有速度快的优点，但费用较高。汇款人委托银行办理汇兑，应向汇出银行填写信汇、电汇凭证，详细填明汇入地点、汇入银行名称等详细内容，并在信汇、电汇凭证第二联上加盖预留银行印鉴。

2. 消费是社会再生产过程中的一个重要环节，也是最终环节。它是指利用社会产品来满足人们各种需要的过程。

消费又分为生产消费和个人消费。前者是指物质资料生产过程中的生产资料和生活劳动的使用和消耗。后者是指人们把生产出来的物质资料和精神产品用于满足个人生活需要的行为和过程，是在“生产过程以外执行生活职能”。

消费的类型主要分为计划型、随意型、节俭型。消费的相关指数有恩格尔系数、消费者物价指数、消费水平指数。恩格尔系数是指食品支出总额占个人消费支出总额的比重。消费者物价指数是衡量特定时段内所选定的一篮子消费品的购买价格随时间而变动的相对数。消费水平指数是反映不同时期每户（每人）消费水平变动程度的指标。

3. 证券交易是指证券持有人依照交易规则，将证券转让给其他投资者的行为。证券交易一般分为上市交易、上柜交易。上市交易是指证券在证券交易所集中交易挂牌买卖。上柜交易是指公开发行但未达上市标准的证券在证券柜台交易市场买卖。证券交易的分析方法主要包括基本分析、技术分析、演化分析，其中基本分析主要应用于投资标的物的价值判断和选择，技术分析和演化分析则主要应用于具体投资操作的时间和空间判断，作为提高证券投资分析有效性和可靠性的重要手段。

4. 期货交易通常指的是期货合约，是由期货交易所统一制定的、在将来某一特定时间和地点交割一定数量标的物的标准化合约。期货交易的主要特征是：第一，合约标准化。期货交易是通过买卖期货合约进行的，而期货合约是标准化的。第二，交易集中化。期货交易必须在期货交易所内进行。期货交易所实行会员制，只有会员方能进场交易。第三，双向交易和对冲机制。双向交易，也就是期货交易者既可以买入期货合约作为期货交易的开端（称为买入建仓），也可以卖出期货合约作为交易的开端（称为卖出建仓），也就是通常所说的“买空卖空”。对冲机制，即在期货交易中，大多数交易并不是通过合约到期时进行实物交割来履行合约，而是通过与建仓时的交易方向相反的交易来解除履约责任。第四，杠杆机制。期货交易实行保证金制度，也就是说交易者在进行期货交易时只需交纳少量的保证金，一般为成交合约价值的5%～10%，就能完成数倍乃至数十倍的合约交易。第五，每日无负债结算制度。每日交易结束后，交易所按当日各合约结算价结算所有合约的盈亏、交易保证金及手续费、税金等费用，对应收应付的款项实行净额一次划转。

5. 外汇交易是同时买入一对货币组合中的一种货币而卖出另外一种货币。与其他金融市场不同，外汇市场没有具体地点，也没有中央交易所，而是通过银行、企业和个人间的电子网络进行交易。外汇交易主要可分为现钞外汇交易、现货外汇交易、合约现货外汇交易、外汇期货交易、外汇期权交易、远期外汇交易、掉期交易等。

思考题

1. 外汇交易有哪几种交易方式？
2. 简述清算的分类以及各类清算的区别。
3. 在现代化交易中，监管当局如何进行有效的管理？

第三章　支付工具种类

支付工具是实现经济活动的一种交易方式，它是随着商品赊账买卖的产生而出现的。在赊销赊购中，最初是用货币来支付债务的。后来，货币又被用来支付地租、利息、税款、工资等。货币是最早的支付工具。

支付工具是用于资金清算和结算过程的一种载体，可以是记录和授权传递支付指令和信息发起者的合法金融机构账户证件，也可以是支付发起者合法签署的可用于清算和结算的金融机构认可的资金凭证。它是加快资金周转、提高资金使用效率的保障。

如今随着经济的高速发展，支付工具越来越多，并向电子化方向发展。现在流行的网上银行、支付宝、财付通等都是最新的支付工具。

第一节　现　金

一、货币发展演变史

中国古代钱币萌芽于夏代，起源于殷商，发展于东周，统一于嬴秦，历经了四千多年的漫长历史，创造了七十多项世界之最。不仅如此，中国钱币系统之完整、门类之丰富、脉络之清晰、内涵之博大，是任何一个国家都无法比拟的。

世界上最早的纸币“交子”出现在宋代，但是“交子”的实物和钞版均已遗失。目前国内发现的年代最早的“金代铜钞版”已为金泉钱币博物馆收藏。

春秋战国时期，由于商品经济的迅速发展，开始出现了形态各异的古钱，其形状大多模仿当时的生产工具或生活用具。中国钱币学会会员、西安金泉钱币博物馆戎畋松介绍，在楚国，贝币发展成文字贝，这种文字贝俗称为鬼脸钱、蚁鼻钱。中原地区是农业区，从劳动工具农具铲演变出布币；沿海和北部地区是渔猎地区，又根据渔猎工具——刀削演变出刀币。

秦始皇兼并六国后，为巩固封建统治和发展封建经济，统一了钱币政策，在全国范围内推行外圆内方的半两钱，这是中国历史上的一次币制改革。这种铜币避免了以往钱文复杂难辨、大小各异、轻重不一、币值不明等弊病，制定了适应需要的重量和形制。半两钱作为我国钱币发展史上的一座里程碑，标志着这种外圆内方的钱币在形制上从此固定下来，并为历代沿袭，直至清末。开元通宝钱币的问世标志着中国钱币自秦始皇统一货币后的第二次钱币革命，它持续流行了一千三百年。

汉代商业活动繁荣，钱币制度也有了重大改革。汉武帝元狩五年，也就是公元前118年开始铸造五铢钱。该钱轻重适宜，其大小、形制一直到隋代还继续沿用。唐高祖武德四年(公元621年)开始铸开元通宝钱，废除了铢两制。开元通宝的历史意义重大，铢两制货币体系被废除，宝文钱开始出现。宝文钱是一种信用货币的概念。

到了宋代，铜、铁钱并用，铸钱数量相当可观，十几位皇帝共有四五十种年号钱。南宋淳熙七年铸行的淳熙通宝，钱背上有“柒”字纪年，至淳熙九年后改成小写，这就是所谓的纪年钱。这种钱币纪年制度一直沿用到宋末，是宋钱的一大特征，比欧洲钱币纪年要早三百多年。在我国元朝和明朝时期主要推行纸币，铜钱铸造较少。

明中叶以后，白银成了主要货币，铜钱仅用于小额支付，但它仍然是政府发行的重点。清光绪年间，两广总督张之洞吸收了西方铸币的先进技术，向英国购置了造币机器，在广州筹建造币厂，率先开创机器制币，实施了中国钱币史上的第三次革命。先进的制币技术，在光绪后期取得了成功。从此，机制币全面进入我国的货币领域。

二、现金的概念

现金是通用的交换媒介，也是对其他资产计量的一般尺度，会计上对现金有狭义和广义之分。狭义的现金仅仅指库存现金，即企业金库中存放的现金，包括人们经常接触的纸币和硬币等。广义的现金包括库存现金、银行存款和其他货币资金三个部分。具体来说，现金的内涵有以下三种：

(1)库存现金。这是我国企业在会计核算中使用的概念。

(2)库存现金、银行存款(包括支票账户和储蓄账户的存款)、流通支票及银行汇票。这是美国会计中采用的概念。

(3)库存现金、银行存款(包括支票账户和储蓄账户的存款)、流通支票、银行汇票及3个月内变现的有价证券。这是编制现金流量表时和论及现金管理时采用的概念。

三、备用金

备用金是数额固定、用于零星支出的小额现金。根据我国银行结算制度的规定，企业之间的结算款项应通过银行统一办理，禁止用现金结算。但每一元都通过银行结算显然是不现实的。为方便零星开支，为企业各部门设立备用金制度。

备用金金额固定，实行先领后报，用后实报实销，同时按实际支出数补足备用金，这种方法也称为定额预付法。在我国会计核算中，备用金一般作为其他应收款，而不作为现金。

四、现金使用范围

(1)支付职工个人的工资、奖金、津贴。

(2)支付职工的抚恤金、丧葬补助费以及各种劳保、福利，国家规定的对个人的其他支出。

(3)支付个人劳务报酬。

(4)根据国家规定发给个人的科学技术、文化艺术、体育等各种奖金。

(5)支付向个人收购农副产品和其他物资的价款。

(6)出差人员必须随身携带的差旅费。

(7)结算起点(1 000 元)以下的零星支出。

(8)经中国人民银行确定需要支付现金的其他支出。

五、现金序时核算

为了全面地、连续地、序时地、逐笔地反映和监督现金的收入和支出、结存情况，防止现金收支差错及舞弊行为的发生，企业应设置现金日记账进行序时核算。有库存外币现金的企业，各种外币分别设置现金日记账。

现金日记账由会计部门的出纳人员根据审核无误的现金收款、付款凭证和从银行提取现金时填制的银行存款、付款凭证，按照业务发生的先后顺序逐日逐笔的登记。每日终了，应计算出当日现金收入合计数、现金支出合计数和结余数，并与库存现金的实际数进行核对，做到账实相符。如果不符，应及时查明原因，并进行处理。月份终了，还应将现金日记账的余额与“库存现金”总账的余额核对相符。

现金日记账一般采用收、付、余三栏式，也有采用多栏式的。

六、现金核算

(一)总分类核算

为了总括地核算和监督库存现金的收、付和结存情况，应设置“库存现金”科目。该科目属于资产类。其借方反映库存现金的增加，贷方反映库存现金的减少，期末余额在借方，反映企业实际持有的库存现金。如有外币现金的收付，则应在现金科目中分别按不同的币种开设现金明细科目，进行明细核算。

(二)收入核算

企业收入现金，主要是通过营业收入收取的现金、借支余额的收回以及开出支票从银行提取的现金。已由出纳办妥收款手续的现金收款凭证，需要加盖“收讫”戳记，并经专人审核后方能据以入账。收入现金时，借记“库存现金”科目，并按收入现金的来源，贷记有关科目。

例如：企业开出现金支票一张，提取现金 2 000 元，以补充库存现金的限额。

借：库存现金　　2 000

　　贷：银行存款　　2 000

企业销售商品收到现金 1 005 元，其中货款 834.15 元，增值税 170.85 元。

借：库存现金　　1 005

　贷：主营业务收入　　834.15

　　　应交税费——应交增值税（销项税额）　　170.85

（三）支出核算

企业付出现金，应由专人对现金支出的内容进行认真的审核。其审核内容主要包括是否符合现金开支范围和有关财经政策、财务制度的有关规定，经手人员是否签字，凭证有无涂改、伪造或者虚报冒领的情况等。只有经审核无误的原始凭证才能作为编制付款凭证的依据，并由出纳办理付款并加盖“付讫”戳记后才能据以入账。支出现金时按照支出现金的用途借记有关科目，贷记“库存现金”科目。

例如：企业行政部门报销交通费用等 900 元，以现金付讫。

借：管理费用　　900

　　贷：库存现金　　900

企业提取现金用来发放工资 100 000 元。

借：应付职工薪酬　　100 000

　　贷：库存现金　　100 000

（四）清查核算

为了确保现金的安全完整，保证账实相符，企业应定期或不定期地进行清查。现金的清查包括出纳人员每日的清点核对和清查小组的清查。现金清查的方法是进行实地盘点，即将库存现金的实有数与“现金日记账”余额进行核对。

清查后若发现有待查明原因的现金短缺或溢余，应通过“待处理财产损溢——待处理流动资产损溢”科目核算，待查明原因后再进行处理。如是记账差错或单据丢失造成的，则应更正错误或补办入账；如属于工作失职的责任事故，或者属于保险公司应赔偿的部分，则借记“其他应收款”科目；若属于无法查明的其他原因，根据管理的权限，经过批准后借记“管理费用”科目；若为现金的溢余，属于应支付给有关单位或人员的，应贷记“其他应付款”科目；属于无法查明原因的溢余，经过批准转入“营业外收入”科目。

例如：企业在现金清查的过程中发现现金溢余 800 元。

借：库存现金	800	
贷：待处理财产损溢——待处理流动资产损溢		800

企业在现金的清查过程中发现现金短缺 1 000 元。

借：待处理财产损溢——待处理流动资产损溢	1 000	
贷：库存现金		1 000

发现溢余的 800 元现金中，400 元是出纳少付给张某的借支款，其他 400 元无法查明原因。

借：待处理财产损溢——待处理流动资产损溢	800	
贷：其他应付款——应付现金溢余(张某)		400
营业外收入		400

发现短缺的 1 000 元现金中，300 元应由出纳赔偿，200 元应由保险公司赔偿，还有 500 元无法查明原因。

借：其他应收款——应收现金短缺款(×出纳)	300	
——应收保险赔偿	200	
管理费用	500	
贷：待处理财产损溢——待处理流动资产损溢		1 000

第二节 银行卡

一、基本介绍

银行卡是指经批准由商业银行(含邮政金融机构)向社会发行的具有消费信用、转账结算、存取现金等存取现金等全部或部分功能的信用支付工具。银行卡的大小一般为 85.60×53.98mm(3.370×2.125 英寸)，也有比普通卡小 43%的迷你卡和形状不规则的异型卡。

20 世纪 70 年代以来，由于科学技术的飞速发展，特别是电子计算机的运用，银行卡的使用范围不断扩大。银行卡的使用不仅减少了现金和支票的流通，而且使得银行业务因突破时间和空间的限制而发生了根本性变化。银行卡自动结算系统的运用，使一个"无支票、无现金社会"的到来成为现实。

二、发展历程

中国银行卡产业 20 年的发展历程大体可划分为四个阶段：

第一阶段:1985年至90年代初期,为起步阶段。

第二阶段:90年代初期至1996年初,为各行大中城市分行独立发展银行卡业务阶段。这一阶段,金卡工程启动。

第三阶段:从1997年至2001年底,为中国银行卡逐步实现联网通用阶段。

第四阶段:从2001年起,为中国银行卡联网通用深入发展阶段。

三、分类介绍

一般情况下,银行卡按是否给予持卡人授信额度,分为借记卡和信用卡;此外,还可以按信息载体不同,分为磁条卡和芯片卡;按发行主体是否在境内,分为境内卡和境外卡;按发行对象不同,分为个人卡和单位卡;按账户币种不同,分为人民币卡、外币卡和双币种卡。

(一)借记卡

借记卡(debit card)可以在网络或POS机消费或者通过ATM转账和提款,不能透支,卡内的金额按活期存款计付利息。消费或提款时资金直接从储蓄账户划出。借记卡在使用时一般需要密码(PIN)。借记卡按功能不同,分为转账卡、专用卡、储值卡。转账卡具有转账、存取现金和消费功能。专用卡是在特定区域、专用用途(是指百货、餐饮、娱乐行业以外的用途)使用的借记卡,具有转账、存取现金的功能。储值卡是银行根据持卡人要求将资金转至卡内储存,交易时直接从卡内扣款的预付钱包式借记卡。此外,借记卡还可以按等级分为普通卡、金卡和白金卡,按使用范围分为国内卡和国际卡。

(二)信用卡

信用卡分为贷记卡和准贷记卡。

1. 贷记卡

贷记卡(credit card)常称为信用卡,是指发卡银行给予持卡人一定的信用额度,持卡人可在信用额度内先消费、后还款的信用卡。它具有如下特点:先消费后还款,享有免息缴款期(最长可达56天),并设有最低还款额,客户出现透支可自主分期还款。客户需要向申请的银行交付一定金额的年费,各银行不相同。

2. 准贷记卡

准贷记卡是一种存款有息、刷卡消费以人民币结算的单币种单账户信用卡,具有转账结算、存取现金、信用消费、网上银行交易等功能。当刷卡消费、取现账户存款余额不足支付时,持卡人可在规定的有限信用额度内透支消费、取现,并收取一定的利息。准贷记卡不存在免息还款期。

准贷记卡是一种具有中国特色的信用卡种类,国外并没有这种类型的信用卡。20

世纪80年代后期,中国银行业从国外引入信用卡产品。因为当时中国个人信用体制并不是很完善,中国银行业对国外的信用卡产品进行了一定的更改,将国外传统的信用卡存款无利息、透支有免息期更改为存款有利息、透支不免息。

准贷记卡兼具贷记卡和借记卡的部分功能,一般需要交纳保证金或提供担保人,使用时先存款后消费,存款计付利息。持卡人购物消费时可以在发卡行核定的额度内进行小额透支,但透支金额自透支之日起计息,欠款必须一次还清,没有免息还款期和最低还款额,其基本功能是转账结算和购物消费。

准贷记卡作为中国信用卡产业发展过程中的过渡产品正在逐步退出历史舞台,在现实生活中准贷记卡的使用量、使用意义都在逐步缩小。

四、监管制度

(一)分类银行账户

根据央行所发《关于加强支付结算管理防范电信网络新型违法犯罪有关事项的通知》,自2016年12月1日起,银行业金融机构为个人开立银行结算账户的,同一个人在同一家银行只能开立一个Ⅰ类户,已开立Ⅰ类户再新开户的,应开Ⅱ类户或Ⅲ类户。Ⅰ类账户是全功能账户,资金流入流出无限额。Ⅱ、Ⅲ类账户则是虚拟电子账户,是在已有Ⅰ类账户基础上增设的功能逐级递减、资金风险逐级递减的账户。简单说,个人可将Ⅰ类账户作为“金库”,将Ⅱ类账户作为“钱包”,将Ⅲ类账户作为“零钱包”。

(二)ATM转账24小时内可撤

为防范和打击电信网络诈骗,用ATM(自助柜员机)转账,除本人同行账户互转能实时到账外,本人跨行和向他人转账,24小时后才能到账。如对转账存疑,可在24小时内撤销。

(三)同行异地存取款、转账免费

鉴于个人在一家银行只能开立一个Ⅰ类账户,为方便个人异地生产生活需要,央行顺势取消同行异地存取款、转账的手续费,规定在年底之前,所有银行必须执行到位。这意味着银行卡异地同行收取“漫游费”将退出历史舞台,老百姓只用一张借记卡就能够“跑遍全国”。

六、移动支付——银行卡产业竞合焦点

2020年5月18日,中国银联发布《中国银行卡产业发展报告(2020)》。作为解读国内银行卡产业现状与发展趋势的权威报告,该报告自2003年首次发布以来已连续出版18载,为政府和产业各方持续提供决策参考。

此次发布的最新报告指出,2019年,中国银行卡产业在稳步发展的同时加速向移

动端迁移，金融科技与开放生态结合推动产业创新发展，国内支付清算市场开放取得新进展，监管部门持续加大产业规范力度，国内产业参与方积极寻求国际化发展突破。展望 2020 年，新冠肺炎疫情在一定时期内对支付产业发展带来一定程度的冲击，但不会改变我国经济长期向好的发展趋势。我国银行卡产业将在监管规范、开放竞争的产业环境下，持续提升产业服务实体经济效率，并向更高质量和更大规模的国际化市场迈进。

2019 年，银联网络转接交易金额达 189.4 万亿元，继续保持全球银行卡清算市场份额第一。同时，银联卡全球发行累计达 84.2 亿张，银联受理网络扩展至全球 178 个国家和地区。其中，境内移动支付受理环境显著改善，银行卡发卡和受理市场加速向移动端迁移。云闪付 App 作为产业合作共赢的平台，不断丰富产品功能，提升用户体验，基于移动支付便民工程加快服务农村市场，并持续构建以支付为基础、以金融服务为核心的开放式平台。

2019 年，国内支付产业持续对外开放，部分外资支付机构通过合资、并购等方式进入国内支付市场，个别国际卡公司的境内银行卡清算机构开业申请已获得中国人民银行受理。境内支付及清算市场扩大开放，国内市场竞争态势增强，同时也有利于吸收全球范围内优秀产业参与方的技术和业务能力，向市场提供更加优质的支付服务，优化国内支付产业结构，助力我国支付产业的持续健康发展。产业监管持续加强，促进银行卡受理环境进一步规范。在“稳增长、促改革、调结构、惠民生、防风险、保稳定”的指导思想下，2019 年，监管机构持续推动支付市场开放、规范市场发展、促进市场创新。境内支付机构“断直连”和客户备付金集中交存工作顺利完成，同时，监管部门在银行卡受理商户和终端、账户开立和管理以及各类支付业务上加强监管力度，防范洗钱、欺诈等非法交易风险，境内银行卡受理环境进一步改善。

2019 年，支付产业在新兴技术的商业化落地上不断取得新突破，金融科技成为产业创新发展的关键驱动力。各方积极探索新兴技术的支付应用及其背后蕴含的商业价值，并结合开放生态赋能更广泛的生活场景，促进无人零售、刷脸支付等新业态发展。新兴参与方随之增多，传统银行卡收单机构寻求向 SaaS 服务转型，支付产业各方在不断探索创新发展的同时，驱动着经济社会各垂直领域的数字化升级。

2019 年，国内产业相关方通过市场拓展、产品和技术开发、资本合作等多种途径寻求国际化发展突破。中国银联联合境内合作伙伴积极拓展海外住宿预订、电商平台等热门线上场景，并与境外支付机构及服务商合作，扩大境外线下商户受理范围。同时，中国银联通过国际开发者平台将银联标准的技术开放给境外开发者，并与泰国、老挝、塞舌尔等国开展当地支付清算系统网络和标准的建设合作。部分境内支付机构投资境外具有流量入口、技术和场景优势的支付服务商，同时加大与境外金融科技公司的资本合作,以强化自身技术能力并扩大海外市场影响力。

第三节 支 票

一、概述

支票是出票人签发的,委托办理存款业务的银行或其他金融机构在见票时无条件支付确定的金额给收款人或者持票人的票据。

同城票据交换地区内的单位和个人之间的一切款项结算,均可使用支票。自2007年6月25日起,支票实现了全国通用,异城之间也可使用支票进行支付结算。

(一)申办条件

(1)开立支票存款账户,申请人必须使用其本名,并提交证明其身份的合法证件。

(2)开立支票存款账户,申请人应当预留其本人的签名式样和印鉴。

(3)开立支票存款账户和领用支票,应当有可靠的资信,并存入一定的资金。

(二)记载事项

支票记载事项包括绝对记载事项、相对记载事项、非法定记载事项。《中华人民共和国票据法》和《支付结算办法》规定两项绝对记载事项可以通过出票人以授权补记的方。

1. 绝对记载事项

(1)表明"支票"字样。

(2)无条件支付委托。

(3)确定的金额。

(4)付款人名称。

(5)出票日期。

(6)出票人签章。

这是票据法规定必须记载的事项,如欠缺某一项,则该票据无效。

2. 相对记载事项

(1)付款地(如果支票上未记载付款地的,则付款地为付款人的营业场所)。

(2)出票地(支票上未记载出票地的,则出票人的营业场所、住所、经常居住地为出票地)。

这是票据法规定应当记载的事项,如未记载,则可以通过法律规定进行推定而不会导致票据无效。

3. 非法定记载事项

(1)支票的用途。

(2)合同编号。

(3)约定的违约金。

(4)管辖法院等。

非法定记载事项并不发生支票上的效力。

(三)主要特点

支票结算的特点概括起来说就是简便、灵活、迅速和可靠。

所谓简便,是指使用支票办理结算手续简便,只要付款人在银行有足够的存款,他就可以签发支票给收款人,银行凭支票就可以办理款项的划拨或现金的支付。

所谓灵活,是指按照规定,支票可以由付款人向收款人签发以直接办理结算,也可以由付款人出票委托银行主动付款给收款人,另外转账支票在指定的城市中还可以背书转让。

所谓迅速,是指使用支票办理结算,收款人将转账支票和进账单送交银行,一般当天或次日即可入账,而使用现金支票当时即可取得现金。

所谓可靠,是指银行严禁签发空头支票,各单位必须在银行存款余额内签发支票,因而收款人凭支票就能取得款项,一般不存在得不到正常支付的情况。

二、分类

(一)按能否支取现金分类

支票分为普通支票、现金支票、转账支票三种。现金支票只能用于支取现金,它可以由存款人签发用于到银行为本单位提取现金,也可以签发给其他单位和个人用来办理结算或者委托银行代为支付现金给收款人;转账支票只能用于转账,它适用于存款人给同一城市范围内的收款单位划转款项,以办理商品交易、劳务供应、清偿债务和其他往来款项结算;普通支票可以用于支取现金,也可以用于转账,但在普通支票左上角划两条平行线的,为划线支票,只能用于转账,不能支取现金。

(二)按是否记载收款人姓名分类

支票分为记名支票和不记名支票。记名支票是在支票的“收款人”一栏写明收款人姓名,如“限付某甲”(pay A only)或“指定人”(pay A order),取款时须由收款人签章,方可支取。不记名支票又称空白支票,支票上不记载收款人姓名,只写“付来人”(pay bearer)。取款时持票人无须在支票背后签章,即可支取。此项支票仅凭交付而转让。

三、挂失

已经签发的普通支票和现金支票如因遗失、被盗等原因而丧失,应立即向银行申请挂失。

出票人将已经签发、内容齐备的可以直接支取现金的支票遗失或被盗等,应当出具公函或有关证明,填写两联挂失申请书(可以用进账单代替),加盖预留银行的签名式样和印鉴,向开户银行申请挂失止付。银行查明该支票确未支付,经收取一定的挂失手续费后受理挂失,在挂失人账户中用红笔注明支票号码及挂失的日期。

收款人将收受的可以直接支取现金的支票遗失或被盗等,也应当出具公函或有关证明,填写两联挂失止付申请书,经付款人签章证明后,到收款人开户银行申请挂失止付。其他有关手续同上。同时,依据《中华人民共和国票据法》第 15 条第 3 款规定:"失票人应当在通知挂失止付后 3 月内,也可以在票据丧失后,依法向人民法院申请公示催告,或者向人民法院提起诉讼。"可以背书转让的票据的持有人在票据被盗、遗失或灭失时,须以书面形式向票据支付地(即付款地)的基层人民法院提出公示催告申请。在失票人向人民法院提交的申请书上,应写明票据类别、票面金额、出票人、付款人、背书人等票据主要内容,并说明票据丧失的情形,同时提出有关证据,以证明自己确属丧失票据的持票人,有权提出申请。

失票人在向付款人挂失止付之前,或失票人在申请公示催告以前,票据已经由付款人善意付款的,失票人不得再提出公示催告的申请,付款银行也不再承担付款的责任。由此给支票权利人造成的损失,应当由失票人自行负责。

按照规定,已经签发的转账支票遗失或被盗等,由于这种支票可以直接持票购买商品,银行不受理挂失,所以失票人不能向银行申请挂失止付,但可以请求收款人及其开户银行协助防范。如果丧失的支票超过有效期或者挂失之前已经由付款银行支付票款的,由此所造成的一切损失,均应由失票人自行负责。

四、填写格式和注意事项

(一)填写格式

常见支票包括现金支票、转账支票,在支票正面上方有明确标注。现金支票只能用于支取现金,转账支票只能用于转账。

1. 出票日期(大写)

数字必须大写。大写数字写法:零、壹、贰、叁、肆、伍、陆、柒、捌、玖、拾。如 2005 年 8 月 5 日,应写成"贰零零伍年捌月零伍日"。

在填写月、日时,月为壹、贰和壹拾的,日为壹至玖和壹拾、贰拾和叁拾的,应在其前加“零”；日为拾壹至拾玖的，应在其前面加“壹”。如2月12日，应写成“零贰月壹拾贰日”；10月20日，应写成“零壹拾月零贰拾日”。

2. 收款人

(1)现金支票收款人可写为本单位名称，此时现金支票背面“被背书人”栏内加盖本单位的财务专用章和法人章，之后收款人可凭现金支票直接到开户银行提取现金。(由于有的银行各营业点联网，所以也可到联网营业点取款，具体要看联网覆盖范围而定。)

(2)现金支票收款人可写为收款人个人姓名，此时现金支票背面不盖任何章，收款人在现金支票背面填上身份证号码和发证机关名称，凭身份证和现金支票签字领款。

(3)转账支票收款人应填写为对方单位名称。转账支票背面本单位不盖章。收款单位取得转账支票后，在支票背面被背书栏内加盖收款单位财务专用章和法人章，填写好银行进账单后连同该支票交给收款单位的开户银行委托银行收款。

3. 付款行名称、出票人账号

此处填写本单位开户银行名称及银行账号，账号小写。

4. 人民币(大写)

数字大写写法：零、壹、贰、叁、肆、伍、陆、柒、捌、玖、拾、佰、仟、万、亿。注意：“万”字不带单人旁。

举例：289 546.52应写成“贰拾捌万玖仟伍佰肆拾陆元伍角贰分”；7 560.31应写成“柒仟伍佰陆拾元零叁角壹分”，其中“零”字可写可不写；532.00应写成“伍佰叁拾贰元正”，“正”写为“整”字也可以，不能写为“零角零分”；425.03应写成“肆佰贰拾伍元零叁分”；325.20应写成“叁佰贰拾伍元贰角”。角字后面可加“正”字，但不能写“零分”，比较特殊。

5. 人民币(小写)

最高金额的前一位空白格用“￥”字头打掉，数字填写要求完整清楚。

6. 用途

(1)现金支票有一定限制，一般填写“备用金”“差旅费”“工资”“劳务费”等。

(2)转账支票没有具体规定，可填写如“货款”“代理费”等。

7. 盖章

支票正面盖财务专用章和法人章，缺一不可。印泥为红色，印章必须清晰。若印章模糊，就只能将本张支票作废，换一张重新填写重新盖章。反面盖章与否见“2. 收款人”。

(二)注意事项

(1)支票正面不能有涂改痕迹，否则本支票作废。

(2)受票人如果发现支票填写不全,可以补记,但不能涂改。

(3)支票的有效期为10天,日期首尾算一天。节假日顺延。

(4)支票见票即付,不记名。(遗失支票尤其是现金支票,可能就是票面金额数目的钱丢了,银行不承担责任。现金支票一般要素填写齐全,假如支票未被冒领,则在开户银行挂失。转账支票假如支票要素填写齐全,则在开户银行挂失;假如要素填写不齐,则到票据交换中心挂失。)

(5)出票单位现金支票背面有印章盖模糊了,可把模糊印章打叉,重新再盖一次,但不能超过三个印章。

(6)收款单位转账支票背面印章盖模糊了(此时票据法规定是不能以重新盖章方法来补救的),收款单位可带转账支票及银行进账单到出票单位的开户银行去办理收款手续(不用付手续费),俗称"倒打",这样就用不着到出票单位重新开支票了。

(7)在支票左上角划两道斜线可以防止支票丢失后被人取现,即只能通过银行转账。

(8)出票人开户行接到收款人持现金支票支取现金时,应认真审查:

①支票是否是统一规定印制的凭证,支票是否真实,提示付款期限是否超过。

②支票填明的收款人名称是否为该收款人,收款人是否在支票背面"收款人签章"处签章,其签章是否与收款人名称一致。

③出票人的签章是否符合规定,并折角核对其签章与预留银行签章是否相符,使用支付密码的,其密码是否正确。

④支票的大小写金额是否一致。

⑤支票必须记载的事项是否齐全,出票金额、出票日期、收款人名称是否更改,其他记载事项的更改是否由原记载人签章证明。

⑥出票人账户是否有足够支付的款项。

⑦支取的现金是否符合国家现金管理的规定。

⑧收款人为个人的,还应审查其身份证件,是否在支票背面"收款人签章"处注明身份证件名称、号码及发证机关。

五、支票与本票、汇票的区别

(一)相同点

1. 具有同一性质

(1)都是设权有价证券。票据持票人凭票据上所记载的权利内容,来证明其票据权利以取得财产。

(2)都是格式证券。票据的格式(其形式和记载事项)都是由法律(即票据法)严格规定,不遵守格式对票据的效力有一定的影响。

(3)都是文字证券。票据权利的内容以及票据有关的一切事项都以票据上记载的文字为准,不受票据上文字以外事项的影响。

(4)都是可以流通转让的证券。一般债务契约的债权。如果要进行转让,则必须征得债务人的同意。而作为流通证券的票据,可以经过背书或不作背书,仅交付票据的简易程序而自由转让与流通。

(5)都是无因证券。票据上权利的存在只依票据本身上的文字确定,权利人享有票据权利只以持有票据为必要,至于权利人取得票据的原因、票据权利发生的原因均可不问。这些原因存在与否、有效与否,与票据权利原则上互不影响。由于我国的票据还不是完全票据法意义上的票据,只是银行结算的方式,因而这种无因性不是绝对的。

2. 具有相同的票据功能

(1)汇兑功能。凭借票据的这一功能,解决两地之间现金支付在空间上的障碍。

(2)信用功能。票据的使用可以解决现金支付在时间上的障碍。票据本身不是商品,它是建立在信用基础上的书面支付凭证。

(3)支付功能。票据的使用可以解决现金支付在手续上的麻烦。票据通过背书可多次转让,在市场上成为一种流通、支付工具,减少现金的使用。而且由于票据交换制度的发展,票据可以通过票据交换中心集中清算,简化结算手续,加速资金周转,提高社会资金使用效益。

(二)不同点

(1)本票是约定(约定本人付款)证券;汇票是委托(委托他人付款)证券;支票是委托支付证券,但受托人只限于银行或其他法定金融机构。

(2)在使用区域上有区别。本票只用于同城范围的商品交易和劳务供应以及其他款项的结算;支票可用于同城或票据交换地区;汇票在同城和异地都可以使用。

(3)付款期限不同。本票付款期为1个月,逾期兑付银行不予受理;支票付款期为5天(背书转让地区的转账支票款期为10天);汇票承兑到期,持票人方能兑付。

(4)汇票和支票有三个基本当事人,即出票人、付款人、收款人;而本票只有出票人(付款人和出票人为同一个人)和收款人两个基本当事人。

(5)支票的出票人与付款人之间必须先有资金关系,才能签发支票;汇票的出票人与付款人之间不必先有资金关系;本票的出票人与付款人为同一个人,不存在所谓的资金关系。

(6)支票和本票的主债务人是出票人;而汇票的主债务人,在承兑前是出票人,在承兑后是承兑人。

(7)远期汇票需要承兑;支票一般为即期,无须承兑;本票也无须承兑。

(8)汇票的出票人担保承兑付款,若另有承兑人,由承兑人担保付款;支票出票人担保支票付款;本票的出票人自负付款责任。

(9)支票、本票持有人只对出票人有追索权;而汇票持有人在票据的有效期内,对出票人、背书人、承兑人都有追索权。

(10)汇票有复本;而本票、支票则没有。

六、招商银行"移动支票"

在日常的结算过程中,小微企业使用纸质支票的情况比较普遍,但普通的纸质支票在交易中存在着多种风险。资金回收不及时,原本的付款或投资计划经常被打乱,无形中增加了企业的资金成本。针对这种情况,招商银行在银行业内率先推出"移动支票"产品,不仅从功能上全面替代纸质支票,而且完全打破空间界限,通过网上企业银行发出支付指令,手机银行、iPad 移动终端都可完成付款,完全实现移动支付模式。

(一)功能特色

1. 代替纸质支票,降低成本

移动支票全程电子化自助办理,摆脱纸质支票物理形式,使用人可灵活自主使用,无须纸笔签章,操作简单,使用便捷,降低了使用成本。

2. 多重技术防范,全面安全保障

为保障资金安全,"移动支票"的签发以出票人的电子签名作为有效签章,受《中华人民共和国电子签名法》的约束和规范,防伪防抵赖;"移动支票"的支付、转让通过"密码＋手机验证码"的双重认证方式实现操作人身份鉴别;业务办理过程可通过网上企业银行云端全程监控,业务风险实时掌控,在此基础上,"移动支票"还可设定支付限额、支票有效期,当出票人支付空头时自动冻结业务功能。

3. 突破时间限制,公司金融 O2O 闭环支付

"移动支票"由网上企业银行开出,通过手机银行现场支付或转让,连接线上、线下交易流程,结合远程、近场支付优势,更可延期支付,无限延伸支付场景。"移动支票"以电子指令替代纸质支票,有权使用人可灵活自主使用,使用不同交易场景。它突破传统支付地域使用限制,可在全国范围通用。

(二)适用范围

"移动支票"的适用客户群很广泛,但重点有四大类。

(1)有大量现金交易的企业,如在货运枢纽、专业市场、批发商城、交易会、博览会中的企业等。他们在预付订金或银货两讫交易时使用"移动支票",效果会非常好。

(2)有跨地区采购需求的企业,如各类零售商、百货商等。他们的交易往往存在跨

行或跨区域支付，通过“移动支票”可免除大笔手续费。

(3)有着上下游供应商采购行为的企业，尤其是供应链中具有辐射优势的核心企业。面对上下游企业，不仅资金量大，需要开支票的频率高，对风险的把控要求也高，这都与“移动支票”的功能不谋而合。

(4)大量正在使用纸质支票的企业。“移动支票”不仅在功能上能完全替代纸质支票，更能提高支票使用的效率、安全性。

第四节　第三方支付工具

第三方支付是指一些和国内外各大银行签约并具备一定实力和信誉保障的第三方独立机构提供的交易支持平台。它通过与银行的商业合作，以银行的支付结算功能为基础，向政府、企业、事业单位提供中立的、公正的、面向其用户的个性化支付结算与增值服务。

第三方支付工具在国内主要有两种表现形式：一是依托大型 B2C、C2C 网站的支付工具，如支付宝就属于这种非独立性的寄生形式；二是第三方支付平台，整合了网上支付、电话支付、移动支付等多种支付手段，目前正在迅速成长之中。

一、交易流程

第三方支付模式使商家看不到客户的信用卡信息，同时又避免了信用卡信息在网络多次公开传输而导致的信用卡信息被窃事件。以 BTOC 交易为例的第三方支付模式的交流流程如图 3.1 所示。

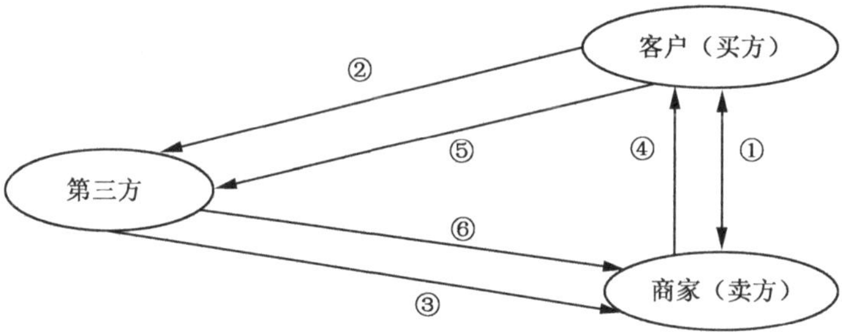

图 3.1　第三方支付交易流程

(1)客户在电子商务网站上选购商品，最后决定购买，买卖双方在网上达成交易意向。

(2)客户选择利用第三方作为交易中介,客户用信用卡将货款划到第三方账户。

(3)第三方支付平台将客户已经付款的消息通知商家,并要求商家在规定时间内发货。

(4)商家收到通知后按照订单发货。

(5)客户收到货物并验证后通知第三方。

(6)第三方将其账户上的货款划入商家账户中,交易完成。

二、主流产品

中国国内的第三方支付产品主要有 PayPal(易趣公司产品)、国付宝(国家级第三方电子支付平台)、支付宝(阿里巴巴旗下产品)、财付通(腾讯公司产品)、快钱(完全独立的第三方支付平台)、盈利宝支付通(API 接口独立第三方支付平台)、百付宝(百度 C2C)、环迅支付、汇付天下。

其中用户数量最大的是 PayPal 和支付宝,前者主要在欧美国家流行,后者是阿里巴巴旗下产品。数据显示,截至 2016 年,支付宝实名用户已经高达 4.5 亿人。拉卡拉则是中国最大线下便民金融服务提供商。另外中国银联旗下银联电子支付也开始发力第三方支付,推出了银联商务提供相应的金融服务。海航旗下国付宝电子支付也开始发力第三方支付,其实力不容小视。

(一)PayPal

1. 概述

PayPal,就是我们通常说的"贝宝国际",是美国 eBay 公司的全资子公司,1998 年 12 月由 Peter Thiel 及 Max Levchin 建立,是一个总部设在美国加利福尼亚州圣荷西市的因特网服务商。

PayPal 账户是针对具有国际收付款需求用户设计的账户类型。它是目前全球使用最为广泛的网上交易工具。通过 PayPal 在使用电子邮件来标识身份的用户之间转移资金,避免了传统的邮寄支票或者汇款的方法。PayPal 也和一些电子商务网站合作,成为它们的货款支付方式之一;但是用这种支付方式转账时,PayPal 收取一定数额的手续费。PayPal 能帮助用户进行便捷的外贸收款、提现与交易跟踪,从事安全的国际采购与消费,快捷支付并接收包括美元、加元、欧元、英镑、澳元和日元等 25 种国际主要流通货币。

PayPal 账户是 PayPal 公司推出的极安全的网络电子账户,使用它可有效降低网络欺诈的发生。PayPal 账户所集成的高级管理功能,能让用户轻松掌控每一笔交易详情。

PayPal 的特点可总结如表 3.1 所示。

表 3.1 **PayPal 的特点**

买家	卖家
安全	高效
付款时无需向商家提供任何敏感金融信息	实现网上自动化支付清算，有效提高运营效率
享有 PayPal 买家保护政策	多种功能强大的商家工具
简单	保障
集多种支付途径为一体	PayPal 成熟的风险控制体系
不需任何服务费	商家因欺诈所遭受的平均损失不到其收入的0.27%
两分钟即可完成账户注册，具备多国语言操作界面	内置的防欺诈模式，个人财务资料不会被披露
便捷	节省
支持包括国际信用卡在内的多种付款方式	只有产生交易才需付费，没有任何开户费及年费
数万网站支持 PayPal，一个账户买遍全球	集成 PayPal，即集成所有常见国际支付网关

2. 支付流程

付款人欲通过 PayPal 支付一笔金额给商家或者收款人时，可以分为以下几个步骤：

(1)只要有一个电子邮件地址，付款人就可以登录开设 PayPal 账户，通过验证成为其用户，并提供信用卡或者相关银行资料，增加账户金额，将一定数额的款项从其开户时登记的账户(例如信用卡)转移至 PayPal 账户下。

(2)当付款人启动向第三人付款程序时，必须先进入 PayPal 账户，指定特定的汇出金额，并提供收款人的电子邮件账号给 PayPal。

(3)接着 PayPal 向商家或者收款人发出电子邮件，通知其有等待领取或转账的款项。

(4)如商家或者收款人也是 PayPal 用户，其决定接受后，付款人所指定之款项即移转予收款人。

(5)若商家或者收款人没有 PayPal 账户，收款人得依 PayPal 电子邮件内容指示连线站进入网页注册，取得一个 PayPal 账户，收款人可以选择将取得的款项转换成支票寄到指定的处所、转入其个人的信用卡账户或者转入另一个银行账户。

以上支付流程如图 3.2 所示。

从以上流程可以看出，如果收款人已经是 PayPal 的用户，那么该笔款项就汇入他拥有的 PayPal 账户，若收款人没有 PayPal 账户，网站就会发出一封通知电子邮件，引

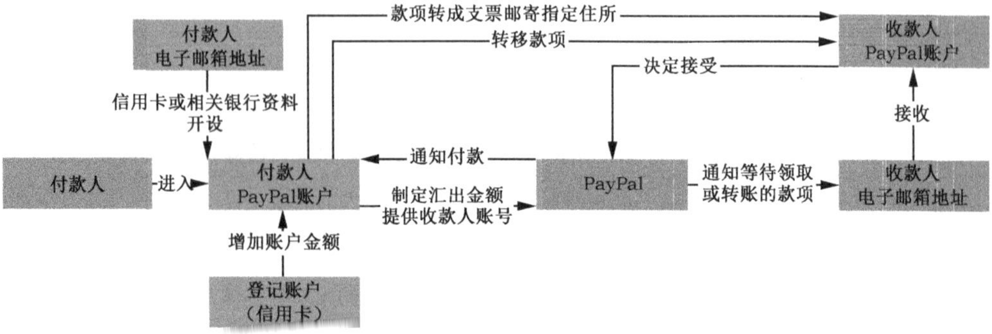

图 3.2 PayPal 的支付流程

导收款人至 PayPal 网站注册一个新的账户。所以,也有人称 PayPal 的这种销售模式是一种“邮件病毒式”的商业拓展方式,从而使得 PayPal“越滚越大”地占有市场。

3. PayPal 优势

(1)全球用户。PayPal 在全球 190 个国家和地区,有超过 2.2 亿用户,已实现在 24 种外币间进行交易。

(2)品牌效应强。PayPal 在欧美普及率极高,是全球在线支付的代名词,强大的品牌优势,能让您的网站轻松吸引众多海外客户。

(3)资金周转快。PayPal 独有即时支付、即时到账的特点,让用户能够实时收到海外客户发送的款项。同时最短仅需 3 天,即可将账户内款项转账至用户国内的银行账户,及时高效地帮助用户开拓海外市场。

(4)安全保障高。PayPal 具有完善的安全保障体系、丰富的防欺诈经验,风险损失率业界最低(仅 0.27%),不到使用传统交易方式的 1/6,确保用户的交易顺利进行。

(5)使用成本低。无注册费用、无年费,手续费仅为传统收款方式的 1/2。

(6)数据加密技术安全可靠。当用户注册或登录 PayPal 的站点时,PayPal 会验证用户的网络浏览器是否正在运行安全套接字层 3.0(SSL)或更高版本。传送过程中,信息受到加密密钥长度达 168 位(市场上的最高级别)的 SSL 保护。用户信息存储在 PayPal 的服务器上,无论是服务器本身还是电子数据都受到严密保护。为了进一步保护用户的信用卡和银行账号,PayPal 不会将受到防火墙保护的服务器直接连接到网络。

(7)可设置“租用”按钮。如果用户要定期为客户开具账单、支付会员费或提供租用服务和分期付款计划,可以在网站上添加“租用”按钮。创建该按钮十分轻松。PayPal 提供了 HTML 代码,用户只要将它复制并粘贴到自己的网站,客户便能点击该按钮设置租费付款,没有月费、开户费或注销费,只需支付低廉的交易费。

例如,用户很喜欢折纸,并且开设了一家俱乐部来分享其对折纸艺术的热爱。用户希望每月收取一笔小额的会员费,但不想每个月都向俱乐部会员发送账单那么麻烦。添加"租用"按钮后,俱乐部的折纸艺术爱好者们便可以享受每月自动付款带来的便捷。

近年来对 PayPal 移动支付情况的分析见图 3.3。

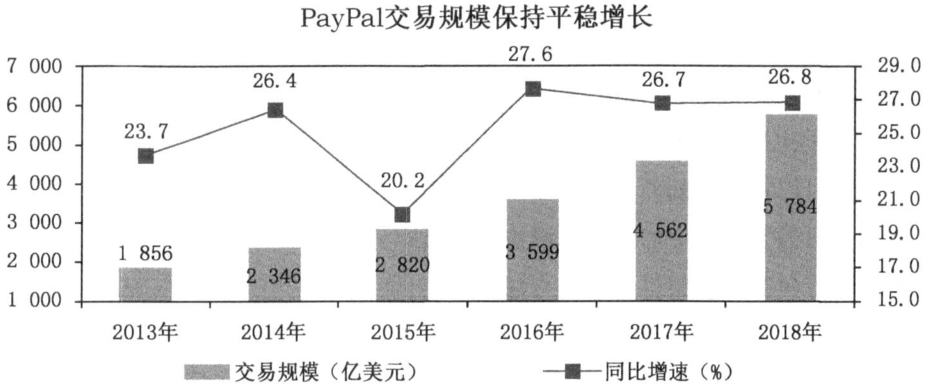

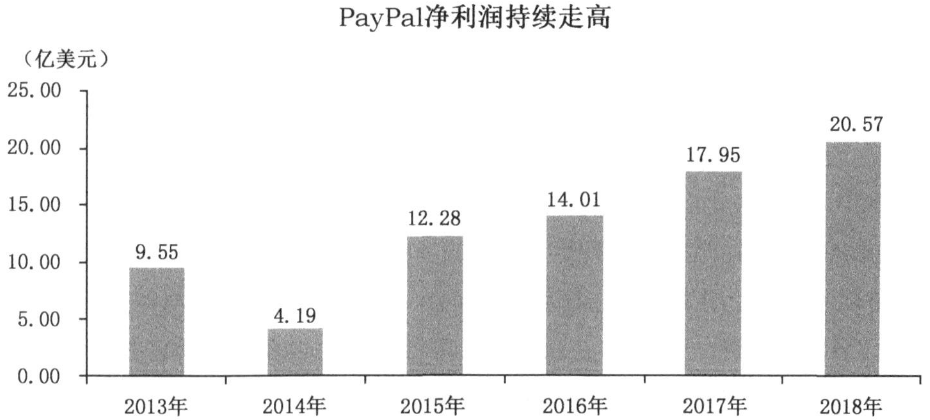

图 3.3　近年来 PayPal 移动支付分析

4. 外贸一站通

(1)概念:外贸一站通是由 PayPal 牵头联手其他几家涉足外贸电子商务领域的服务提供商,为广大跨国卖家或准卖家提供一整套的电子商务服务。

(2)优势:外贸一站式解决方案能让商户轻松在全球范围内开展跨国电子商务,为商户提供从网店搭建、网店推广到在线支付、物流仓储、市场动态和客户服务的系列外贸配套服务,让商户以最小的投入获得最大的收益。

(3)合作伙伴:商户可以在网店搭建、网店推广、在线支付、物流仓储、市场动态和客户服务中任意选择所需要的服务来加入外贸一站式解决方案,合作伙伴会为其优质、便捷的服务。

2016 年 9 月 7 日，PayPal 宣布与万事达卡进一步深化合作。

5. PayPal 大事记

(1)推出 PayPal Here。

PayPal Here 是由 PayPal 推出的全球移动解决方案，以帮助更多小型企业和创业者快速发展。小型企业和创业者可通过使用免费的移动应用和一个全加密的微型读卡器接受多种形式的付款。卖家只需要将三角形的读卡器插入 iPad 的 3.5mm 耳机接口中，就可以随时接受信用卡、借记卡和 PayPal 付款，并将款项转入 PayPal 账户。

新版本的更新内容有：

- 用户可以将自己的商品目录按类别整理；
- 用户可以为目录中的商品下设不同类型；
- 当接受付款时收银机界面将自动弹出；
- 改进稳定性并修复 BUG。

(2)谷歌参与竞争。

2013 年 7 月 11 日，谷歌的首席执行官施密特表示，谷歌正在对一种旨在加速在线购物的系统进行测试，但它与 eBay 的 PayPal 支付服务并不相同。谷歌的系统 GBuy 旨在加速消费者向商家购物的过程，解决支付领域出现的新问题，将很快推出该系统的 β 版本。

RBC Capital Markets 的分析师罗汗说，谷歌管理层声称新系统与 PayPal 不同是一种技术性的说法。谷歌没有理由不将该服务扩展到 C2C 交易领域。在 β 版本测试期间，谷歌不会对使用该服务的商家收费，但在一段时间后可能会对商家收取相当于交易额 2%的手续费。罗汗说，谷歌当然需要首先让广告客户使用它的服务，只有得到大量商家的支持，购买系统对消费者才有吸引力。

(二)支付宝

支付宝(Alipay)是国内领先的第三方支付平台，致力于提供“简单、安全、快速”的支付解决方案。支付宝公司从 2004 年建立开始，始终以“信任”作为产品和服务的核心。旗下有“支付宝”与“支付宝钱包”两个独立品牌。自 2014 年第二季度开始，支付宝成为全球最大的移动支付厂商。支付宝主要提供支付及理财服务，包括网购担保交易、网络支付、转账、信用卡还款、手机充值、水电煤缴费、个人理财等多个领域。在进入移动支付领域后，支付宝为零售百货、电影院线、连锁商超和出租车等多个行业提供服务，还推出了余额宝等理财服务(见图 3.4)。支付宝与国内外 180 多家银行以及 VISA、MasterCard 国际组织等机构建立战略合作关系，成为金融机构在电子支付领域最为信任的合作伙伴。

2015年5月20日，支付宝中文口令红包平台正式上线。2016年10月12日，支付宝提现正式收费。

1. 支付方式

(1)透支消费

2013年8月，支付宝推出信用支付，额度根据用户的工作性质、产品类型等综合评定。用户使用支付宝付款不用再捆绑信用卡或者储蓄卡，能够直接透支消费，额度最高5 000元。目前，支付宝花呗可以提供最高50 000元的消费额度。

(2)支付宝余额。当支付宝账户中有余额时，直接输入支付密码用余额支付。

(3)支付宝卡通。银行卡与支付宝账户合而为一，无须在付款时再登录网银，只需输入支付密码，即可轻松用银行卡上余额完成支付，同时避免网银密码外泄风险，就像刷卡一样安全、方便。

(4)网上银行。使用支付宝付款时，可以自由选择任一银行的网银进行支付。支付宝支持全国14家主流银行网银。

(5)国际卡支付。支付宝支持香港发行的带有VISA/MasterCard标志、开通3D认证的信用卡，只需在付款时登陆相应网银。

(6)网点支付。支付宝全国3万个线下网点突破互联网限制，可轻松充值、付款。用户可以在中国邮政、连锁便利店的拉卡拉终端、连连支付空中充值店使用现金或银行卡购买支付宝充值码，或为网上交易的订单直接付款。

2013年12月23日，支付宝钱包正式发布条码支付2.0，用户在支持该服务的商家消费结账，只要打开支付宝钱包“条码支付”功能，让收银员扫一下条形码，就可以完成付款；12月19日，支付宝宣布，自12月初向北京地区的出租车提供支付宝支付以来，接入这一服务的出租车数量已经达到2万辆，未来支付宝有望为其他城市的出租车提供这一服务；12月8日伴随“铁路12306”手机客户端上线，支付宝成为唯一的购票第三方支付入口。

(7)货到付款。用户在拍下商品后选择货到付款功能，即可等待物流公司送货上门，验货完毕后将款项当面交付，轻松完成交易。(注：该服务仅限淘宝网指定店铺使用。)

(8)邮政付款。这是由中国邮政和支付宝共同推出的支付方式。用户无须开通网上银行，只需到邮政柜台办理“邮政网汇e业务”就可以给支付宝账户充值，或者办理“邮政代收业务”直接完成支付宝交易付款。

(9)转账服务。支付宝转账产品包括我要付款、我要收款、找人代付、代充、代扣、送礼金、交房租、AA收款8项产品，力求为用户提供一个安全快捷的转账平台。

从2013年12月3日起，支付宝对电脑转账收费，费率为0.1%，0.5元起收，10

图 3.4　支付宝服务

元封顶，按每笔交易收取，其间产生的费用将统一由转账人支付。此前，在金账户用户、认证用户、非认证用户优惠期内，免费额度分别为 2 万元/月、1 万元/月、1 000 元/

月，只有当月超出额度，才会按照超出额度的0.5%收取，1元起收，25元封顶。

（10）微博支付。2014年1月7日，支付宝与新浪微博合作微博支付。用户在新浪微博上购买商品以及会员等服务，在进入支付环节时会看到绑定支付宝界面，登录后，支付宝内已有的银行卡就可以直接用于微博支付。而在订单支付成功后，用户可以选择是否关注商户，或者将商品分享到微博向好友进行推荐。

新浪微博与支付宝互通二维码，用户使用任意两者客户端，均可扫描出双方发布的“可支付二维码”。

（11）扫码秒付。2016年4月，支付宝联合华为公司在其最新旗舰手机P9中推出“扫码秒付”功能，即在华为P9手机黑屏或锁屏时，用户只需通过指纹按压手机背部的指纹识别区，即可在瞬间亮屏的同时解锁并直接跳出支付宝付款二维码页面。

2. 支付宝大事件

（1）充值一卡通正式进入校园。从2014年3月7日起，中国民航大学学子可以不用在寒风或烈日中排长队等待用圈存机为一卡通充费了——在网络时代大家已经习惯了用网上交易取代实际交易的时候，学校的校园一卡通也在2013年末搭上了网络充值的末班车，并在2014年新的学期风靡学校。为了鼓励大家使用便捷的充值方法，支付宝为一卡通充值还推出了各种优惠政策。“支付宝充值一卡通100元优惠5元”活动来到中航大，学生们闻讯体验，大感便捷与贴心。

（2）与新华基金合作推出保本基金“阿里一号”。2014年3月13日，阿里巴巴筹备推出保本基金“阿里一号”，这是新华基金与阿里巴巴合作定制的基金理财产品。当年4月10日，新华阿里一号保本混合基金正式发行，是首只专为互联网用户定制的专属保本基金。

（3）与华数传媒联手推出电视支付业务。2014年4月28日，支付宝宣布，与华数传媒展开互联网电视支付业务的合作。用户在享受快速的电视支付交易的同时，可以得到网络视频、游戏和教育三项服务。华数与支付宝根据电视机端用户使用场景设计了互联网电视扫码产品。

（4）推出免费Wi-Fi计划，抢占O2O地盘。2014年5月20日，支付宝钱包正在筹划推出一项免费Wi-Fi计划，使得用户可以通过该App免费使用商家Wi-Fi，同时推送商家的各类信息，希望借此抢占日益重要的O2O服务入口。支付宝钱包宣布与树熊网络达成战略合作协议，共同为线下商家提供商用Wi-Fi产品和服务。据支付宝钱包的规划，安装了“支付宝钱包”的用户，在进入支付宝免费Wi-Fi覆盖区域之后，会自动收到一条推送消息，用户点击该消息，就能自动连接上网。

（5）“未来医院”计划：实现医疗O2O闭环。2014年5月28日，支付宝公布了一项名为“未来医院”的计划，原本在医院内进行的付款、挂号、划价转移到支付宝平台进行。

(6)接入药房,提供手机支付服务。2014 年 6 月 25 日,支付宝宣布与中软国际达成合作,首批试点覆盖 7 万家药房,这些药方支持医药零售环节的手机支付。

(7)上线人脸登录功能。2015 年 12 月,支付宝上线了人脸登录功能,用户可以用"刷脸"取代账号密码来登录支付宝。该功能上线之初,仅限 iOS 和部分安卓机型。

(8)办理港澳通行证续签。2017 年 2 月 21 日,支付宝在广东试点开通在线办理港澳通行证续签。用户无须去出入境大厅排队等候,只需直接登录支付宝城市服务,选择续签,在线缴费,EMS 便会上门取件,十分便捷。快递员上门收证时,用户只需要提供本次申请续签通行证即可,无须再附上身份证、居住证和户口簿等。

(9)与微信同获香港首批支付牌照,意欲争夺新市场。2016 年 8 月,香港金融管理局正式发布了储值支付工具(SVF)牌照,首批获得者包括支付宝钱包、微信支付、TNG(Asia)、HKT Payment 和八达通卡五家机构。

(10)在 2016 年"双十一"购物狂欢节中的移动支付笔数创新高。2016 年 11 月 11 日,在天猫"双十一"购物狂欢节中,支付宝前 1 小时的支付笔数超过了 2013 年"双十一"购物狂欢节全天的 1.88 亿笔。1 小时 06 分,其支付笔数突破了 2 亿笔。前 1 小时,支付宝的移动支付笔数占比达 90%,国人的支付方式已经基本完成了从 PC 端到移动端的迁移。

(11)发布境外支付 App。2017 年 5 月 24 日,支付宝发布境外版 App——支付宝 HK。

3. 红包平台

支付宝团队开发了品牌红包平台,并在 2015 年 2 月 12 日上线试运行。试运行期间,小米手机、魅族、今日头条、百事可乐、阿迪达斯、The North Face 等多家知名品牌首批尝鲜,收到了非常好的效果。

2015 年情人节(2 月 14 日)当天,一组带有支付宝红包口令的品牌广告图片悄悄在微信群和朋友圈扩散,包括小米手机、魅族、百事可乐、The North Face、阿迪达斯在内的多家知名品牌率先尝鲜,通过支付宝口令图片的方式给自己的粉丝发放品牌红包。

用户通过品牌广告图片看到红包口令并记下,在支付宝钱包首页输入口令,即可领取相关品牌企业发放的现金红包。领取后,还可以一键分享至微信、来往、微博等社交平台。广告与口令在社交平台裂变扩散,能迅速覆盖千万量级以上用户。从小米、魅族、阿迪达斯等多个品牌的官方微博的反馈看,企业发放的品牌红包非常受用户欢迎,通常在 2～3 分钟之内即被蜂拥而至的用户抢完。

4. 业务拓展

2016 年 12 月 5 日，支付宝在芬兰罗瓦涅米北极圣诞老人村正式启动“双十二”全球狂欢节，同时宣布将北极圣诞老人村全面接入支付宝，这也是该地区首次开通移动支付，标志着以支付宝为代表的中国移动支付机构在世界的影响力正日益增强。

2016 年 12 月 22 日，支付宝医疗服务平台上线“器官捐赠登记”功能，支付宝实名用户可在 10 秒钟内一键完成登记。

2017 年 3 月，支付宝上线“新闻聚合”功能。

2017 年 4 月 17 日，支付宝宣布：线下支付除了奖励金外，每笔还能获得一份健康保险，而且保障金额会随支付笔数累积而增长。

2017 年 6 月，支付宝在上海、杭州、苏州、宁波和合肥五个城市率先开通了“信用借书”服务，线上下单就能享受快递上门送书和取件还书的功能。上海、杭州和宁波的用户芝麻信用积分达到 600 以上就能够免押金借书。

2017 年 6 月 5 日，芬兰航空开通所有往来中国航班的支付宝服务，相关的城市包括北京、上海、西安、广州和重庆。嘉年华邮轮宣布部分航线在海上可以使用支付宝结算每日消费。

（三）国付宝

国付宝是唯一一家国家认证的第三方电子支付平台，致力于为网上购物、B2B/B2C 等网上贸易领域提供安全的在线支付服务。

1. 特色优势

（1）权威：国内唯一具有官方权威背景的支付平台。

国付宝是中国国际电子商务中心建立的支付平台。中国国际电子商务中心是商务部直属的信息化建设执行机构，是唯一的国家级第三方电子商务全程服务机构。

通过不懈地提高技术和服务水平，加强企业自身能力建设，中国国际电子商务中心在电子商务领域为商业贸易行业打造了最佳贸易平台，已成为中外商贸信息交流的门户，提供全程的电子交易服务，成为全球客商对华贸易的首选平台，在信息服务领域已成为权威的商业贸易信息综合服务商，为中外贸易投资商提供最权威的商贸投资分析和最专业的资讯服务。

中国国际电子商务中心以卓越的安全信息技术和专业的服务意识为客户服务，以网络提高效率并创造客户价值，同时实现股东利益和员工价值的最大化。

（2）诚信：丰富的电子商务经验，高度的商业公信力。

多年来，中国国际电子商务中心一直致力于为国内企业特别是中小企业提供专业化的电子商务服务，在商贸领域积累了丰富的运营经验和服务经验，现在已经可以为商贸企业提供信息流、金融流、物流等一整套服务体系，在行业内和广大企业中拥有较高的知名度和良好的口碑。在此基础之上建立起来的国付宝支付系统从几十万会员企业的需求分析出发，得到广大企业的认同和积极参与。

(3)安全：国家级安全认证体系，保障电子支付交易信息安全。

电子支付过程中，交易信息的安全问题一直是众多企业在交易过程中宁愿“避简就繁”的首要顾虑；诚信和安全是电子商务平台和交易成功的生命力。国付宝平台采用国际上最先进的应用服务器和数据库系统，且支付信息的传输采用了128位的SSL加密算法，整套安全体系获得了国家权威CA认证和企业征信认证，三地容灾备份系统每天为国付宝提供全面的安全服务，确保支付和资金的安全。

(4)支付范围广：G2C、B2B、B2C、C2C。

国付宝作为唯一的国家级第三方电子商务全程服务机构，其产品和服务围绕建设综合的一体化电子商务贸易服务体系这一战略目标而展开，致力于为政府行政机构(G2C)、大型企业(B2B)、中小企业及个人(B2C/C2C/外卡/WAP)提供可靠、便捷和安全的电子收付款平台及服务。

2. 业务方向

(1)大宗交易市场。利用商务部现有的资源优势，结合目前国内大宗交易市场的现状，推出担保交易为主，辅助以小额信贷的资本操作方式，开发国内的大宗交易市场，开创第三方支付机构与大宗交易市场的新型合作模式。

(2)行业垂直门户网站。结合B2B行业垂直门户的转型期，将电子支付引入现在的交易流程中，辅助以保证金交易、供应链融资等增值功能，为行业垂直门户定制第三方支付解决方案。

(3)批发市场商圈融资。利用商务部商圈融资项目，以商务部独家推荐的第三方支付机构切入现有国内一百多家批发市场领域，解决批发市场的电子商务建设及小额信贷业务。

(4)海航内部资源整合。以海航商业板块现有的超市、商场等零售业态为根本，积极开拓旅业、置业、航空、物流等板块的内部资源，实现内部资源的最大化利用。

3. 产品服务

(1)网络支付。

①企业网银支付。

企业网银支付是国付宝为商户提供接受企业消费者使用网银进行支付的服务。目前，国付宝支持的企业网银覆盖中国工商银行、中国农业银行、中国银行、中国建设银行、交通银行等国内主流银行。

应用领域：B2B电商平台、企业充值等。

特点：无限额；即时到账，实时收款；自动补单和人工补单双重保障机制，支付成功率高；支持直连接口模式和收银台模式。

②个人网银支付。

个人网银支付是国付宝为商户提供接受个人消费者使用网银进行支付的服务。目前，国付宝个人网银覆盖中国工商银行、中国建设银行、中国农业银行、中国银行和交通银行五大国有银行及主流商业银行。

应用领域：电商平台、金融理财平台、社交平台等。

特点：即时到账，实时收款；3个月内，随时退款；借贷分离，防止套现；支持直连接口模式和收银台模式。

③批量付款。

批量付款是国付宝为商户提供付款至指定多个银行账户或国付宝账户的资金结算服务，付款对象涵盖企业及个人。

应用领域：工资奖金代发、保险公司佣金发放、红包派发、货款支付、销售返点等付款场景。

特点：节假日可结算，服务不间断；支持向所有境内银行付款；可灵活选择结算周期，效率高，到账快；商户可选择对接API接口或使用商户后台进行付款。

④快捷支付(Web)。

快捷支付(Web)是通过国付宝网页收银台为商家提供接受个人消费者直接输入卡面信息及安全认证信息，无须开通网银即可完成支付的服务。快捷支付支持国内主流银行的借记卡和信用卡。

应用领域：购物、服务、社交、金融理财、数字娱乐等行业。

特点：支付流程简洁，提升用户体验；即时到账，实时收款；支付成功率高；覆盖国内主流银行，实现借贷分离。

⑤快捷支付(API)。

快捷支付(API)是国付宝为企业客户提供的接口类快捷支付产品，通过整合各家银行快捷支付接口，实现客户可根据自身产品特点和产品风格，定义支付流程和界面，从而保持产品风格统一，加深产品契合度，提升支付成功率。

应用领域：电商、航旅、游戏、公共缴费、教育等网上消费场景。

特点：自定义支付界面，提升产品契合度；覆盖国内主流银行，实现借贷分离；即时到账，实时收款；支付成功率高。

⑥扫码支付。

扫码支付是通过国付宝网页收银台为商家提供接受个人消费者使用其手机App钱包类产品扫描二维码进行支付的服务，用户使用App钱包端绑定的银行卡或余额完成支付。

应用领域:电商、航旅、游戏、公共缴费、教育等网上消费场景。

特点:支持主流钱包 App 扫码;实现借贷分离;即时到账,实时收款;支付成功率高,用户体验好。

(2)移动支付。

①移动支付插件(SDK、H5)。

移动支付插件(SDK、H5)是将国付宝移动收银台以插件形式集成在商户 App 中,从而完成个人消费者向商户支付的服务。个人消费者可直接输入卡面信息及安全认证信息,无须开通网银即可完成支付的服务,即快捷支付;也可登录国付宝账户使用余额或已绑定的银行卡完成支付。移动支付插件同时提供 SDK 原生页面和 H5 页面两种接入模式,商户可根据需要选择接入模式。移动支付插件支持国内主流银行的借记卡和信用卡。

应用领域:购物、服务、社交、金融理财和数字娱乐等行业。

特点:商户接入方便,开发成本低;支付流程简洁,提升用户体验;即时到账,实时收款;支付成功率高;覆盖国内主流银行,实现借贷分离。

②Wap 网银支付。

Wap 网银支付是国付宝为商户移动端收款提供的一种支付方式,个人消费者可直接登录手机版 Wap 网上银行进行支付。目前,国付宝 Wap 网银覆盖中国工商银行、中国建设银行、中国农业银行、中国银行和交通银行五大国有银行及主流商业银行。

应用领域:购物、服务、社交、金融理财、数字娱乐等行业。

特点:即时到账,实时收款;借贷分离,防止套现;费用低廉,安全性高;3 个月内,随时退款。

③商户移动管理平台。

商户移动管理平台是国付宝为企业客户提供的移动端管理后台,具有交易管理、充值、付款管理、操作员管理、安全管理等功能。企业操作员可随时随地查看账户资金、订单状态并监控账户安全。商户移动管理平台具有扫码收款功能,能实现实体商户的 O2O 业务模式。

应用领域:B2C 收款、企业充值等。

特点:下载安装即可使用,可移动办公;账户资金、交易等展现清晰明了,用户体验良好;具有手机宝令等多重安全保护机制。

④国付宝钱包。

国付宝钱包是整合了金融理财、缴费充值、O2O 消费、城市信息服务等,致力于为个人日常生活提供支付解决方案的 App,具备钱包类 App 基础收付款功能。国付宝钱包支持国内主流银行的借记卡和信用卡。

应用领域：金融理财、缴费充值、购物、城市信息服务、社交。

特点：好友之间收付款方便，可发送多种情景红包；个人银行卡、资金、交易展现清晰，管理方便；金融理财产品丰富，风险低，回报率高；生活类缴费充值产品丰富，实时完成缴费或充值。

(3)金融服务。

①在线供应链融资服务。

依托国付宝支付系统，整合银行等金融机构、供应链核心企业等主体，构建开放的、交互的、信息共享的供应链融资平台，满足不同主体的个性化需求。

②贷后监控预警服务。

国付宝支付系统对历史交易金额变化、付款时间异常、最大交易额等警戒值信息进行设定和监控，可为银行等放款机构提供实时监测数据，切实解决放款后信息不对称问题。

③数据融资授信服务。

在企业授权基础上，国付宝向合作金融机构进行企业推荐并提供该企业线上平台交易流水等数据信息，以达到为客户增信的作用。

4. 聚焦电子支付："国家队"助力企业电子支付资金安全

国内电子支付市场最早源于网上银行的接入，各大银行的业务逐渐扩展起来后，电子支付市场每年都以高于30%的速度在成长。中国互联网络信息中心(CNNIC)最新公布的数据显示，至2020年3月，我国网络支付用户达76 798万人。

电子支付在实现快捷、便利的支付功能方面具有其他支付工具不能比拟的优势。但电子支付过程中的交易资金信息的安全问题，一直是众多企业宁愿"避简就繁"的首要顾虑。电子支付过程中的安全性可以增加公众对电子支付的信心，对推动其发展尤为重要。随着电子商务的迅速发展，电子支付业务中暴露出的许多问题需要引起重视，比如在业务规则、操作规范、交易认证方式、风险控制、参与各方的权利义务等方面，都缺乏明确的要求和规范。

5. 大额资金交易"市场安全"现隐患

电子支付市场中，B2B大额交易是主角，企业与企业之间通过互联网进行产品、服务及信息的交换，信息快速有效的获取和传递是关键因素，企业作为讲求实效的特定群体，在交易平台的选择使用上需要的是大额资金的安全保障、支付交易的方便快捷、交易成果的实效实惠。只有在全方位多重保障下，企业才更愿意和交易平台保持长期稳定的黏度。

国付宝作为唯一具有国家安全认证体系——CA认证体系的独立第三方支付平

台，让企业无论作为买方还是卖方都能在整个资金交易过程中享受电子支付创新化带来的安全体验，它是中国国际电子商务中心旗下全资企业国富通信息科技发展有限公司倾力打造的电子支付“国家队”，通过网络交易低成本拓展新市场，提高投资回报率。

6.“国家队”全方位规避资金安全隐患

第三方支付平台中的大量资金沉淀，缺乏有效的流动性管理，则可能存在资金安全隐患，并可能引发支付风险和道德风险。

与国外 B2B 发展相比，我国电子商务主要以政府推动为导向，这与美国以企业为主导力量推动电子商务的做法存在明显的差异。国付宝从数据交互、信息安全、灾难备份等各方面全方位保证了支付和资金的安全，有效地规避了电子支付资金安全隐患。

7. 国付宝打造“资金交易安全圈”

“安全支付”市场信心的建立对未来电子支付发展具有关键性作用。早期，消费者和付款企业对如何保证电子支付资金安全缺乏信心，从而造成行业发展缓慢。客户“安全支付”信心的建立，需要行业内各参与方紧密合作，各自承担起相应的职责。目前，电子交易流程中部分环节的信用问题仍未完全解决，在 B2B 支付领域，由于涉及资金量大、风险高，支付企业对于电子支付资金是否安全普遍缺乏足够的信心，国付宝的应用在 B2B 支付领域更进一步地解决了“市场信心”的问题。另外，国付宝还进入互联网的 B2C 支付领域，“百城购物网”长期良好应用，已初步建立了消费者在其平台上的“安全支付”信心，整体网民渗透率不断提高，交易规模快速增长。

为加强对电子支付行业的规范与管理，推动支付服务市场的持续发展，为电子商务活动提供一个更加和谐、有效的支付环境，国付宝作为电子支付“国家队”为实现业内创建电子支付“资金安全圈”最大限度提供支持，以保障各方利益而努力。国付宝展望未来电子支付行业能够得到一个标准的指引，必要的行业门槛有利于电子支付行业的长远健康发展，使整个行业步入高水准阶段。相信通过规范的管理，电子支付服务市场将会得到更好、更快的发展。

（四）财付通

1. 产品介绍

财付通是由深圳市财付通科技有限公司创办的在线支付平台，与拍拍网、腾讯 QQ 有着很好的融合，仅次于支付宝。深圳市财付通科技有限公司于 2011 年 5 月 3 日获得央行非金融机构支付业务许可证，业务类型包括互联网支付、移动电话支付、固定电话支付。

2013 年 4 月 11 日，财付通与台湾玉山银行举办媒体发布会，共同宣布将进一步推行“两岸支付通”产品，并首次针对大陆地区以外的商家开通“二维码扫描支付”。

财付通的提现、收款、付款等配套账户功能，使得资金使用更灵活。财付通还为广大用户提供了手机充值、游戏充值、信用卡还款、机票专区等特色便民服务，让生活更方便。

2. 财付通业务

充值：从绑定银行卡账户向财付通账户划款。

提现：从财付通账户把资金转入银行卡、银行账户上。

支付：将资金从买家财付通账户转入卖家财付通账户下。

交易管理：用户可以通过交易管理查看自己的交易状态。

信用卡还款业务：从财付通账户往信用卡账户划拨资金。信用卡只支持兴业银行卡。

“财付券”服务：财付通为广大拍拍网卖家、第三方商户提供的一项增值服务，拍拍网或卖家可以把财付券赠送给任意想回馈或吸引的 QQ 用户。财付券可以用于在财付通交易中抵扣商家的现金，但是不支持抵扣物流费用，可以把它认为是一种互联网代金券。

生活缴费业务：部分城市已经开通了使用财付通缴纳水费、电费、燃气费、通讯费等。

彩票购买：与 500wan 合作。

除了上面列举的服务之外，财付通还提供了商家工具，以方便用户使用财付通出售自己的商品。

主要的商家工具为“财付通交易按钮”“网站集成财付通”“成为财付通商户”。

3. 虚拟物品中介保护交易功能

如果用户玩的是腾讯旗下的网游，那么在用户出售装备、游戏币的时候，可以通过财付通里的虚拟物品中介保护交易来进行操作，此交易的步骤和现有的游戏交易平台步骤一样，在操作上略作修改，买卖双方通过 Email 通知进行付款、发货的操作。提现也相对简单。此功能在处理交易纠纷方面更加人性化。

腾讯把游戏后台的交易数据直接运用到了交易的安全方面。如果在买卖中，用户出现了被骗现象，那么在被骗以后，用户可以直接打电话给财付通客服进行投诉，客服会去游戏中调查买卖双方的游戏后台交易数据，只要双方确实在游戏交易过，游戏后台有交易数据记录，那么客服就会帮助受害者找回装备。

4. 权威认证

财付通通过了中国国家信息安全测评认证中心的安全认证，成为国内首家经权威机构认证的电子支付平台，同时，这也标志着中国电子支付行业在人们最关心的安全方面开始走向标准化、规范化。中国国家信息安全评测认证中心按照严格的认证程序，对财付通支付系统进行了全面审查，最终授予其一级安全认证资格。

作为中国领先的在线支付服务提供商，财付通自2005年9月上线以来，在支付系统安全性方面做出了诸多努力，其安全建设一直走在行业的前列：如财付通采用先进的128位SSL加密技术，确保用户信息安全传输避免窃取。

5. 腾讯财付通开发人脸识别技术

2015年4月13日，腾讯财付通宣布，与公安部所属的全国公民身份证号码查询服务中心达成人像比对服务的战略合作，为人脸识别技术进一步开发提供条件。

据腾讯介绍，用户只需要打开手机摄像头，自拍一张照片，系统将会做“活体检测”，并进行一系列的验证、匹配和判定，最终会判断这个照片是否是用户本人操作，以完成身份核实。

（五）环迅支付

1. 概述

迅付信息科技有限公司（简称环迅支付）是中国最早成立的第三方支付企业。公司在2011年获颁中国人民银行首批《支付业务许可证》。公司目前可以支持国际主流信用卡及所有国内主流银行的在线支付，为全球超过60万家商户及2 000万用户提供金融级的支付体验。

环迅支付总部位于上海，在长春、北京、南京、杭州、成都、重庆、福州、广州及深圳均拥有分支机构。

为提升客户服务水平，环迅支付不再满足于靠简单的支付产品满足企业的功能性需要，而是通过平台为企业提供金融咨询、清结算、资金融通等一系列服务，全面满足企业的财务需求。公司于2012年全面升级“一平台、云覆盖”的平台系统，完成由支付企业到金融服务企业的蜕变。

“一平台”指的是环迅支付摒弃围绕单一产品研发的模式，业内唯一使用行业领先的TOGAF（企业开放组体系结构框架）统一架构开发，具备灵活的伸缩性，易于扩展针对各行业的资金解决方案。据统计，TOGAF架构技术已普及至80%的福布斯（Forbes）全球排名前50企业，但应用于国内第三方支付行业尚属首例。该平台基于环迅支付十多年来的支付行业经验，可与网上商城、航空机旅、酒店、外贸、教育、传统企业、供应链、B端市场等行业需求高度吻合。

“云覆盖”是环迅支付应用的领先互联网技术，用于加强网络安全防护。环迅支付已新建多层网络系统实现反馈式神经网络模型，自主开发了基于场景的交易行为分析系统，利用云技术实时对关键数据进行分析，应对瞬息万变的网络钓鱼和欺诈，并通过硬件加密技术保护数据安全性，为客户服务器数据开辟专用通道，所有设备符合银监会规范的金融二级标准。

在云计算的支持下，环迅支付推出了可行业共享的安全保护数据库平台。平台服务范围覆盖国内国际银行卡、信用卡的支付安全，使用在线安全支付反欺诈系统，可完成对电子支付信息安全的风险评估。该系统在运行过程中，能对支付行为进行实时监控和预警，并采用先进的安全认证、安全签名，为企业提供抗抵赖机制、强审计保证，以及传输过程的防泄露和加密，充分保障企业资金安全。

2. 不断优化的安全机制

环迅支付始终将持卡人的资金安全作为自己的第一要任，自2000年成立以来，不断强化安全防范水平，率先创立风险评估中心，为国内外广大持卡人提供银行级的安全在线支付体验。

(1)NETSCREEN硬件防火墙。

(2)PCI-DSS支付卡安全认证。

(3)128位SSL数字证书双向加密。

(4)MD5数字签名。

(5)自主研发的安全控件。

3. 卓越资质

环迅支付自成立以来，一直秉承"随需而至，应'付'自如"的理念，始终坚持为广大持卡人提供安全、便捷的在线支付新体验。为此，环迅支付不断强化自身能力，通过在软、硬件上的不断投入，力争创造一个完美的在线支付平台。

(1)国内唯一VISA全球电子商务安全计划中国区战略合作伙伴。

(2)国内率先通过ISO9001：2008。

(3)国内率先通过PCI-DSS支付卡安全认证。

4. 随需而至的金融服务

环迅支付秉承"随需而至、应'付'自如"的理念，随时随地满足用户需求，提供无微不至的标准化在线金融服务：人民币卡支付系统SINOPAY，国际卡支付解决方案IC-PAY，信用卡授权支付系统C. A. T.，储值卡支付系统SIMPLEPAY，信用卡反欺诈系统A. N. T.，IPS个人账户系统IPS ACCOUNT，网站支付解决方案WAP，电子邮件账单，分账产品，线上代扣，批量下发，电话支付产品，集团账户。

(六)海外知名第三方支付平台

1. GlobalCollect(荷兰)http:// www. globalcollect. com

GlobalCollect是世界顶级的支付服务供应商，为国际客户无卡业务类型(如互联网、邮件和电话订单)提供本地电子支付解决方案。其可升级的在线支付平台，在200多个国家提供170种货币的本地支付方式组合，助力客户在世界范围内拓展电子商务活动。

GlobalCollect 是电子支付行业的先行者，拥有 14 年的丰富经验，它独立于银行，拥有全球最大的收单行、银行和替代性支付供应商网络。

GlobalCollect 的服务只面向大客户，因而其申请门槛很高，需要客户提供百万美元的财务报表，各种审核过程也是极其烦琐，每月有数千美元的最低消费。

更广的支持面使得 GlobalCollect 的支付成功率高于其他对手，如果你能取得支付卡行业数据安全标准，GlobalCollect 可以允许你的客户直接在你的网站上输入信用卡完成付款。

2. Google checkout(美国)http://checkout. google. com

Google 于 2006 年推出自己的支付系统，作用类似于 PayPal，网上零售商将 Checkout 系统整合到自己的支付平台，在线购买者可以通过它实现安全付款。完成每次支付后，Google Checkout 向商家收取 0. 20 美元的手续费以及交易商品价格 2%的费用。目前，美国超过 90%的零售商注册了 google checkout 服务，包括 DVD Empire、Jockey、Starbucks、Levi's、Timberland 等品牌零售网站 . 目前只有美国能申请用于收款的商家账号。

Checkout 能与 AdWords 和 AdSense 等相关联，让用户享受到优惠；Checkout 与 Google 其他业务(如目前的 Gmail、Video、Froogle 等)可以整合。

3. Worldpay(英国)www. worldpay. com

Worldpay 是皇家苏格兰银行的一个子公司，成立于 1993 年，总部设在英国剑桥。该付款方式支持多币种，支持多种信用卡，如 Mastercard、Visa、Visa Purchasing、Visa Delta、Visa Electron、Maestro。在英国，Worldpay 也是一种常用的在线支付方式。

网上流传的 Worldpay 支付接口开发方式是 Worldpay 的普通支付方式。客户在网站完成订单，点击付款，会跳转到 Worldpay 的付款页面，客户在这个页面填写信用卡信息完成付款。实际上 Worldpay 有一种 xml 接口，可以让客户不离开网站完成付款，只要网站通过 PCI(支付卡行业数据安全标准)扫描就可以申请。

4. Authorize. net(美国) www. authorize. net

各 zencart 网店站长对这种支付方式不会陌生，因为其长期占据了 zencart 后台支付模块的前三个位置。

Authorize. net 是美国一家第三方支付网关，接受信用卡和电子支票付款，包括 Visa、MasterCard、Amex、Discover 四种信用卡，只支持美金，对美国用户支持很不错。

5. Moneybookers(英国)www. MoneyBookers. com

Moneybookers. com 域名创建于 2001 年 6 月 18 日，是 Gatombe Park Venture Limited 的子公司。Moneybookers 是 eBay 支付系统认证所认可的系统之一，也是 eBay 交易链中少数能被接受的支付系统之一。

Moneybookers收汇通道是现今欧洲使用率最高的网络支付方式，其注册用户人数甚至不低于PayPal，而其便于使用、安全性高的特点更是为它赢得了与PayPal相当的口碑。其能够简便地通过email地址来安全支付以及收款的功能、广阔的地域覆盖性(几乎支持对所有经济合作发展组织成员国家内的任何银行账户)深得西方消费者和商家乃至一些国内商家和消费者的青睐。Moneybookers主要面向小商家以及以网络为主要销售渠道的商家。

作为Moneybookers支付安全保障制度的重要一环，系统会对大额美元或者欧元支付有所限制。而且不同于其他网络支付系统，Moneybookers要求用户在激活认证自己的注册账号后才能开始使用其服务，这样就很大程度地遏制了网络支付诈骗的发生。用户也可以进行进一步的认证，以让自己的账号的90天资金流上限提高到20 000欧元。

6. eWAY(澳大利亚)www. eway. com. au

eWAY是存在于澳大利亚的所有在线支付工具中支持最多的shopping carts的一种，共分两种账户类型：

(1)eBussiness Saver Plan——支持信用卡。

(2)eBussiness standard Plan——支持信用卡、借记卡或BPay(澳大利亚最主要的电子货币支付提供服务商)。

费用标准：如果每月销售量达到500件以上，则每件收取0.25美元的费用；如果更多，则另当别论。

7. Paymate(澳大利亚)www. paymate. com

Paymate共分五种账户类型：Standard，Economy，Professional，Premier，eBussiness。除Standard没有月费以外，其他的都需要支付月费和交易费。对于卖方来说，如果接受美元支付，则向其收取1.5%的额外费用；对于买方来说，如果用澳元支付，则加收AU$0.5+3%，如果用美元支付，则加收US$0.5+3%。

本章小结

1. 支付工具是用于资金清算和结算过程中的一种载体，可以是记录和授权传递支付指令和信息发起者的合法金融机构账户证件。支付工具可以分为现金、银行卡、支票、第三方支付工具。

2. 现金在我国主要是指库存现金；在美国会计中主要是指库存现金和银行存款(包括支票账账户和储蓄账户的存款)、流通支票及银行汇票；如果再加上可以在3个月内进行变现的有价证券，即是编制现金流量表时常用的指标。

现金的核算分为总分类核算、收入核算、支出核算、清算核算。

总分类核算总括地核算和监督库存现金的收、付和结存情况，应设置“库存现金”科目。该科目属于资产类。其借方反映库存现金的增加，贷方反映库存现金的减少，期末余额在借方，反映企业实际持有的库存现金。

收入核算是指企业收入现金，主要是通过营业收入收取的现金、借支余额的收回以及开出支票从银行提取的现金。

支出核算是指企业付出现金，应由专人对现金支出的内容进行认真的审核，只有经审核无误的原始凭证才能作为编制付款凭证的依据，并由出纳办理付款并加盖“付讫”戳记后才能据以入账。

清查核算是指为了确保现金的安全完整，保证账实相符，企业应定期或不定期地进行清查。

3. 银行卡是指经批准由商业银行(含邮政金融机构)向社会发行的具有消费信用、转账结算、存取现金等全部或部分功能的信用支付工具。

银行卡一般分为信用卡与借记卡两种。信用卡又分为贷记卡和准贷记卡。贷记卡是指发卡银行给予持卡人一定的信用额度，持卡人可在信用额度内先消费、后还款的信用卡。准贷记卡是一种存款有息、刷卡消费以人民币结算的单币种单账户信用卡，具有转账结算、存取现金、信用消费、网上银行交易等功能。

借记卡可以在网络或POS机消费或者通过ATM转账和提款，不能透支，卡内的金额按活期存款计付利息。消费或提款时资金直接从储蓄账户划出。

4. 支票是出票人签发的，委托办理支票存款业务的银行或者其他金融机构在见票时无条件支付确定的金额给收款人或者持票人的票据。支票的主要特点是：使用方便，手续简便、灵活，付款期限自出票日起10天，并且可以背书转让。支票可以分为记名支票、不记名支票、划线支票、保付支票、现金支票、银行支票、旅行支票。

5. 第三方支付工具是指一些和国内外各大银行签约并具备一定实力和信誉保障的第三方独立机构提供的交易支持平台。它通过与银行的商业合作，以银行的支付结算功能为基础，向政府、企业、事业单位提供中立的、公正的面向其用户的个性化支付结算与增值服务。

第三方支付工具的支付流程是客户通过在电子商务网站上选购商品，达成商品的交易意向，然后选择第三方作为交易中介，并且客户通过信用卡将贷款划到第三方账户，第三方支付平台将客户的支付消息通告商家，并要求商家在规定时间发货，商家接收订单并发货，客户收到货物，验证并将结果告知第三方，第三方将账户贷款划入商家账户。

6. 主流的第三方支付产品包括PayPal、支付宝、国付宝、财付通、环迅支付等。

思考题

1. 支付宝有哪几种支付方式？
2. 国付宝相对于其他三方支付机构的主要区别是什么？
3. 在当前监管法规越来越完善的时代，支付机构如何合规、健康地发展？

第四章　支付清算系统

第一节　支付清算系统概述

支付清算系统(payment and clearing system),也称支付系统(payment system),是一个国家或地区对交易者之间的债权债务关系进行清偿的系统。具体来说,它是由提供支付服务的中介机构、管理货币转移的规则、实现支付指令传递及资金清算的专业技术手段共同组成的,用以实现债权债务清偿及资金转移的一系列组织和安排。

中国人民银行作为中央银行,其一项重要职责就是支付清算的管理和服务。根据支付清算体系的统一规划和发展方向,中国人民银行不断改进支付清算系统,形成以中国现代化支付系统为核心,银行业金融机构行内系统为基础,票据支付系统、银行卡支付系统和外币支付系统为重要组成部分,支撑多种支付工具的应用和满足社会各种经济活动支付需要的中国支付清算系统(如图 4.1 所示)。

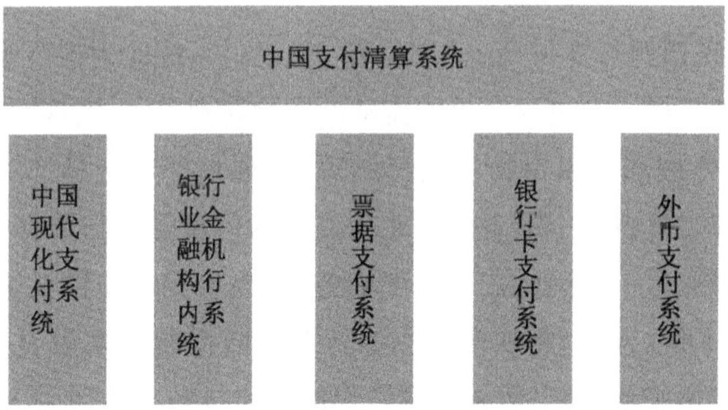

图 4.1　我国支付清算系统架构

第二节 中国现代化支付系统

一、中国现代化支付系统的发展

中国现代化支付系统(CNAPS)主要提供商业银行之间跨行的支付清算服务,是为商业银行之间和商业银行与中国人民银行之间的支付业务提供最终资金清算的系统,是各商业银行电子汇兑系统资金清算的枢纽系统,是连接国内外银行重要的桥梁,也是金融市场的核心支持系统。

2002年10月8日,大额支付系统(HVPS)成功投产试运行,经过近8年的建设发展,中国现代化支付系统(CNAPS)建成了包括第一代人民币跨行大额支付系统(HVPS)、小额支付系统(BEPS)、全国支票影像交换系统(CIS)和境内外币支付系统(CFXPS)、电子商业汇票系统(ECDS)以及中央银行会计核算数据集中系统(ACS),形成了比较完整的跨行支付清算服务体系,为各银行业金融机构及金融市场提供了安全高效的支付清算平台,对经济金融和社会发展的促进作用日益显现。

随着中国社会经济的快速发展,金融改革继续深入,金融市场日益完善,支付方式不断创新,这对中央银行的支付清算服务提出了许多新的、更高的要求。鉴于此,中国人民银行开始着手建设更加统一、安全、高效的第二代支付系统和中央银行会计核算数据集中系统(ACS),为进一步提高中央银行履职能力提供强有力的基础设施服务,有效满足社会经济的支付需求,促进金融机构改善经营管理,支持经济金融又好又快发展。

与第一代人民币跨行支付系统相比,第二代支付系统能为银行业金融机构提供灵活的接入方式、清算模式和更加全面的流动性风险管理手段,实现网银互联,支撑新兴电子支付的业务处理和人民币跨境支付结算,实现本外币交易的对等支付(PvP)结算。同时,系统还将具备健全的备份功能和强大的信息管理与数据存储功能,建立高效的运行维护机制,进一步强化安全管理措施,并逐步实现支付报文标准国际化。会计核算数据集中系统(ACS)将实现中央银行会计数据的高度集中,通过再造业务流程,实现内部管理扁平化、信息数据的网络化传输和共享,支持金融机构提高资金管理水平,为其提供多元化的服务。同时,系统还创建严密的风险防范和安全管理机制,具备健全完善的灾难备份功能。

按照系统建设实施计划,第二代支付系统的网银互联应用系统先行建设,已于2011年1月份完成了全国推广,第二代支付系统的其他应用系统和会计核算数据集中系统(ACS)也已于2012年10月8日上线运行。

二、第二代支付系统的特色

（一）统一第一代系统分散的接入渠道

第二代系统在信息传输方面采用类似于环球同业银行金融电讯协会（SWIFT）的传输渠道，信息传输和业务处理相分离，所有参与机构接入公共信息传输平台，业务信息经公共信息传输平台清分后，分别提交大额、小额、网银三个应用系统处理，多个参与机构可以通过一个前置机接入支付系统。

（二）调整国家处理中心（NPC）和城市处理中心（CCPC）的功能定位

引入接入云概念，全国32个城市处理中心（CCPC）仅仅作为参与机构接入第二代支付系统的物理接入节点，进行最基本的报文格式检查，不再具备第一代支付系统的轧差、管理和数据存储功能。各城市处理中心（CCPC）可以互为备份。所有轧差、数据存储和管理功能均集中到了国家处理中心（NPC），时序、权限和参数管理也由位于国家处理中心（NPC）的公共控制管理系统进行。

（三）各个业务应用系统相互独立

第二代支付系统解除了大额支付系统（HVPS）和清算账户系统的绑定关系，以及小额支付系统（BEPS）和轧差服务器的内嵌关系，清算账户系统直接为大额、小额和网银系统提供资金结算服务，小额和网银系统无须通过大额支付系统（HVPS）提交轧差净额，轧差服务器从小额支付系统（BEPS）中分离出来，为小额和网银系统管理净借记限额和提供轧差服务，因此，大额、小额和网银三个应用系统相互独立，可分别运行。

（四）提供多边轧整净额结算模式

除了支持各种贷记、借记、即时转账业务外，第二代支付系统还开发了多边轧差净额结算模式，能为支付清算组织提交的一揽子参与机构多边轧差净额提供资金结算服务。正如泛欧实时全额自动清算系统（TARGET2），为证券交易、零售支付和货币市场等金融市场支付清算系统提交的多边轧差净额业务完成参与机构资金账户的最终结算。

（五）支持外汇交易市场的“款款对付”（PvP）结算

“款款对付”（PvP）结算是指不同币种资金同步进行交收并互为交收条件的结算方式，一直被视为外汇交易结算系统应该实现的最重要功能之一。第二代支付系统设计了“款款对付”（PvP）结算的完整流程，通过大额支付系统（HVPS）、外汇交易清算系统和结算银行的同步处理，本、外币两笔即时转账业务将分别完成外汇交易中本币和外币的资金转账处理，避免了外汇交易的本金风险。

（六）启用多种排队业务解救机制

一是不仅为小额排队业务提供撮合功能，还为大额排队业务设计了日间双边撮合和业务截止多边撮合机制，只要排队业务符合撮合条件，即可解救因账户余额不足导致的排队队列；二是为在央行开立多个清算账户的法人银行提供了“资金池”管理功能，当分支机构清算账户因缺乏头寸而出现排队业务时，系统依据法人银行事先授权自动将资金从法人银行调入分支机构账户解救排队业务；三是为不同法人银行提供自动拆借功能，当法人银行头寸不足支付时，系统依据法人银行事先签订的拆借协议，启动法人银行之间的资金拆借功能，化解流动性风险，确保当日不能解退的轧差净额清算业务完成最终结算。

（七）提供各类账户查询功能

法人银行可于当日查询所有分支机构清算账户的余额、可用头寸、预期头寸，还可以查询其在中国人民银行非清算账户的余额信息；分支机构则可查询自身清算账户和在中国人民银行开设的非清算账户的有关信息。此外，与第二代支付系统同步上线的中央银行会计核算数据集中系统（ACS）还为银行机构设计了零余额账户管理功能，有利于法人银行清算账户和非清算账户资金的集中归并和使用。

（八）适应跨境和创新业务的发展

为适应跨境业务的发展趋势，拓展跨境业务种类，第二代支付系统提供资本项下跨境支付和退款、服务贸易结算和退款、货物贸易结算和退款等支付种类。报文采用ISO20022标准并支持英文填写。小额支付系统（BEPS）票据截留业务增加了银行汇票、商业汇票、银行本票等种类，能支撑各类票据的影像信息传递和资金结算。第二代支付系统还做强了非金融支付服务组织的支付业务功能，为集中代收付中心开辟了实时代收、实时代付业务功能，增加了协议信息验证功能，统一了协议核验要素。

（九）全面改进参与机构服务体验

中国人民银行发起的涉及银行机构清算账户资金变动的单边、错账冲正和同城轧差净额业务，均会通知该参与机构。特许参与者发出的即时转账、多边轧差净额业务如遇排队情形，也会及时通知缺款行，方便其筹措资金。此外，所有涉及清算账户的维护信息，都会通知到清算账户所属的银行机构。

三、第二代支付系统对银行业金融机构和金融市场的影响

（一）节约参与机构的接入成本参与机构

只需开发集中大额、小额、网银功能的单一接口或摆放一台前置机，即可接入央行系统办理各类支付业务，大大节约了设备等固定资本投入。尤其是多家参与机构行内系统通过共享前置接入第二代支付系统的方式，为农村金融机构低成本接入支付系统创造了有利条件。国家处理中心功能（NPC）的集中和城市处理中心功能（CCPC）的弱化，可以方便参与机构就近接入支付系统，也为参与机构在主接入点故障情形下随

时切换到备份接入点奠定了基础，数据的集中存储和业务的集中处理也有利于备份系统的集中和建设。但是，“鸡蛋放于同一篮中”虽方便了管理，也凸显了备份系统同步建设的重要性。

（二）新增参与机构对应用系统的自主选择权

在第一代支付系统中，由于中国人民银行会计核算系统接入大额系统，并通过大额系统向清算账户系统提交参与机构开户、销户指令以及资金支付指令，而轧差服务器镶嵌于小额系统，因此，参与机构加入小额和网银系统的前提是必须加入大额系统，退出大额系统前必须先退出小额和网银系统，加入网银系统的前提是必须加入小额系统，退出小额系统前则必须先退出网银系统。在第二代支付系统架构中，由于大额、小额和网银系统相互独立，会计核算系统直接接入清算账户管理系统，提交参与机构开户、销户指令和资金支付指令，因此，参与机构可依据自身业务需要加入或退出上述任一应用系统。

（三）提高中央对手方交易的资金结算效率

各类支付清算组织例如银联、中国证券登记结算有限责任公司、上海清算所等金融市场中央对手方（CCP）可以通过大额支付系统（HVPS）提交多边轧差净额业务，改变了原来将多边轧差净额业务拆成多笔，以自身为其中记账方的即时转账业务提交大额支付系统（HVPS）完成资金结算的方式，这种国际上中央对手方（CCP）普遍采用的清算模式，有利于提高资金结算的效率，降低资金结算风险，也有利于中央银行及时主动地掌握金融市场资金交易状况。

（四）加速外汇交易后台集中清算的进程

目前，我国外汇交易市场的场外询价交易和场内竞价交易均未实现“款款对付”（PvP）结算。无论做询价交易清算的外汇交易中心，还是做竞价交易集中清算的上海清算所，均面临不同程度的汇率风险和本垒风险。第二代支付系统设计的“款款对付”（PvP）结算功能，能极大地降低外汇交易清算和结算环节的风险，提高外汇交易的结算效率，助力外汇交易中心将众多分散的询价交易纳入集中清算系统中，从而对外汇交易市场产生深远影响。外汇交易采用“款款对付”（PvP）结算模式，大宗交易使用央行货币进行结算，也有助于提升国际清算银行和国际货币基金组织对我国金融体系稳健性的总体评估，在扩大外市场交易规模的同时，有利于央行对外汇交易总体情况的及时把握和宏观调控。

（五）增强银行体系资金使用效率

第二代支付系统提供的多种流动性管理功能，有助于银行机构了解其在央行开立的所有账户余额情况，包括法人银行所有流动资金，及时完成日间支付，提高资金使用效率，避免因信息失灵带来的流动性风险。由于这些功能大部分是系统根据事先设置自动触发的，有的是方便法人银行知晓头寸的功能，因而在提高支付清算效率的同时，还降低了银行机构管理流动性的成本，促进了支付行业整体服务水平和服务效率的提高，增强了支付服务国际竞争力。使用国际标准的第二代支付系统报文能够在大额支付系统（HVPS）和环球同业银行金融电讯协会（SWIFT）等跨境系统间自动转接和传输，有利于银行办理跨境业务的联机处理。第二代支付系统运行时序的参数化设置和调整则扫除了跨境支付的时区障碍，为全天候办理跨境支付的最终结算奠定了基础。代收付业务的服务拓展和核验统一，提高了代收付业务处理效率，推动了区域乃至全国代收付业务的开展，有利于支付服务市场的细分，促进支付服务市场向专业化、多元化和市场化方向发展。

四、中国现代化支付系统（CNAPS）架构

（一）系统概述

中国现代化支付系统（CNAPS）由两个（北京、无锡）互为备份的国家处理中心（NPC）和北京、武汉等32个城市处理中心（CCPC）构成，为参与者和特许参与者提供大额支付系统（HVPS）、小额支付系统（BEPS）、网上支付跨行清算系统（IBPS）、境内外币支付系统（CFXPS）、清算账户管理系统（SAPS）以及支付管理信息系统（PMIS）等服务。

第二代支付系统建设以“报文传输与业务处理分离”的思路，通过构建一个高效的支付报文传输平台（Payment Message Transmission System，PMTS），实现参与者与支付系统之间安全可靠的支付业务报文传递。从支付报文传输平台的角度来看，各类金融信息系统均可接入该平台，通过该平台提供的服务来发送/接收跨行的支付信息（即报文）；支付系统也只是接入支付报文传输平台的一个信息系统，从支付报文传输平台中获取报文，进行处理和转发。

支付报文传输平台作为第二代支付系统的支撑系统，负责支付系统与参与者、支付系统内部各节点之间的报文通讯，提供安全、稳定、高效的报文传输机制，支持多种报文格式传输，保证支付系统节点内部报文传输“零丢失”，并提供动态配置链路、监测链路的功能。通过以上措施，保证支付系统报文传输的安全可靠，确保系统稳定运行。

支付报文传输平台作为连接支付系统和参与者的渠道，是一个高可用性的端到端报文传输平台，其任务是保证支付系统与各个参与者之间的高可靠性的报文传输。

支付报文传输平台由集中交换网关（PMTS-NPC）、区域接入网关（PMTS-CCPC）、参与者接入端软件（PMTS-MBFE）、业务系统端服务（PMTS-Client）四部分组成。集中交换网关、区域接入网关和参与者接入端软件构成了支付报文传输平台报文传输网络，业务系统端服务用于各业务系统（大额、小额、网银等）与支付报文传输平

台报文传输网络。

集中交换网关:支持水平扩展方式部署,单台服务器宕机不会影响到报文传输平台的连续运行,对经过的报文同时进行本地和异地集中存储,确保灾难情况下支付报文传输平台业务数据的完整性。

参与者接入端:负责接收商业银行行内系统向支付报文传输平台提交的各类报文、接收区域接入网关向本接入点发送的报文,并转发至参与者行内系统,支持采用水平群集方式部署,同一接入点的报文传输平台接入服务器可并行工作,单台服务器失效,不影响该接入点其他服务器的继续运行,支持 AIX 和 Linux 操作系统、MQ 与 TLQ 中间件。

(二)系统功能

1. 在功能上划分

大额支付系统(HVPS):主要处理同城和异地的金额在规定起点以上的贷记支付业务和紧急的小额支付业务。支付指令实行逐笔实时发送,全额清算资金。

小额支付系统(BEPS):主要处理借记支付业务和规定金额以下的小额贷记支付业务。支付指令实行定时批量或即时发送,净额清算资金。

清算账户管理系统(SAPS):是支付系统的支持系统,集中存储清算账户,处理支付业务的资金清算,并对清算账户进行管理。

支付管理信息系统(PMIS):是支付系统的支持系统,集中管理支付系统的基础数据,负责行名行号、应用软件的下载,提供支付业务的查询查复、报表统计分析和计费服务等。

2. 在结构上划分

国家处理中心(NPC):负责支付系统的运行和管理,接收、转发各城市处理中心(CCPC)的支付指令,并对集中开设的清算账户进行资金清算和处理,是整个系统的核心。

城市处理中心(CCPC):主要负责支付指令的转发。接收并向国家处理中心(NPC)发送支付指令的城市处理中心(CCPC)称为发报中心(OPC),接收国家处理中心(NPC)发来的支付指令并向接收行转发的城市处理中心(CCPC)称为收报中心(RPC)。此外,还负责对本城市处理中心(CCPC)范围内的小额业务进行清分轧差。

系统参与者:负责向支付系统发起支付指令、进行资金清算的银行和具有经营支付结算业务资格的城市信用合作社、农村信用合作社以及经中国人民银行批准可以通过支付系统办理特定业务的机构。相对应地,与支付系统对接的相关业务系统包括:中央银行会计核算数据集中系统(ACS)、中央银行国库业务处理系统、商业银行行内汇兑系统、商业银行分支行的综合业务系统、外汇交易系统、中央债券综合业务系统、城市商业银行汇票处理系统、农村信用联社系统等。

五、大额支付系统(HVPS)

(一)系统概述

大额支付系统(HVPS)以电子方式实时处理同城和异地的每笔金额在规定起点以上的大额贷记支付业务和紧急的小额贷记支付业务,支付指令实时发送,逐笔全额清算资金。

(二)系统拓扑结构

大额支付系统(HVPS)在物理结构上设立了两级处理中心,即国家处理中心(NPC)和城市处理中心(CCPC)。国家处理中心(NPC)分别与各城市处理中心(CCPC)连接。国家处理中心(NPC)是大额支付系统(HVPS)的中枢节点,负责接收、转发各参与者提交的大额支付业务,并将大额支付业务逐笔实时提交清算;城市处理中心(CCPC)是大额支付系统(HVPS)的城市节点,连接国家处理中心(NPC)和各直接参与者,负责在国家处理中心(NPC)和直接参与者之间接收、转发大额支付业务。

各政策性银行、商业银行可以其省级分行作为直接参与者接入城市处理中心(CCPC),也可以法人机构集中一点接入国家处理中心(NPC)或城市处理中心(CCPC);中央银行会计核算数据集中系统(ACS)通过国家处理中心(NPC)一点接入大额支付系统(HVPS);上线切换的过渡期内,中央银行会计核算数据集中系统(ACS)仍然通过城市处理中心(CCPC)接入大额支付系统(HVPS);国库会计数据集中系统通过国家处理中心(NPC)一点接入大额支付系统(HVPS);上线切换的过渡期内,国家金库会计核算系统仍然通过城市处理中心(CCPC)接入大额支付系统(HVPS);中央债券综合业务系统和中国银联综合业务系统作为特许参与者与国家处理中心(NPC)连接,办理债券交易的资金结算以及银联卡跨行交易的人民币结算;城市商业银行资金清算中心、外汇交易中心作为特许参与者与上海城市处理中心连接,办理城市商业银行银行汇票业务以及外汇交易市场、银行间同业拆借市场有关交易的人民币资金结算;香港人民币清算行、澳门人民币清算行作为直接参与者分别与深圳城市处理中心、广州城市处理中心连接,办理人民币跨境支付业务;系统支持其他境外机构通过国家处理中心(NPC)接入;电子商业汇票系统(ECDS)作为大额支付系统(HVPS)的特许参与者,与大额支付系统(HVPS)国家处理中心(NPC)连接,实现商业汇票业务的资金清算、业务收费等功能;境内外币支付系统(CFXPS)业务处理中心与大额支付系统(HVPS)国家处理中心(NPC)连接,实现本外币交易的同步交收结算。

(三)系统主要功能

1. 提供高效的资金汇划服务

大额支付系统(HVPS)对支付业务采取逐笔实时处理、全额清算资金的处理方式,每笔支付业务实时到账,实现全国跨行资金清算的零在途,为参与者提供便捷、高效的资金汇划服务,提高资金使用效率,加快社会资金周转。

2. 畅通货币政策传导渠道

再贷款、再贴现和公开市场操作是中央银行货币政策调控的重要手段。大额支付系统(HVPS)为中央银行公开市场操作、债券发行兑付、债券交易等业务提供实时结算,提高资金结算效率,畅通货币政策传导渠道。

3. 支持金融市场资金结算

大额支付系统(HVPS)通过与有关系统连接,可直接支持银行间债券市场、同业拆借市场、外汇交易市场等相关交易的资金结算,并支持债券交易的"票款对付"(DvP)结算,支持本外币交易的"款款对付"(PvP)结算,提高结算效率,防范结算风险。另外,大额支付系统(HVPS)还可有效支持证券市场交易的跨行资金结算。

4. 支持人民币国际化发展

大额支付系统(HVPS)支持香港、澳门特别行政区与内地人民币资金跨境支付业务,处理个人客户汇款、外汇交易资金平盘、银行卡交易结算、人民币债券发行兑付、跨境贸易人民币结算等业务。随着人民币国际化的发展,大额支付系统(HVPS)将为人民币跨境支付、境外支付等提供最终结算。

(三)基本业务种类

根据业务性质的不同,大额支付系统(HVPS)处理的业务分为支付类业务和信息类业务。为保障灾备系统与生产系统在日常数据备份及系统紧急切换过程中数据的完整和一致,大额支付系统(HVPS)应支持受理委托日期小于或等于当前工作日的业务。

1. 支付类业务

支付类业务是指参与者通过大额支付系统(HVPS)发起和接收,并通过清算账户管理系统进行资金结算的业务,包括普通贷记业务和即时转账业务。其中,普通贷记业务的基本类型包括汇兑、托收承付(划回)、委托收款(划回)等。为满足业务处理需要,系统应实现业务类型和业务种类的参数化设置,且参数的更改不能影响系统正常处理。

为支持公益性事业发展及商业银行从中国人民银行提取现金的业务处理,大额支付系统(HVPS)在汇兑业务原业务种类的基础上,增设公益性资金汇划和支取发行基金业务种类。公益性资金汇划专门用于处理抢险救灾、公益捐赠等业务。支取发行基金用于商业银行从中国人民银行提取现金,商业银行通过该报文将需取现资金汇至其取现发行库所在地中国人民银行,支付系统清算资金成功后,向商业银行和发行库所在地中国人民银行反馈清算成功回执。

2. 信息类业务

信息类业务是指大额支付系统(HVPS)参与者间相互发起和接收的,不需要进行资金清算的信息数据,包括查询查复、退回申请及应答、业务撤销、业务状态查询。

(四)系统运行时间

大额支付系统(HVPS)按照国家法定工作日运行,根据公历时间确定其工作日。系统工作日分为日间业务处理时间、清算窗口时间、日终业务处理时间和营业准备时间四个时间段。每日 8:30 至 17:00 为日间业务处理时间,处理各类大额业务。

17:00 为业务截止时间,如存在清算排队业务或未弥补的日间透支额,系统将开启清算窗口,用于各参与者筹措资金,以弥补日间透支或解救排队业务。清算窗口期间,系统仅受理贷记缺款行清算账户的支付业务(不受业务类型限制),不再受理其他一般大额业务。对清算窗口时间发起的支付业务,如清算账户资金不足支付,系统立即退回,不再排队。

17:30 为清算窗口预关闭时间,系统检查各清算账户。如仍存在清算排队的普通大额支付业务和即时转账业务,系统将其退回发起行;如存在小额和网银系统轧差净额、同城票据交换轧差净额、错账冲正、未弥补的日间透支额、日间透支利息、支付业务收费等必须清算的业务时,继续开启清算窗口。待所有净额业务清算后,系统自动关闭清算窗口,大额支付系统(HVPS)进行日终业务处理。

日终业务处理完成后进入营业准备时间,停止受理各种大额支付业务。

为满足人民币跨行支付业务的处理,大额支付系统(HVPS)的运行时间及各阶段的时间安排应支持参数化设置,实现灵活调整,以有效满足境外参与机构的资金清算要求。

六、小额支付系统(BEPS)

(一)系统概述

小额支付系统(BEPS)是支付清算系统的核心应用系统,主要处理同城和异地纸质凭证截留的借记支付业务以及每笔金额在规定起点以下的小额贷记支付业务,支付指令批量发送,轧差净额清算资金,为社会提供低成本、大业务量的支付清算服务,与大额支付系统(HVPS)实现了功能互补。自 2006 年 6 月系统全国推广运行以来,小额支付系统(BEPS)通过支撑各种支付工具的使用,有效满足了社会经济发展多样化的支付需要,社会公共支付水平显著提高,跨行公共清算平台的作用日益得以发挥。

(二)系统拓扑结构

小额支付系统(BEPS)在物理结构上设立了两级处理中心,即国家处理中心(NPC)和城市处理中心(CCPC)。国家处理中心(NPC)分别与各城市处理中心(CCPC)连接。小额支付系统(BEPS)在物理上与大额支付系统(HVPS)共享主机资源、通信资源和存储资源。小额支付系统(BEPS)的参与者包括银行业金融机构(简称商业银行)、非金融支付服务组织以及中国人民银行会计营业部门、国库部门、中国银联等。小额支付系统(BEPS)提供灵活的接入模式,支持各类参与者从城市处理中心(CCPC)或国家处理中心(NPC)一点接入,能够适应不同参与者的接入需要。

在支付系统参与者中,商业银行、非金融支付服务组织等通过前置机系统(MBFE)与支付系统连接,接入方式可以选择通过城市处理中心(CCPC)多点接入,也可以选择通过城市处理中心(CCPC)或国家处理中心(NPC)一点集中接入;非金融支付服务组织业务系统通过前置机系统与城市处理中心(CCPC)或国家处理中心(NPC)连接,发送小额支付业务;中央银行会计核算数据集中系统(ACS)通过国家处理中心(NPC)一点接入小额支付系统(BEPS),上线切换的过渡期内,中央银行会计核算数据集中系统(ACS)仍然通过城市处理中心(CCPC)接入小额支付系统(BEPS);中央银行国库会计数据集中系统通过国家处理中心(NPC)一点接入小额支付系统(BEPS),国库会计核算系统逐步集中过程中,国家金库会计核算系统仍然通过城市处理中心(CCPC)接入小额支付系统(BEPS);中国银联业务系统(以下简称银联)通过国家处理中心(NPC)一点接入小额支付系统(BEPS)。

(三)系统主要特点

1. 支撑各种支付工具的应用

除传统的借、贷记业务外,小额支付系统(BEPS)还能支持办理公用事业收费,工资、养老金和保险金的发放,跨行通存通兑,支票圈存和支票影像截留业务,为银行机构和非金融支付服务组织开展业务创新搭建安全高效的公共平台。

2. 系统7×24小时连续运行

为有效支持参与者在非工作时间发送小额支付业务,同时满足法定节假日社会公众支付活动需要,小额支付系统(BEPS)实行7×24小时连续运行,通过向银行机构和社会公众提供全时的支付服务,有效提升中央银行金融服务水平。

3. 完善的风险管理和防范措施

针对小额支付系统(BEPS)对支付业务净额清算资金、业务转发和资金清算不同步的特点,系统设计和制定了可靠的信用风险防范措施;同时,针对小额支付系统(BEPS)业务处理和系统运行情况,采取先进的技术手段防范系统运行风险,建设安全、健壮的小额支付系统(BEPS)。

4. 系统具有多样性和可扩充性

小额支付系统(BEPS)设计遵循平台化、通用化原则,以满足零售支付业务种类多、业务发展迅速的需要。在整理基础业务处理流程的同时,结合各类支付业务的特点,规划设计适应参数化管理要求的报文标准;建立小额支付系统(BEPS)的业务处理内核,根据管理和业务拓展的需要,对内核进行灵活的应用和扩展,增强系统的适应性和可扩充性,实现不因业务功能的拓展而导致内核改造。

(四)基本业务种类

1. 普通贷记业务

普通贷记业务主要包括规定金额以下的汇兑、委托收款(划回)、托收承付(划回)、国库资金贷记划拨以及其他贷记汇划等主动汇款业务。

其中,汇兑业务包括现金汇款、普通汇兑、网银支付、外汇清算、资金调拨、国库汇款、国库同城交换净额清算等;委托收款(划回)包括商业汇票、定期存单、凭证式国债、异地活期存折等;国库资金贷记划拨包括中央级预算收入、省级预算收入、地市级预算收入、预抵税收返还分成、分成收入、养老保险收入、医疗保险收入以及预算外收入等。

2. 定期贷记业务

定期贷记业务为当事各方按照事先签订的协议,定期发生的批量付款业务,如代付工资、代付保险金、奖金以及其他类型代付资金业务等,其业务特点是单个付款人同时付款至多个收款人。银联代理收单机构清算商户资金业务、代收付中心发起的定期代付业务属于定期贷记业务。

3. 实时贷记业务

实时贷记业务是指由付款清算行主动发起的实时汇款业务。实时贷记业务逐笔打包,实时发送。实时贷记业务主要包括通存业务、代收付中心发起的实时代付业务等。

4. 普通借记业务

普通借记业务为收款人发起的借记付款人账户的业务。小额支付系统处理的普通借记业务主要包括国库资金借记划拨、支票影像截留和通用截留业务。其中,国库资金借记划拨包括中央级预算收入、省级预算收入、地市级预算收入、预抵税收返还分成、分成收入、养老保险收入、医疗保险收入以及预算外收入等。

5. 定期借记业务

定期借记业务为当事各方按照事先签订的协议,定期发生的批量扣款业务,如收款单位委托其开户银行收取水、电、煤气等公用事业费用,其业务特点是单个收款人向多个付款人同时收款。

定期借记业务种类包括代收各种类型的水费、电费、煤气费、电话费、物业管理费、通讯费、企业管理费、学杂费和有线电视收视费等。代收付中心发起的定期代收业务属于定期借记业务。

6. 实时借记业务

实时借记业务是指由收款清算行发起的实时借记付款人账户的扣款业务。实时借记业务逐笔打包，实时发送。实时借记业务包括通兑业务、代收付中心发起的实时代收业务、银行本票业务、银行汇票业务等。

7. 信息服务业务

信息服务业务是指支付系统参与者间相互发起和接收不需要支付系统提供资金清算的信息数据。

信息分为实时信息和通用信息。

实时信息主要包括通存通兑业务的账户查询及应答，支票圈存、解除圈存及应答，CFCA证书查询及应答，代收付中心发起的实时代收(付)信息及应答，商业银行向代收付中心发起的缴款信息查询及应答，发票打印申请及应答等信息。

通用信息包括收(付)款清算行发起的代付协议验证、代付协议信息共享，集中代收付中心发起的代收付信息、代收代付业务的回执信息、代收业务撤销申请信息、代收代付通用回执信息、签约关系变更通知信息、代收付中心和国库发起的客户账户信息验证等信息。

(五)运行时间及业务处理周期

小额支付系统(BEPS)按照7×24小时连续运行，系统每一工作日运行时间为前一自然日16:00至本自然日16:00。轧差后提交清算日为清算账户管理系统工作日，清算时间为8:30—17:00。小额支付系统(BEPS)与网银互联系统运行时间保持一致。中国人民银行可根据需要调整系统工作日及轧差清算日。小额支付系统(BEPS)在国家处理中心(NPC)进行轧差，轧差场次和提交清算时间由国家处理中心(NPC)根据中国人民银行总行业务管理部门的规定设置，并在规定的时点提交清算账户管理系统清算。小额支付系统(BEPS)与网银互联系统轧差和提交清算时间保持一致。

七、网上支付跨行清算系统(IBPS)

(一)网上支付跨行清算系统(IBPS)总体架构

建设网上支付跨行清算系统(IBPS)，是为商业银行网银跨行支付搭建公共平台，提高跨行网银支付的清算效率，支持业务创新，提升商业银行网银服务水平，支持第三方机构接入，促进我国电子商务的发展。

网上支付跨行清算系统(IBPS)的参与者分为直接接入银行机构和直接接入非银行机构。直接接入银行机构与网上支付跨行清算系统(IBPS)连接，在中国人民银行开设清算账户，直接通过系统办理业务。直接接入非银行机构与网上支付跨行清算系统(IBPS)连接,直接通过系统办理业务。代理接入银行机构委托直接接入银行机构代办收发业务和结算资金,必须指定一个直接接入银行机构代理业务。

(二)商业银行的接入及清算方式

商业银行的接入及清算方式遵循接入点的属地原则和业务均衡确定原则,分为如下两种方式:一点接入,一点清算,即一个参与者,一个清算账户;一点接入,多点清算,即多个参与者,多个清算账户,通过一个接入点接入。

(三)主要业务类型

网上支付跨行清算系统(IBPS)的业务主要包括两类:支付类业务和信息类业务。支付类业务具体包括网银贷记业务、网银借记业务、第三方贷记业务等。信息类业务具体包括账户信息查询业务、在线签约业务、业务状态查询、业务撤销、自由格式报文等。

(四)业务运行时间

系统7×24小时连续运行,每一工作日切换时间为16:00,系统清算日为大额支付系统(HVPS)工作日,系统清算时间为每一清算日8:30—17:00,轧差净额提交清算时间与小额支付系统(BEPS)一致。

八、境内外币支付系统(CFXPS)

(一)系统概述

境内外币支付系统(CFXPS)是中国人民银行建设的支持多币种运行的全国性银行间外币实时全额结算系统,为我国境内的银行业金融机构和外币清算机构提供外币支付服务。该系统可以支持美元、港币、日元、欧元、澳大利亚元、加元、英镑和瑞士法郎8个币种的支付与结算,资金结算通过代理结算银行处理。境内外币支付系统(CFXPS)于2008年4月28日投产之后,已经成为境内商业银行间外币支付的主要渠道。

如图4—2所示,境内外币支付系统(CFXPS)以清算处理中心为核心,由直接参与机构等单一法人集中接入,由结算银行进行银行间外币资金结算。清算处理中心负责外币支付指令接收、存储、清分、转发,并将参与者支付指令逐笔实时清算后,分币种分场次将结算指令提交结算银行结算。采用前置机方式的系统参与者需要部署商业银行前置机,完成和清算处理中心的数据交换。结算银行是中国人民银行指定或授权的商业银行,为直接参与者开立外币结算账户,负责参与者之间的外币资金结算。

系统的直接参与机构分为直接参与者和特许参与者。直接参与者是直接接入清算处理中心的银行业金融机构法人(以下称作商业银行);特许参与者是直接接入清算处理中心的支付清算组织等法人机构。

系统的间接参与机构是委托直接参与者办理外币支付业务的机构。

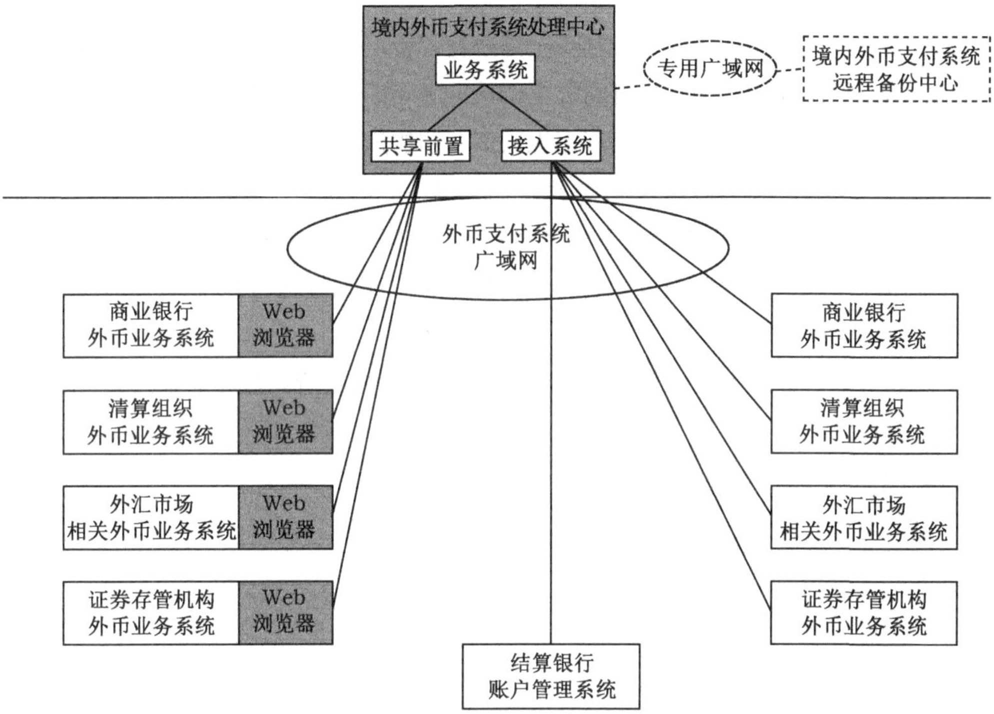

图 4—2　境内外币支付系统

(二)业务种类

境内外币支付系统(CFXPS)是中国人民银行为满足我国境内商品及劳务服务、金融市场交易等各类交易对安全高效外币支付结算服务的需求而建设的外币支付清算系统。它以电子方式处理境内跨行贷记支付业务,实行逐笔实时清算、分币种分场次结算的业务处理原则。

境内外币支付系统(CFXPS)主要处理下列业务:境内跨行贷记支付业务,支付清算组织发起的外币轧差净额业务,外汇市场清算所发起的外币支付业务,证券存管系统发起的外币支付业务,信息服务业务。

境内外币支付系统(CFXPS)功能主要包括:支付业务功能,信息业务功能,清算与风险管理功能,系统运行控制功能,公共数据管理功能,计费功能,机构与用户管理功能,统计与检测功能,异常处理功能。

其中,结算银行账户管理系统使用应用程序接口(API)直联清算处理中心的接入系统,商业银行外币业务系统、清算组织外币业务系统等相关外币业务系统可以通过应用程序接口(API)直联清算处理中心的接入系统,也可以通过 Web 浏览器间联访问清算处理中心的共享前置机系统。

1. 普通跨行贷记业务

具体包括:普通境内跨行贷记业务、普通贷记转汇业务(汇出)、普通贷记转汇业务(汇入)、普通贷记退汇业务、银行间资金调拨业务、银行间资金调拨业务、资金调拨转汇业务(汇出)、资金调拨转汇业务(汇入)、资金调拨退汇业务。

2. 轧差净额业务、普通境内跨行贷记业务

具体包括:支付运保费、代理进出口、与特殊经济区企业经济往来、同一企业不同账户资金划转、归还国内外汇贷款或转贷款、贸易深加工结转业务、贸易融资业务及其他。

3. 普通贷记转汇业务(汇出)

发起清算行受理客户提交的境外汇出汇款业务,接收清算行必须是相关币种的代理结算银行。

4. 普通贷记转汇业务(汇入)

这是境内代理行收到境外银行的境外汇入汇款业务。

5. 普通贷记退汇业务

这是针对前三种业务的退汇业务。

(三)处理流程

清算处理中心分币种、分场次向结算银行提交结算指令,完成相关业务在结算账户的结算记账处理,按照实时清算、定场提交 FXSI 结算的处理原则,对支付指令逐笔实时全额结算,从发起清算行发出到接收清算行收到通常在 1 分钟以内。

(1)接收解析贷记业务报文。

(2)合法性检查:不通过则拒绝,向发起方返回拒绝的确认通知。

(3)排队检查:不通过则排队,向发起方返回排队的确认通知。

(4)清算处理。

(5)向接收方转发贷记业务来账。

(6)向发起方返回贷记业务确认通知。

(四)业务运行时间

境内外币支付系统(CFXPS)运行按时序划分为营业准备、日间运行、业务截止、清算窗口和日终处理五个阶段。日间运行开始时间为 9:00,业务截止时间为 17:00。

第三节 银行业金融机构行内支付系统

一、概述

目前的银行行内系统是以客户为中心进行账务处理,满足综合柜员制,并提供 24

小时服务的核心银行业务系统。

随着我国金融行业的发展和网络通信基础设施水平的提高，国内银行界掀起了一股大集中的热潮，众多商业银行正积极进行新一代综合业务系统的更新换代工作。新一代综合业务系统、业务流程及数据结构、集成化渠道接入及中间业务平台、物理网络及逻辑网络构成了银行基本的电子化运作系统。

二、主要系统功能介绍

(一)核心业务系统

按照服务对象的不同，核心业务系统可分为两大类。

第一类，服务对象为银行客户，提供的服务包括存款、贷款、结算、代理等。

第二类，服务对象为银行自己，提供的服务包括网点/柜员管理、总账、内部账、现金、凭证、报表等。

(二)国际业务系统

国际业务系统包括国际结算和外汇清算两部分，能够自动处理信用证、托收、汇款、头寸管理、外汇买卖平盘等业务，实现国际结算、环球同业银行金融电讯协会(SWIFT)通讯、资金清算和账务处理的无缝连接，自动清分信息、自动清算资金、自动处理账务、自动核对账务。

(三)对私(个人)信贷业务系统

银行信贷管理是指商业银行如何配置信贷资金，才有利于发展经济并增加自身盈利的决策活动。其内容包括：管理信贷关系；管理贷款规模和贷款结构；管理贷款风险，提高贷款经济效益；建立合理的利率体系，正确贯彻利率政策；改进结算服务，加强结算管理。

(四)中间业务系统

中间业务是未来银行最有前景的业务。所谓中间业务，是指商业银行不运用或较少运用自己的资金，以中间人的身份替客户办理收付和其他委托事项，提供各类金融服务并收取手续费的业务。

中间业务是在基本金融产品(如储蓄活期、借记卡等)的基础上提供的增值服务。商业银行通过此类增值服务，不仅可以扩大储蓄存款，增加手续费收入，同时可以为客户提供多种优质、便捷的服务，从而更好地保持和发展客户关系，增加客户的忠诚度。

目前商业银行的中间业务主要有本外币结算、银行卡、信用证、备用信用证、票据担保、贷款承诺、衍生金融工具、代理业务、咨询顾问业务等。在国外，商业银行的中间业务发展得相当成熟。美国、日本、英国的商业银行中间业务收入占全部收益比重均在40%左右，而我国目前商业银行表外业务的规模一般占其资产总额的15%以上。

(五)网银系统

目前各商业银行核心账务数据逐步完成大集中后,处理系统主要包括核心账务处理系统和分布在各省市分行的外围业务处理系统,后者又包括中间业务、网上银行、手机银行、电话银行、银券通等多种处理系统。由于各地业务需求不一致,加之目前总行集中处理系统的重点在于核心账务的处理,因此,与银行中间业务和外围服务渠道相关的客户资料及签约关系分散在分行各业务系统的前置处理机上。客户资料的分散存放无法保证各系统客户资料的一致性,也无法进行数据共享。客户为了享受银行不断推出的新产品,必须多次携带本人有效证件到银行网点办理相关业务的签约手续。这给客户带来了极大的不便,银行工作人员也必须多次输入相同的客户信息。因此,有必要在商业银行省级分行内,以总行集中账务处理系统为依托,开发以客户为中心的分行客户服务系统。当然,随着信息技术的发展,在商业银行总行建立与集中账务处理系统相并存的客户信息系统也将是一种趋势。

(六)理财产品销售系统

理财产品销售系统为银行提供各种理财产品的统一销售管理平台,系统连接行内、行外的多个系统及渠道,实现开放式基金、行内理财产品、新股理财产品、券商理财产品、保险理财产品、信托理财产品、他行理财产品等各类理财产品的自销或代销。理财产品销售系统能使银行充分发挥其地域优势和服务渠道优势,为本地优质客户提供多样的、灵活的理财服务,同时与同业机构或其他金融机构展开紧密合作,扬长补短。

(七)收单系统(银行卡收单系统)

收单银行(acquiring bank)服务对象为特约商店,收单银行向商店推广接受信用卡为付款工具,但收单银行会先在严格审核商店信用的优劣之后,再与商店签约成为特约商店,并提供信用卡单据兑现服务及收取手续费。相关业务包括提供特约商店POS终端机、电子清算系统EDC及必要的黑名单,并授权特约商店检查信用卡之真伪及有效日。一切步骤完成,特约商店取得持卡人正确签名并完成交易后,即可持信用卡单据向收单银行申请兑现。

(八)理财登记过户系统

随着理财业务的快速发展,投资者对理财产品的需求已经不仅仅是追求收益率,而且对产品的灵活性有了更高要求,于是各式各样为适应不同人群需求的理财产品被设计出来,其复杂性大大超越了模式相对固定的理财产品业务,以订单处理为主要功能的销售系统已经难以完全支撑新业务品种,需要有一个以理财产品资产为管理重心的登记过户系统来配合。在充分考虑未来理财业务的发展趋势,并参考了国外财富管理系统的业务规划和系统建设经验后,恒生公司率先设计、开发了一套先进的、实用的银行业理财产品登记过户系统。

（九）手机银行

手机银行也可称为移动银行（mobile banking service），是利用移动通信网络及终端办理相关银行业务的简称。作为一种结合了货币电子化与移动通信的崭新服务，移动银行不仅可以使人们在任何时间、任何地点处理多种金融业务，而且极大地丰富了银行服务的内涵，使银行能以便利、高效而又较为安全的方式为客户提供传统和创新的服务。

（十）电话银行系统

电话银行系统（telephone barver server）是 20 世纪 90 年代国际上出现的一种新的银行服务，它采用了目前世界上最先进的电脑 FAX/语音转换技术，能将银行的各种资料通过电话语音和传真机及时准确地传递给客户，把银行的电脑化服务推进到一个崭新的台阶。

电话银行系统是实现银行现代化经营与管理的基础。电话银行系统通过电话这种现代化的通信工具把用户与银行紧密相连，使用户不必去银行，无论何时何地，只要通过拨通电话银行的电话号码，就能够得到电话银行提供的相应服务（往来交易查询、申请技术、利率查询等）。当银行安装这种系统以后，可使银行提高服务质量，增加客户，为银行带来更好的经济效益。

（十一）票据系统

银行票据指由银行签发或由银行承担付款义务的票据，主要包括银行本票、银行汇票、银行签发的支票等。

（十二）第三方存管系统

银行和券商开展客户交易结算资金第三方存管业务，使银行真正负担起“银行管资金”的职责，银行担任客户交易结算资金的出纳和保管职责，负责管理客户交易结算资金管理账户和客户交易结算资金汇总账户，向客户提供交易结算资金存取服务，并为证券公司完成与登记结算公司和场外交收主体之间的法人资金交收提供结算支持，通过总分核对和结算备付金监管等机制，防止证券公司挪用客户交易结算资金。

（十三）信用卡系统

信用卡能给银行带来三类利润：一是年费；二是手续费，刷卡消费能使发卡行获得占客户消费经费金额 2%左右的佣金；三是持卡人因透支付给银行的利息，银行看重的就是透支利息，超过免息期后，信用卡透支消费的年利率高达 18%。

第四节 票据支付系统

一、全国支票影像交换系统(CIS)

(一)系统概述

中国人民银行于2007年6月25日建成全国支票影像交换系统(CIS),实现了支票在全国范围的互通使用,企事业单位和个人持任何一家银行的支票均可在境内所有地区办理支付。全国支票影像交换系统(CIS)是中国人民银行继大、小额支付系统之后建设的又一重要金融基础设施。

全国支票影像交换系统(CIS)是运用影像技术将实物支票转换为支票影像信息,通过计算机及网络将影像信息传递至出票人开户银行提示付款的业务处理系统。全国支票影像交换系统(CIS)定位于处理银行机构跨行和行内的支票影像信息交换,其资金清算通过中国人民银行覆盖全国的小额支付系统(BEPS)处理。支票影像业务的处理分为影像信息交换和业务回执处理两个阶段,即支票提出银行通过全国支票影像交换系统(CIS)将支票影像信息发送至提入行提示付款,提入行通过小额支付系统(BEPS)向提出行发送回执完成付款。

(二)系统结构与功能

全国支票影像交换系统(CIS)采用两级两层结构:第一层是影像交换总中心,负责接收、转发跨分中心支票影像信息。第二层是影像交换分中心,分中心设在省(区)首府和直辖市,负责接收、转发同一省、自治区、直辖市区域内系统参与者的支票影像信息,并向总中心发送和从总中心接收跨分中心的支票影像信息。

全国支票影像交换系统(CIS)支持支票全国通用,改变了传统的实物票据交换模式。其业务处理流程包括三个阶段:

第一阶段是纸基票据流,即实物支票经过出票、转让和提示付款等环节流通到收款行或票据交换所,完成实物支票的截留和影像采集。

第二阶段是影像信息流,即将采集的支票影像业务信息通过影像交换系统传递给出票人开户行审核付款。

第三阶段是资金清算流,即出票人开户行收到支票影像信息审核无误后,通过小额支付系统返回业务回执和完成资金清算。

支票影像业务遵循“先收后付、收妥抵用、全额清算、银行不垫款”的原则。全国支票影像交换系统(CIS)实行7×24小时连续运行,与小额支付系统(BEPS)的运行时序相同。支票业务的处理周期最长为T+N;T为系统转发业务时间,N为返回回执最长期限，遇节假日和小额停运顺延。目前，最长为 T+2。

全国支票影像交换系统(CIS)主要处理异地的跨行和行内支票影像交换业务，也支持包括银行汇票、商业承兑汇票、银行承兑汇票、银行本票和商业本票等其他托收类型业务的影像传递处理。

(三)系统业务介绍

1. 业务种类介绍

(1)支票业务。全国支票影像交换系统(CIS)主要处理异地的跨行和行内支票影像交换业务。

(2)通用业务。全国支票影像交换系统(CIS)还处理除支票业务外的其他类型借记业务的影像传递处理，包括银行汇票、商业承兑汇票、银行承兑汇票、银行本票和商业本票等。

(3)止付业务。提出行可以对于已经提出的支票(通用)业务发出止付申请。提入行根据原业务处理情况由全国支票影像交换系统(CIS)返回止付应答。

(4)信息类业务。信息类业务是全国支票影像交换系统(CIS)的辅助业务，包括查询查复、业务状态查询、自由格式报文等业务。

(5)支票违规信息。各地票据交换所可以通过前置机客户端，按规定格式将同城范围的支票违规信息录入全国支票影像交换系统(CIS)，归并至总中心进行查询统计处理。

2. 业务流程

(1)提出支票影像信息。

(2)支票影像信息交换。

(3)支票影像信息的接收及确认。

(4)支票业务回执处理。

(5)支票业务对账处理。

(6)支票业务信息归并。

(7)支票业务销记处理。

3. 关键技术及优势

(1)电子验印。银行客户的印鉴是银行多种业务的重要凭证和依据，其法律基础是1996 年颁布实施的《中华人民共和国票据法》。传统的印鉴比对方式是人工折角核对，其最大的两个弱点是：精度低；无法实现通存通兑。特别是后一个弱点，成为制约银行业务发展的一个瓶颈。在全国支票影像交换系统(CIS)中，提入行拿到的是支票的电子影像，基本上无法进行人工折角核对。因此，人工折角核对逐步退出历史舞台已成定局。

为了弥补人工折角核对的不足，出现了基于模式识别和图像处理技术的电子验印技术。电子验印就是利用计算机来实现印鉴的自动识别，其基本原理是：通过摄像机、数码相机或扫描仪等图像采集设备，将客户的预留印鉴图像采集到计算机里面，经过特定的图像处理算法形成电子标准印鉴。电子标准印鉴一般具有含结构信息、高保真和低存储空间（几个 kByte/枚）等特点。这些特点为预留印鉴的大规模数字化存储和低代价的网络传递提供了必要条件。印鉴核验时，待测印鉴通过图像采集设备被采集入计算机，同时，计算机调出相应的电子标准印鉴。经过预处理、定位、分割、配准和比对等图像处理算法，计算机自动给出待测印鉴真伪的结论。

市场上也有一些组件或控件提供电子验印功能，例如 COM 组件 RSImage 就提供印鉴比对函数。

(2)全国支票影像交换系统（CIS）票据缩微。银行的票据被要求长期保存，然而，在大量的票据中进行检索是非常困难的。如果能够利用图像压缩技术，将票据图像压缩存储在数字媒体上，那么检索和保存将是十分方便的。传统的票据缩微系统使用光盘塔作为存储设备，使用高速扫描仪作为图像采集设备，而且一般来说是独立存在的。随着大容量硬盘技术和图像压缩技术的发展，以硬盘存储为主。随着全国支票影像交换系统（CIS）和提入行自身的电子验印系统的推广，票据缩微系统可以直接从这两个系统获取票据图像，这样就省去了很多环节。现行主流的票据图像压缩格式有基于余弦变换的 Jpeg 和基于小波变换的 Jpeg2000。市售的 COM 组件 RSImage 就提供了票据图像压缩函数。

(3)全国支票影像交换系统（CIS）票据图像的采集。将票据图像采集入计算机，大致有以下途径：摄像机、数码相机、平板扫描仪、高速扫描仪和票据清分机等。其中平板扫描仪精度最高，价格最低，一致性好，但是速度较慢，适合于票据量少的场合。对于批量采集或者速度要求高的场合，可以选用摄像机、数码相机和高速扫描仪等。图像采集设备的生产厂商一般会遵循 TWAIN 国际标准，这样使得驱动开发更加通用化。市售的 COM 组件 RSTWAINCOM 就提供了通用的 TWAIN 驱动。

(4)全国支票影像交换系统（CIS）票据要素识别。票据要素包含金额、账号、票号、日期等，这些要素的呈现有些是印刷体，有些是手写体。票据要素有着严格的规范。人工处理时，票据要素的录入和填写规范检测就是一件头疼的事情，在全国支票影像交换系统（CIS）的背景下，这个问题将变得更加突出，因为工作人员从看纸面到看屏幕要有一个很长的适应过程。因此，用模式识别的方法自动识别票据要素是关键技术之一。众所周知，在银行的计算机系统里面，应用得最多的当然是数据库技术和计算机网络技术。那么，图像处理和模式识别技术是另外一类计算机技术，其应用虽然不是主流，但仍然占有一席之地。

(5)全国支票影像交换系统（CIS）票据涂改识别。涂改票据是犯罪分子作案的常用手段。人的肉眼分辨率有限，对一些蛛丝马迹难以察觉。计算机可以根据纹理、笔画和前后关系等信息，智能地判断票据是否被涂改。

《中华人民共和国票据法》规定手写签字和盖章均可作为出票依据。在现行技术手段下，全自动地识别手写签字还是很困难的，但是计算机可以做一些辅助工作，例如手写签字的存储、网络传递、显示和关键笔画的特征提取等。

(6)全国支票影像交换系统(CIS)支付密码。中国人民银行发布的《全国支票影像交换系统业务处理办法》指出："提入行可以采用印鉴核验方式或支付密码核验方式对支票影像信息进行付款确认。"支付密码也称为变码印鉴，其基本原理是：出票时，银行客户在专有的硬件或者软件上，输入金额、账号、票号、日期等信息，计算出一串数码，填写在票据上作为出票依据。市售的 COM 组件 RSSecurity 就提供了基于 256 位密钥 AES 的支付密码。

除了支付密码以外，密码信封也是一种简便易行的票据密码方式，只不过安全性稍差。

(7)全国支票影像交换系统(CIS)数字签名(PKI)。中国人民银行规定，支票影像及其捆绑信息必须经过数字签名，以确保信息的完整性、安全性和不可抵赖性。数字签名是公开密钥体系 PKI 的一个典型应用，其基本原理在各类媒体中均有介绍。市售的 COM 组件 RSSecurity 就提供了数字签名的一些基础算法。

4. 支票影像系统的建设与发展

从国外支票业务发展现状看，在世界上多数国家，支票是全国流通使用的。美国的支票甚至可以全球流通。随着计算机技术和网络通信的发展，利用影像技术实现实物支票截留已成为支票清算的发展趋势。目前，美国、法国、德国、新加坡和中国香港等国家和地区均已建立基于影像技术的支票截留系统；印度也正在建设基于影像技术的全国支票截留系统。2006 年 2 月，中国人民银行决定，立足我国国情，借鉴国际经验，建设基于影像技术的、覆盖全国的支票影像交换系统，支持支票全国通用，促进社会经济发展。中国人民银行于 2007 年 6 月 25 日建成全国支票影像交换系统(CIS)，实现了支票在全国范围的互通使用，企事业单位和个人持任何一家银行的支票均可在境内所有地区办理支付。

全国支票影像交换系统(CIS)是中国人民银行在立足国情、借鉴吸收的基础上为支票清算搭建的"高速公路"，也是中国人民银行继中国现代化支付系统之后为银行业金融机构搭建的又一支付清算平台。它将支票的实物传递转化为影像传递，提高了清算效率，使支票在幅员辽阔的中国实现全国通用，满足社会经济活动对支票全国使用的需要；有利于促进支票业务的发展，进一步完善我国支付工具体系；可以充分发挥支票在媒介市场经济协调发展的潜在优势，促进社会经济发展。

随着支票影像系统的发展，中国人民银行决定，从 2017 年 9 月起，支票影像系统实现通过二代支付系统的小额业务进行处理。

二、电子商业汇票系统（ECDS）

（一）电子商业汇票系统（ECDS）概述

电子商业汇票系统（ECDS）是由中国人民银行批准建立的，依托网络和计算机技术，接收、登记、转发电子商业汇票数据电文，提供与电子商业汇票货币给付、资金清算行为相关的服务，并提供纸质商业汇票登记查询和商业汇票公开报价服务的综合性业务处理平台。

商业汇票是主要的票据品种之一，兼具支付结算和短期融资功能，对满足企业支付需要、拓宽融资渠道、降低财务费用、提高商业银行支付服务水平、强化资产负债管理以及丰富中央银行货币政策手段都有着非常重要的作用。

近年来，随着我国金融电子化水平不断提高和金融基础设施的完善，在银行票据业务方面，银行汇票、银行本票和支票都不同程度地实现了电子化，安全性和效率得到极大改善。2007 年，全国支票影像交换系统（CIS）的建立实现了纸质支票处理的部分电子化；2008 年，银行本票和华东三省一市银行汇票的业务通过小额支付系统（BEPS）进行清算，实现了电子化处理。但是，相对而言，商业汇票的电子化步伐比较滞后，其业务处理基本上采用传统的手工、纸质方式，效率低、风险高，不利于商业汇票的进一步发展。从 2005 年开始，虽然国内部分商业银行在票据电子化和电子票据应用方面进行了积极的探索和尝试，但由于缺乏统一的票据集中登记机制和跨行交易平台，因而业务开展受到了极大限制。

为进一步推动国内票据业务和票据市场发展，便利企业支付和融资，支持商业银行票据业务创新，在充分调研论证的基础上，中国人民银行于 2008 年 1 月决定组织建设电子商业汇票系统（ECDS），6 月正式立项，2009 年 10 月 28 日建成投入运行。

2009 年 10 月 28 日，由中国人民银行建设并管理的电子商业汇票系统（ECDS）正式建成运行，我国票据市场由此迈入电子化时代。2010 年 6 月 28 日，中国人民银行组织电子商业汇票系统（ECDS）在全国推广应用。电子商业汇票系统（ECDS）平稳运行并实现全流程业务处理，商业银行初步确立电子票据业务开展模式，并加大电子票据业务的市场开拓。

自电子商业汇票系统（ECDS）投产运行以来，电子票据主要业务逐月平稳较快增长，主要金融机构电子票据业务开展良好。但我国电子票据业务在起步发展阶段存在的诸如相关法律制度不够健全、电子票据流通性不足、安全性不容忽视以及业务发展不均衡等问题亟待解决。

（二）电子商业汇票系统（ECDS）架构和主要功能

电子商业汇票系统（ECDS）由一个核心功能模块（即电子商业汇票业务处理）、两个辅助功能模块（纸质商业汇票登记查询和商业汇票转贴现公开报价）组成。

电子商业汇票业务处理功能模块是电子商业汇票系统（ECDS）的核心模块。该模块可对各行客户签发的电子商业汇票实行集中登记存储，并提供互联互通的流通转让平台，实现电子商业汇票出票、承兑、背书、保证、提示付款、追索等业务流程的电子化。同时，与银行、财务公司行内系统及中国人民银行的现代化支付系统连接，可实现电子商业汇票贴现、转贴现、再贴现等融资交易和提示付款的即时转账结算，同步完成票据融资交易的交割，实现"票款对付"（DvP）。

纸质商业汇票登记查询功能模块是系统参与者必须参加的模块，它能够为纸质商业汇票承兑、贴现、转贴现、再贴现、质押、质押解除、挂失止付等票据行为提供登记查询服务，实现纸质商业汇票票面信息的集中登记存储，便利纸质商业汇票的贴现、质押业务查询。

商业汇票转贴现公开报价模块能够实现电子商业汇票和纸质商业汇票转贴现公开报价，为银行、财务公司进行询价交易提供信息。

（三）电子商业汇票业务介绍

1. 业务流程

（1）企业与开户行签订《电子商业汇票服务协议》，开通网上银行电子商业汇票功能端口。

（2）银行承兑汇票出票业务流程如图4—3所示。

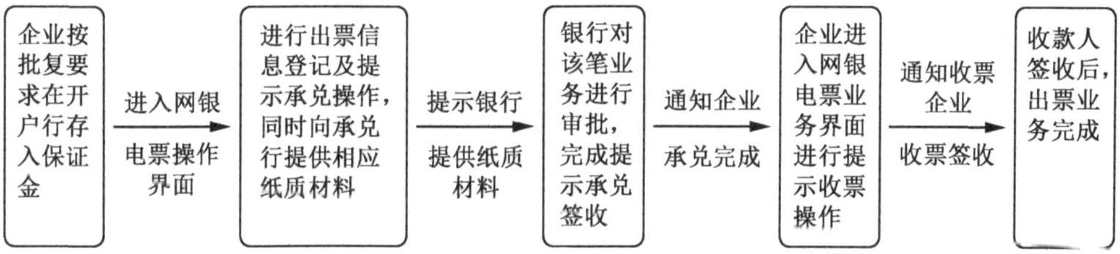

图4—3 银行承兑汇票出票业务流程

（3）商业承兑汇票出票业务流程如图4—4所示。

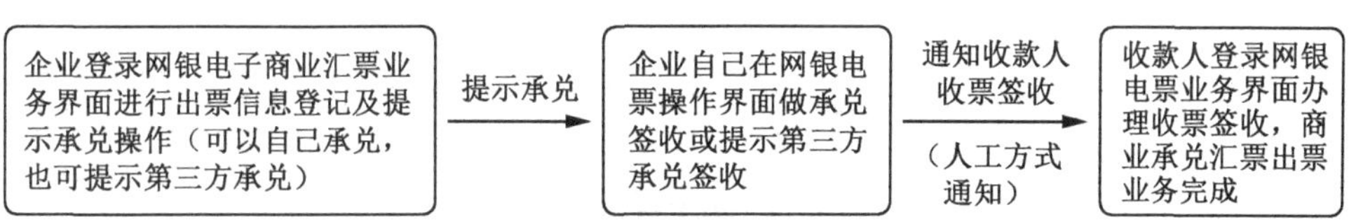

图4—4 商业承兑汇票出票业务流程

(4)背书转让业务流程如图4—5所示。

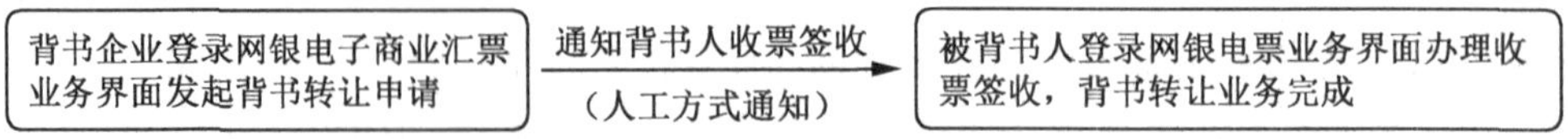

图4—5 背书转让业务流程

(5)贴现业务(含银行承兑、商业承兑)流程如图4—6所示。

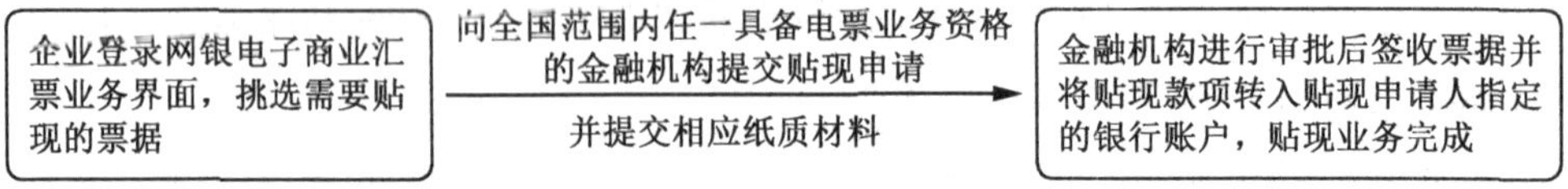

图4—6 贴现业务流程

2. 操作流程

(1)电子票据出票流程如图4—7所示。

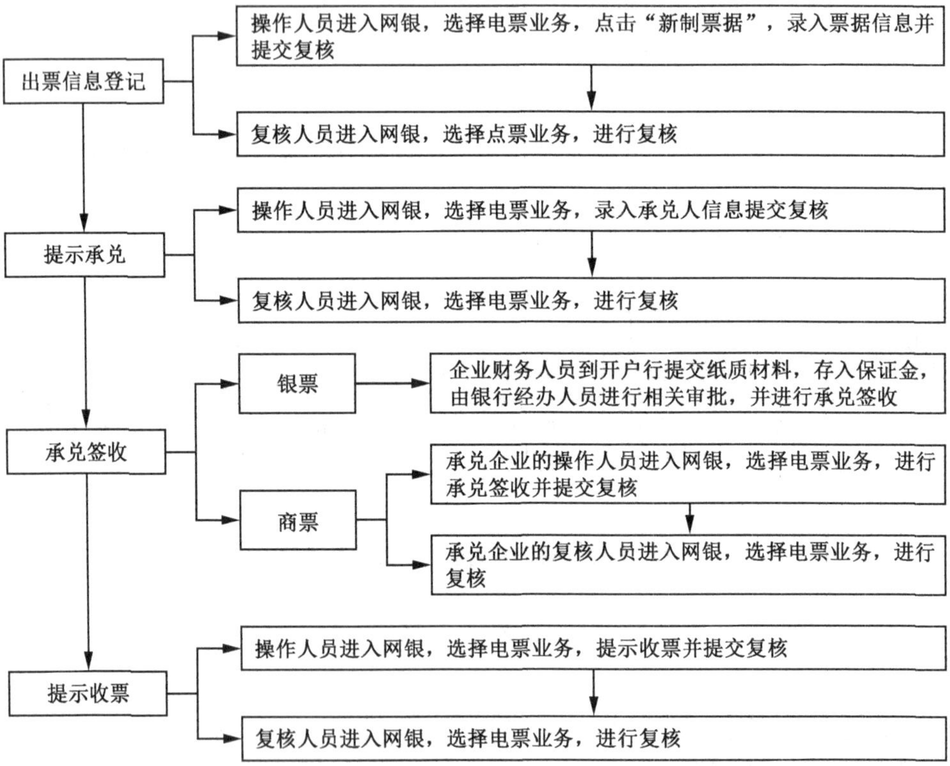

图4—7 电子票据出票流程

(2)电子票据背书转让操作流程：

A. 转让人操作流程如图 4—8 所示。

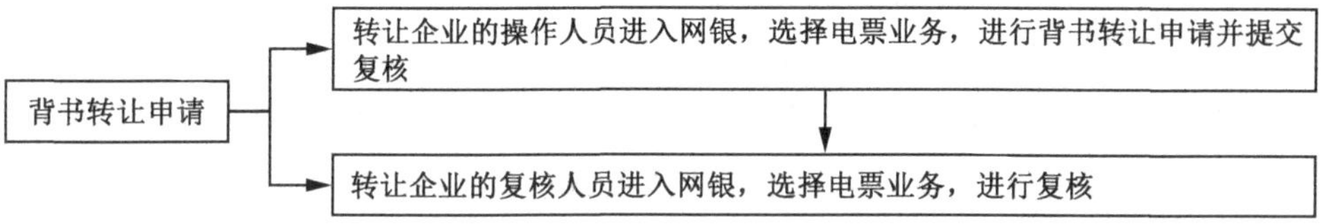

图 4—8　转让人操作流程

B. 被转让人操作流程如图 4—9 所示。

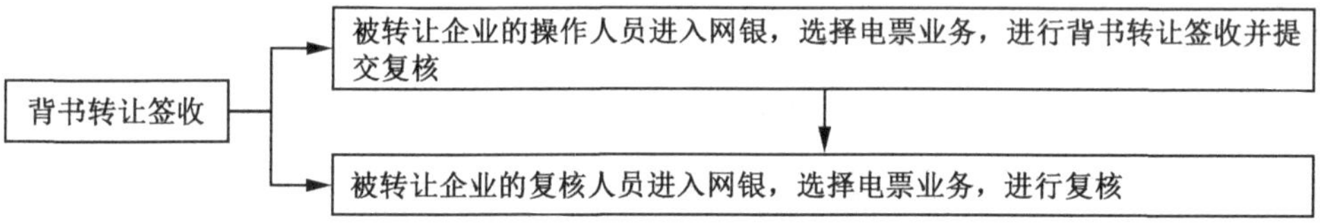

图 4—9　被转让人操作流程

(3)贴现业务操作流程如图 4—10 所示。

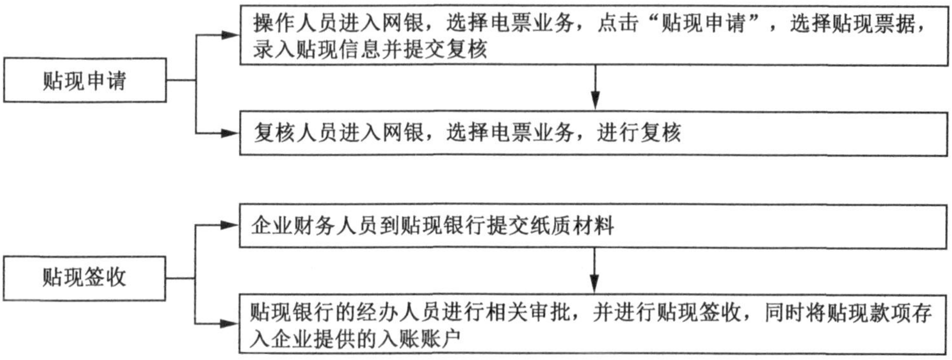

图 4—10　贴现业务操作流程

(四)电子商业汇票系统的优势

(1)杜绝票据灭失、损坏和遭盗抢的风险。电子商业汇票以数据电文形式存储在电子商业汇票系统之中，通过技术手段确保票据的唯一性、完整性和准确性。

(2)防范伪造、变造票据诈骗。与纸质商业汇票业务中存在假票、克隆票的情况相比，电子商业汇票以系统集中登记的数据电文和当事人可靠的电子签名来证实票据和当事人意思表示的真实性，在票据产生、流通各环节均可防范传统的票据诈骗手段，使犯罪分子无缝可钻。

(3)交易更便捷，操作更规范。电子商业汇票的签发、承兑、背书、贴现、质押、保证、兑付、追索等环节均通过银行或财务公司的网上银行和电子商业汇票系统完成，与纸质商业汇票相比，省却了车马劳顿之苦、票据传递之烦，且电子商业汇票的出票、承兑、背书、保证票据行为均通过计算机程序进行，与手工填写相比，业务操作更加规范。

(4)提高企业票据管理水平。通过计算机系统，企业能够随时了解自己承兑和持有的电子商业汇票，通过简单的操作和计算就能对银行头寸和票据头寸进行统一管理，合理分配资金使用。

(5)提升企业融资效率。电子商业汇票的最长付款期限为1年，较纸质商业汇票6个月的最长付款期限增加了1倍，有利于企业通过使用电子商业汇票拓展融资渠道、提高资产流动性、降低财务费用。

电子商业汇票系统(ECDS)的建成运行，是我国金融信息化、电子化进程中的又一个重要里程碑，标志着中国现代化支付体系基本建成，标志着我国商业票据业务进入电子化时代，对促进电子商务和票据市场发展将产生深远影响。

三、同城系统介绍

(一)票据交换系统

同城票据交换是指同一城市(或区域)范围内，各商业银行之间将相互代收、代付的票据，定时、定点集中相互交换并清算资金存欠的方法。同城票据交换由中国人民银行集中监督并清算资金。不同国家的票据交换所运作方式有所不同，有的是各银行联合举办的，有的是中央银行直接主办的，但无论如何，票据交换之后的应收款、应付款总额最终都必须通过中央银行集中清算交换才能实现轧差。

同城票据交换对加快我国同城票据交换业务的发展，对建设高效、安全的支付清算体系有着重要意义。

1. 我国同城票据交换业务的现状、同城清算的组织管理

中国人民银行是同城清算的组织者和管理者。中国人民银行各中心支行、营业管理部负责本辖区内同城清算的统一领导和管理，中国人民银行县(区)支行负责本县(区)范围内的同城清算的组织和管理。中国人民银行各分支机构、营业管理部负责审查确定参加交换的银行的资格，处理协调票据交换及资金清算过程中出现的纠纷。

2. 同城清算处理程序

同城清算的参与行分为提出行、提入行和清算行。在票据交换中，各交换行既是提出行又是提入行。中国人民银行是同城清算的组织者和参与者，负责各交换行提出提入票据的清分、清算和轧差，集提出行、提入行清算行于一身。同城清算的基本处理

程序是:第一,提出票据;第二,提入票据;第三,退票处理;第四,资金清算。长期以来,减少在途资金、缩短在途时间是各国中央银行重点关注的问题。

3. 同城清算处理模式

近年来,为加速资金周转,改进金融服务,提高资金使用效率,各地根据当地技术条件和机构设置情况,在确保资金安全的前提下,积极改进和探索新的同城清算模式。目前,各地的同城票据交换业务的处理模式不尽相同,主要采用手工操作、利用计算机技术进行磁介质处理和票据清分机处理等多种形式。另外,部分经济关联度高的相邻省(市)周边地区建立了跨省、(市)的区域性票据交换中心,扩大了实物票据交换范围,加速了资金周转,极大地促进了区域经济的发展。2005 年 12 月,经中国人民银行批准,深圳组织完成了依托影像技术实现票据截留的试点应用,为影像技术的推广应用和在全国范围内实行支票截留提供了经验。同城票据交换的具体做法主要有以下几种:

(1)同城商业银行间本系统内票据交换。由同城商业银行的主管行牵头,对辖内各营业机构代收、代付本系统的票据组织交换,通过同城行处的往来科目划转,当日或定期通过联行往来科目进行清算。

(2)同城商业银行间跨系统票据交换。根据各商业银行机构设置和在央行开立存款账户的情况,采取三种不同的票据交换办法:一是当时清算的办法;二是各商业银行的所属机构都直接通过在央行的存款账户进行资金清算的办法;三是对业务量不大的地区的跨系统票据交换,采取直接交换、当时清算资金的办法。

(二)广东金融结算服务系统

广东金融结算服务系统(EFT 系统)在中国人民银行广州分行领导下于 2006 年 4 月 3 日投产运行,是覆盖全省、连接香港地区的大型综合性结算服务系统,对完善广东金融服务基础设施,提高全省金融服务效率,建设广东金融强省,推动广东经济快速、健康、协调发展具有重要的作用。

2010 年 8 月,广东金融结算服务系统进行了升级改造。新系统的上线整合了银行接入渠道,丰富了系统接口,建立健全了全省集中高效的区域支付清算平台,为未来特色支付清算打下了坚实的基础。

广东金融结算服务系统的业务种类如图 4—11 所示。

1. 省内即时转账

付款银行向中心逐笔发起业务,中心处理后实时向收款银行转发支付指令。

处理币种包括人民币、港币、美元,地域覆盖广东省。

特点:实时性强、安全方便,单位和个人均可办理。

图 4—11 广东金融结算服务系统业务种类

2. 在线支付

付款银行通过柜台、网上或电话等途径接受客户的汇款委托后，逐笔实时向中心发起业务，中心实时转发给收款银行入账，并实时将入账结果返回付款银行。委托客户可在瞬间得到汇款是否已经入账的确认。

特点：实时入账，客户立即确认达账结果。

3."银结通"跨行通存通兑

(1)已开通业务：跨行存款，跨行取款，跨行转账，客户授权的查询，本外币活期账户(存折或银行卡户)。

(2)参与银行：招商银行，兴业银行，华夏银行，光大银行，中国民生银行，上海浦东发展银行，平安银行。

7 家银行有近 256 个网点，并延伸至珠三角地区其他城市，在佛山地区开通了光大、兴业、浦发 3 家银行 13 个网点。

(3)业务介绍：

● 入网银行互为代理、共享网点资源。参与受理他行客户持存折或银行卡办理跨行存取款、转账和查询业务。

● 弥补了中小型商业银行网点数量少的缺陷，实现了资源共享，避免了网点重复建设，节约了成本，提高了入网银行的竞争力，也方便了市民办理个人跨行存取款、转账和查询业务。

● 特点：银行资源共享，业务方便快捷，客户只要到以上银行柜台(贴有“银结通”标志)就可以办理。

4. 批量贷记

付款银行将多笔不要求立即达账的汇款业务组成一个业务包发起，中心清分后向收款银行转发。

特点：批量转发，满足银行和客户批量处理的需求。

5. 银行代理缴费

代理银行通过柜台、网上、电话、终端等渠道受理客户缴费申请，银行收取客户款项后向中心发起缴费交易信息，中心向机构实时或批量转发已缴费信息。

特点：缴费时间和地点灵活方便。

(三)广州市财税库行横向联网系统(市 ETS 系统)

广州市财税库行横向联网系统是由中国人民银行、财政、国税、地税、商业银行等多个部门合作，共同组建的横向网络系统，于 2001 年 12 月上线运行。该系统实现了税款的实时划扣入库，社保费的缴纳入户，财政拨款和电子退税等业务的网络化、电子化和信息化，税款缴纳与入库报解、服务与监管的一体化。

该系统向广州市近 135 万纳税人(通过柜台、电话、网上等申报缴纳方式)提供 7 天、24 小时不停顿的缴税服务，为财政、税务预算单位、银行等提供包括财政预算收入和支出全方面服务，是公共服务的重要窗口，是广州市信息化建设的关键系统。该系统已成为广州市重要的公共服务基础设施，是财政收支业务所依托的主要信息交换和资金支付、清算渠道，在提高税款征收的入库速度、加快财政资金的周转效率和规避挤占国家税款等方面发挥了积极作用。

(四)广东省财税库行横向联网系统(省 ETS 系统)

广东省财税库行横向联网系统由广东省财政厅、广东省国家税务局、广东省地方税务局、中国人民银行广州分行共同建设。它是对税收收入缴款书、收入退还书、更正通知书和“免、抵”税调库通知书等信息进行交换和处理的系统。该系统为广东省预算收入的征缴、入库、报解、对账等提供全流程网络化、无纸化、安全、准确、快捷、简便的处理手段；为纳税人提供便利、快速的税款缴纳方式；为政府有关部门提供全面、准确、及时的监管资料；进一步实现包括退库、财政拨款业务的电子化。

通过运行该系统，可减少在途税款，提高税款征收入库率；有效消除积压、挤占国家税款等违纪违法现象；提高金融服务水平，提高财政资金的使用效率，对广东省经济发展有着积极促进作用。

系统 7×24 小时运行，覆盖潮州、惠州、汕头、茂名、云浮、河源 6 个地市，直接涉及省、市、县三级 45 个征收机关、41 个国库、14 家商业银行省级分行和 74 家地市银行，分地区涉及254个财政专户。

系统业务内容包括预算内收入和预算外收入(社保费、价格调节基金、堤围防护费、残疾人就业保障金、水利建设基金等)。

第五节 银行卡支付清算系统

一、银行卡

银行卡(bank card)是由商业银行等金融机构及邮政储汇机构向社会发行的具有消费信用、转账结算、存取现金等全部或部分功能的信用支付工具。银行卡包括信用卡和借记卡两种。因为各种银行卡都是塑料制成的,又用于存取款和转账支付,所以又称之为“塑料货币”。

随着经济的发展及居民消费水平的不断提高,银行卡作为方便、快捷的非现金支付工具已日益凸显重要性。银行卡作为现代化的电子支付工具,在金融体系中占据重要位置,其产业发展利国利民,对于促进消费、减少现金流通、降低交易成本、加强反洗钱、扩大税基、提升国际形象、促进衍生产业发展具有积极意义。我国银行卡产业在中国人民银行的组织领导下,取得了一系列突破性的进展。中国已逐渐成为全球最具发展潜力的银行卡产业大国。

20世纪80年代,我国银行卡产业开始起步,当时以四大商业银行为主的各发卡银行以省市分行为单位进行行内系统建设,尝试发卡并布放受理终端,初步形成以各自行业资源为依托的银行卡系统和网络布局。各自独立的“体内循环”发展模式,导致行与行之间卡片和终端标准不统一,受理终端重复布放的“一柜多机”现象严重,本行卡无法在他行机具上使用,同行的卡无法跨地区使用。由于重复资源投资,交易成功率、受理效率、差错处理能力以及业务创新难以满足社会需要,银行卡应用普及缓慢。

为了促进银行卡的联网联合,1993年我国启动了“金卡工程”。到2000年,陆续建立了18个城市银行卡交换中心和一个总中心,部分实现了当地城市的同城跨行通用和部分城市之间的异地跨行通用。

随着联网通用的推进,社会接受银行卡的程度越来越高,产业的发展需要更为强大的同心力和推动力,经国务院同意,在中国人民银行的直接组织领导下,各商业银行联合起来,在合并原有银行卡信息交换中心的基础上,于2002年3月成立了中国的银行卡联合组织——中国银联,开启了我国银行卡产业联合发展的新篇章。

从此我国银行卡产业开始向集约化、规模化发展,进入全面、快速发展的新阶段,实现了超常规、跨越式发展,使中国快速发展成为全球银行卡发卡量多、产业发展速度快、具有发展潜力的国家之一。

与此同时，除国有大型商业银行外，越来越多的全国性股份制商业银行、地方性商业银行加入发卡行列，并在此基础上成立了独立、专业化运作的信用卡中心，形成了更为合理的银行卡运营体制，不仅提高了国内银行卡业务的经营效益，而且有效防范和控制了金融风险，加快了银行卡创新的步伐，提高了产业竞争力。此外，各种发卡和收单专业化服务机构应运而生，使商业银行可以将银行卡非核心业务外包，进一步提高了产业专业化分工水平和整体运作效率，促进了国内银行卡市场日臻完善。

在经济全球化和中国经济快速崛起的发展背景下，2004 年中国银联开始实施国际化发展战略，并于当年实现了银联卡在香港和澳门地区的受理，揭开了我国银行卡产业主动利用境内、境外两种资源，开发境内、境外两个市场的新篇章。国内商业银行也逐步跨出国门，国内银行卡机构的国际化在为国内外持卡人提供更加便利的用卡服务的同时，也有力地推动了国内银行卡产业的国际影响力和竞争力。在境内银行卡产业加速国际化的同时，境内银行卡市场的巨大需求和发展潜力也吸引了众多境外机构的关注和投入，境外商业银行、跨国银行卡公司、第三方支付服务机构也加快布局中国市场。

2005 年之后，银行卡通用好用不仅仅表现在地域延伸方面，表现在与老百姓生活密切相关的行业拓展上，银行卡产业开始加强跨行业合作，银行卡在水、电、气以及航空、加油、医院、学校、海关等与人民群众生活密切相关的领域得到越来越广泛的应用，为群众生活带来了极大的便利。

随着电子商务的快速发展和各类非金融支付机构在支付市场的参与度不断深化，2011 年，中国人民银行分批分次地为非金融支付机构发放了支付业务许可证，电子支付渠道经过产业各方的不断探索创新，已由 ATM、POS 机传统受理渠道，扩展为以 POS 机消费、ATM 取现为基础，以互联网支付、手机支付、固定电话支付、智能电视支付、自助终端支付以及其他各类新兴支付方式为补充的综合性、立体化支付渠道体系，产业规模快速扩大，并逐步形成了以银行卡为载体的电子支付网络和电子支付产业链。

银行卡作为一种先进的支付工具和现代社会最为重要的支付方式，提高了各行业的支付效率，加快了资金周转效率，降低了全社会的交易成本，并推动了社会信用文化建设。银行卡已渗透到社会经济生活的方方面面，在扩大消费、拉动内需、促进国内经济增长和社会进步方面发挥着越来越大的作用。

二、银行卡清算机构

银行卡清算是指银行卡持卡人用卡消费或是缴费等交易后，银行与银行、银行与受理卡片的商家之间的资金结算、转账的过程。清算包括本行对本行，也包括本行对他行，还包括银行对商户、商户对银行等。

银行卡清算机构是指以受理网络为主要资源，拥有自己独立的业务规则、技术标准和品牌的机构。银行卡清算机构组织制定维持银行卡产业有效运转的一系列标准和规范，在整个银行卡市场中居于中枢地位。银行卡清算机构一端连接发卡方，另一端连接收单方和商户，不仅提供交换网络和服务平台，更是行业规范和标准的牵头制定者，在银行卡清算中扮演者仲裁者的角色，确保游戏规则的执行，同时也不断推动银行卡市场的发展。

目前国际银行卡清算机构中，维萨（VISA）国际组织和万事达卡（MasterCard）国际组织是世界上最大的两个开放式的银行卡清算机构。

我国最大也是唯一的银行卡清算组织是中国银联股份有限公司。中国银联（China UnionPay）成立于2002年3月，是经国务院同意，中国人民银行批准设立的中国银行卡联合组织，总部设于上海。作为中国的银行卡联合组织，中国银联处于我国银行卡产业的核心和枢纽地位，对我国银行卡产业发展发挥着基础性作用。各银行通过银联跨行交易清算系统，实现了系统间的互联互通，进而使银行卡得以跨银行、跨地区和跨境使用。在建设和运营银联跨行交易清算系统、实现银行卡联网通用的基础上，中国银联积极联合商业银行等产业各方推广统一的银联卡标准规范，创建银行卡自主品牌；推动银行卡的发展和应用；维护银行卡受理市场秩序，防范银行卡风险。通过银联跨行交易清算系统，实现商业银行系统间的互联互通和资源共享，保证银行卡跨行、跨地区和跨境的使用。

三、中国银联支付清算系统

依托中国银联支付清算系统（China UnionPay System，CUPS），中国银联制定和推广银联跨行交易清算系统境内受理市场发展图网标准，统一银行卡跨行技术标准和业务规范，形成银行卡产业的资源共享和自律机制，从而对银行卡产业的发展起到引导、协调、推动和促进作用。

（一）银联清算方式

银联的支付清算包括跨行清算和收单清算。跨行清算是针对收单机构和发卡机构的清算。收单清算是代替收单机构针对商户和收单专业化服务机构的清算。

（二）银联清算环节

银联的支付清算包括清分和资金划拨两个重要环节。

清分是指对交易日志中记录的成功交易，逐笔计算交易本金及交易费用（手续费、分润等），然后按清算对象汇总轧差形成应收或应付金额。简言之，就是明确当日应该向谁要多少钱,应该给谁多少钱。

资金划拨是指通过特定的渠道和方式,完成应收应付资金的转移。简言之,就是明确通过何种渠道拿回应收款、付出应付款。

其中,清分是在银联清算系统内部完成的,而资金划拨是银联通过央行的大小额支付清算系统或同城票据交换系统完成的。

(三)银联清算系统与央行大小额支付清算系统的关系

无论是跨行清算还是收单清算,银联都是作为一个特许参与者,加入大小额支付清算系统,完成银行卡交换业务的资金划拨。

银联通过大额支付系统(HVPS),实现与境内成员机构清算账户之间的双向资金转移,此部分对应银联清算方式的跨行清算。

银联通过小额支付系统(BEPS)和当地的票据交换系统,实现与境内第三方机构和商户之间的单向资金转移,此部分对应银联清算方式的收单清算。

在大额支付系统(HVPS)中,银联享有比商业银行更大的特权,因为银联可以借记或贷记对方的账户,商业银行只能贷记对方的账户。在大额支付系统(HVPS)中还享有借记特权的是国债登记公司,其借记操作须有国债作抵押。

(四)从资金流及信息流角度看银联清算业务

为更好地理解银联清算系统与央行大小额支付系统的关系,这里从资金流及信息流角度看一下银联清算业务。

银联境内业务的清算账户均开立在中国人民银行,跨境业务的清算账户开立在代理清算银行(中国银行和汇丰银行)。

境内成员机构的清算账户均开立在中国人民银行。银行一般在中国人民银行开立有准备金账户和备付金账户,一般使用其备付金账户用于和银联的清算。

境内商户和第三方机构的结算账户均开立在商业银行。

四、银行卡清算市场的开放

2015 年 4 月 22 日,《国务院关于实施银行卡清算机构准入管理的决定》发布,从 2015 年 6 月 1 日起,符合要求的机构可申请“银行卡清算业务许可证”,在中国境内从事银行卡清算。这意味着中国银联在中国清算市场“一家独大”12 年的局面被打破,中国银联将告别垄断时代。

中国人民银行、中国银行业监督管理委员会于 2016 年 6 月 7 日正式发布《银行卡清算机构管理办法》(以下简称《办法》),进一步明确了银行卡清算机构设立等细节。该《办法》自发布之日起实施。这意味着万事达、VISA、支付宝、中国工商银行等此前表露了意愿的各大机构均可以正式申请清算牌照了,由此打破由中国银联一统天下的银行卡清算市场格局。

截至2019年底，我国累计发行银行卡85.3亿张，2019年新增发卡7亿张，比上年增长8.9%。

境外银行卡清算机构如要进一步提供人民币银行卡清算服务，则应依法申请设立境内银行卡清算机构。在机构准入涉及的设立条件、办理程序、业务管理等方面，《办法》对境内和境外投资者申请设立银行卡清算机构均同等对待，作出统一要求。

对于设立条件，《办法》要求，银行卡清算机构的注册资本不低于10亿元人民币，出资人应当以自有资金出资，不得以委托资金、债务资金等非自有资金出资。

在办理程序方面，《办法》规定，银行卡清算机构的准入分为筹备和开业两个阶段。申请人在各个阶段向中国人民银行分别提出筹备或开业申请，中国人民银行根据有利于银行卡清算市场公平竞争和健康发展的审慎性原则以及中国银行业监督管理委员会的意见，自受理之日起90日内作出批准或不批准的决定。

筹备申请获得批准的应当自批准之日起1年内完成筹备工作，筹备期间不得从事银行卡清算业务。申请人应在筹备期届满前提出开业申请。开业申请获得批准的申请人将同时获发开业核准文件和银行卡清算业务许可证，并应当在6个月内开业。

而此前已依法在境内从事银行卡清算业务的境内机构如中国银联，应凭原批准从事银行卡清算业务的文件，申请《银行卡清算业务许可证》。

此外，《办法》对银行卡清算机构的高管资格也提出了要求：50%以上的董事（含董事长、副董事长）和全部高级管理人员应当具备相应的任职专业知识，5年以上银行、支付或者清算的从业经验和良好的品行、声誉，以及担任职务所需的独立性。

对于境外投资者的准入，《办法》指出，境外银行卡清算机构如仅为境内持卡人提供跨境交易的外币银行卡清算服务，则无须申请银行卡清算机构准入，只需向监管部门报告业务开展情况。如要进一步提供人民币银行卡清算服务，则应依法申请设立境内银行卡清算机构。外国投资者亦可通过并购境内银行卡清算机构参与我国银行卡清算市场。

央行坚持公开、公平、公正原则，依法受理市场机构的申请并稳妥开展市场准入审核，确保进入银行卡清算服务市场的机构符合规定，推动银行卡清算机构不断改进服务效率、创新产品模式；同时，还将加强银行卡清算市场的监管，对无证从事相关业务的机构依法予以取缔和打击，适时出台配套业务管理制度，防范银行卡清算业务的系统性风险，维护市场公平竞争秩序，确保银行卡清算市场健康、可持续发展。

银行卡清算服务市场化机制的逐步建立，将实现参与主体多元化，为广大消费者和持卡人带来更加个性化的银行卡支付产品，营造更加安全便捷的支付环境，提升消费便利和生活品质，并带动银行卡产业结构持续优化。

第六节　其他重要的支付清算系统

一、中央债券综合业务系统

中央债券综合业务系统是由中央国债登记结算有限责任公司(以下简称中央结算公司)开发、管理并运作的计算机应用系统。该系统包括中央债券簿记系统、中国人民银行债券发行系统、中国人民银行公开市场业务系统以及统计分析系统等,是一个高安全性的广域网应用系统。中央结算公司是政府债券、各种金融债券和其他债券的全国性托管结算中心,是债券业务的金融中介服务机构,它为银行间债券市场的托管结算、国债及全国性债券的发行和中央银行公开市场业务操作提供服务。

中央债券簿记系统是支持银行间债券同业市场的大容量债券托管和结算服务的系统,全国已有600多家金融机构在其中开立了债券托管结算账户,由该系统托管的国债、金融债、企业债的总额占全国金融总资产的近1/10。系统根据结算成员的指令经审核或匹配后办理债券的有关托管、结算业务,即时反馈处理信息,出具账表凭据。系统还将与国家支付系统相联结,以实现实时券款对付结算,并为支付系统提供质押融资服务。

中国人民银行债券发行系统是为财政部、中国人民银行、政策性银行、商业银行等发行主体提供债券市场化发行的应用系统,该系统可以提供多种方式的招投标和确定中标服务,并可实现债券发行信息发布,招标、投标、中标处理,分销过户,债权登记等安全、高效的一条龙服务。

中国人民银行公开市场业务系统是支持中国人民银行以债券为工具实施货币政策的公开市场业务应用系统。通过该系统向一级交易商招标进行债券回购和现券买卖,是中央银行基础货币吞吐的主要渠道。

与中央债券综合业务系统相配合,中央结算公司还在互联网上建立了"中国债券信息网",通过该网及时宣传主管部门有关债券市场管理的办法、规定、通知,传达债券发行主体的发行信息及发行结果,公布债券交易结算总体情况,提供市场、债券、结算的有关资料和统计信息,发布中央结算公司的有关业务规则及客户操作指南,发表有关债券市场的理论研究及热点言论等。

中央结算公司建设运营的中央债券综合业务系统主要处理多种类型的债券交易,包括现金交易、债券远期、质押式回购、买断式回购、债券借贷、支付系统大额质押融资和小额质押融资、国库现金管理以及公开市场操作等。主要业务介绍如下:

（一）债券登记

债券登记是指债券登记托管结算机构以簿记方式依法确认债券持有人持有债券事实的行为。债券发行结束后，债券发行人应当向债券登记托管结算机构提供相关机构和组织出具的债券发行审批、核准、注册等文件复印件、有关发行文件及相关资料。债券登记托管结算机构应当根据债券发行募集资金收讫确认及时办理债券登记。涉及二级托管账户的，柜台交易承办银行和其他交易场所证券登记托管结算机构等为二级托管账户持有人办理债券登记。债券存续期内，因债券发行人预先约定或债券持有人合法要求而派生的债券，债券登记托管结算机构应当根据发行文件和债券持有人的委托，办理派生债券的登记。

债券因交易结算、非交易过户、选择权行使等原因引起债券账户余额变化的，债券登记托管结算机构应当办理变更登记。涉及二级托管账户的，柜台交易承办银行和其他交易场所证券登记托管结算机构等应当为二级托管账户持有人办理变更登记。

因分立、合并或解散等原因导致债券发行人变更的，债券承继人应当及时向债券登记托管结算机构提交相关证明材料，债券登记托管结算机构应当依法及时办理变更登记。

债券登记托管结算机构可依法为债券持有人提供债券质押登记服务，对相应债券进行冻结，或依照法律法规对债券进行冻结。债券被冻结时，债券登记托管结算机构应当在相应债券账户内加以明确标记，以表明债券权利受到限制。

因到期兑付、提前兑付、选择权行使等原因导致债权债务终止的，债券登记托管结算机构应当办理债券注销登记；涉及二级托管账户的，柜台交易承办银行和其他交易场所证券登记托管结算机构等应当及时办理托管债券余额注销。

仍处于冻结状态的债券到期兑付时，债券登记托管结算机构应当提存其本息，待相关当事人出具有效法律文件后，按有关规定办理。

（二）债券托管

债券托管是指债券登记托管结算机构对债券持有人持有的债券进行集中保管，并对其持有债券的相关权益进行管理和维护的行为。

债券持有人应当委托债券登记托管结算机构托管其持有的债券。

债券托管关系自债券登记托管结算机构为债券持有人开立债券账户后成立，至债券账户注销终止。

债券登记托管结算机构应当对债券持有人托管的债券采取安全有效的管理措施，保证其托管账务的真实、准确、完整和安全。债券登记托管结算机构对所托管的债券不享有任何性质的所有权，不得挪用所托管的债券。

债券登记托管结算机构出现破产、解散、分立、合并及撤销等情况时，债券持有人在该机构所托管的债券和其他资产不参与资产清算。

跨市场交易的债券持有人可将其持有的跨市场交易流通债券进行转托管。债券登记托管结算机构应当及时为其提供转托管服务。

债券发行人委托债券登记托管结算机构办理债券兑付本息或相关收益资金分配时,债券发行人应当及时、足额向债券登记托管结算机构支付相关款项,债券登记托管结算机构收到相关款项后应当及时办理;债券发行人未履行上述支付义务的,债券登记托管结算机构有权推迟办理,债券发行人应当及时向市场说明有关情况。

(三)债券结算

债券结算是指在确认结算指令的基础上进行的债券过户。

投资者或其代理人应当根据债券交易合同的约定及时发送债券结算指令,其相应的债券账户应当有足够余额用于结算。

债券登记托管结算机构应当明确结算指令的形式和传递方式,并对其采取有效的识别措施。

债券登记托管结算机构应当根据有效的结算指令及时为投资者或其代理人办理债券结算,债券结算一旦完成,不可撤销。

银行间债券市场债券结算机制包括全额和净额两种。净额业务有关规定由中国人民银行另行规定。

债券结算和资金结算可采用券款对付、见券付款、见款付券和纯券过户等结算方式。券款对付是指结算双方同步办理债券过户和资金支付并互为条件的结算方式。见券付款是指收券方以付券方应付债券足额为资金支付条件的结算方式。见款付券是指付券方以收到收券方支付的足额资金为债券过户条件的结算方式。纯券过户是指结算双方的债券过户与资金支付相互独立的结算方式。

债券结算和资金结算的风险由结算双方自行承担。

已进入债券结算过程处于待付状态的资金和债券以及该笔结算涉及的担保物只能用于该笔结算,不能被强制执行。

债券登记托管结算机构可为投资者的债券借贷提供便利,以保证债券结算的顺利进行,有关办法由中国人民银行另行规定。

交易流通受到限制的债券办理转让过户,应当符合相关法律、法规和有关主管部门的规定。

办理扣划、继承、抵债、赠与等非交易过户的,债券登记托管结算机构应当要求当事人提交合法有效的法律文件。

债券结算业务的全过程从交易双方进行结算指令确认开始,到最后完成债券与资金的交收结束,具体流程(如图 4—12 所示)如下:

第一步,债券交易结算日的 9:00—17:00,交易双方登陆中债综合业务平台客户端,进行第三方指令确认。

第二步,交易双方确认后,生成结算合同。

第三步,中债综合业务平台在合同指定的结算日,根据结算合同的条件检查结算双方的券款情况。

第四步,中债综合业务平台在券足和款足的情况下为每笔债券结算全额办理相应的债券交割。

在结算日系统运行时间内,因指定券种数额暂时不足,或款项暂时未足额到账而未能成功办理结算的结算合同,系统将自动将其放入等待队列,在结算日系统营业截止(目前为下午 17:00)前,若券款足额到账,系统将再次启动该笔合同的处理流程。

在结算日系统营业截止(目前为下午 17:00)前,指定券种数额或款项余额仍不足,系统将做结算失败处理。

第五步,对于结算成功的合同,后台人员应及时打印交割单,并做会计入账处理;对于结算失败的合同,交易双方应及时向中央结算公司提交《债券交易结算失败备案表》。

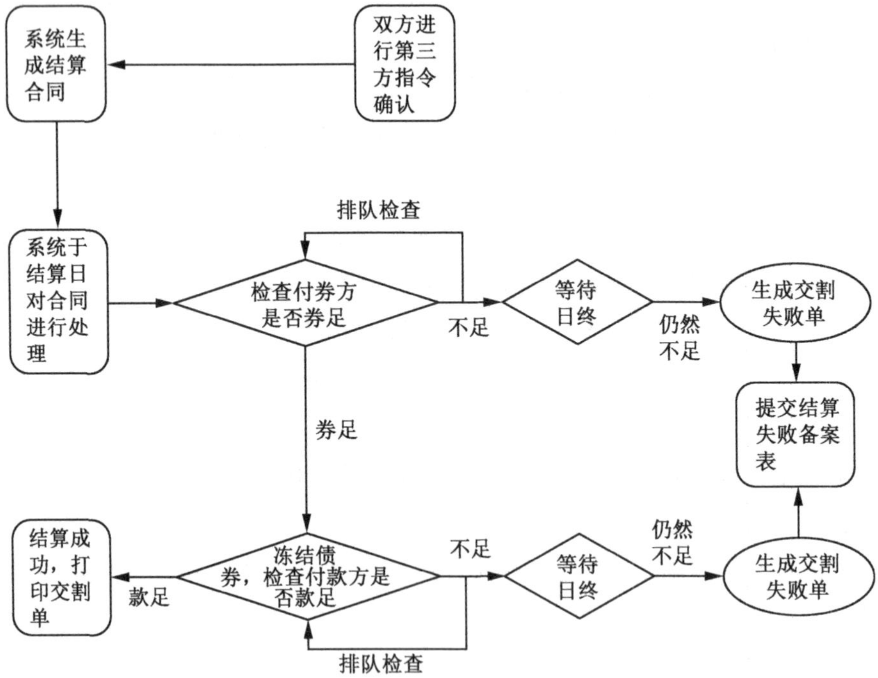

图 4—12　债券结算业务流程

二、证券交易结算系统

早期，沪深两个交易市场的登记结算系统互相分离，业务制度不统一，这不能适应我国证券市场的长远发展。尤其是随着证券市场的对外开放以及证券网上交易时代的来临，统一全国登记结算系统及登记结算制度，已成为我国证券市场发展的客观需要。

2001 年 3 月 30 日，按照《中华人民共和国证券法》关于证券登记结算集中统一运营的要求，经国务院同意，中国证监会批准，中国证券登记结算有限责任公司组建成立。同年 9 月，中国证券登记结算有限责任公司上海、深圳分公司正式成立。从 2001 年 10 月 1 日起，中国证券登记结算有限责任公司承接了原来隶属于上海和深圳证券交易所的全部登记结算业务，标志着全国集中统一的证券登记结算体制的组织架构基本形成。

目前，中国证券市场的登记结算业务由中国证券登记结算有限责任公司集中统一办理。其主要结算范围有：

(1)为上海、深圳证券交易所及全国中小企业股份转让系统公司全部上市或挂牌的证券提供登记、清算和交收服务。

(2)为上海、深圳证券交易所上市的股票期权等金融衍生品提供清算、交收服务。

(3)为沪港通等跨境证券交易提供登记、存管、清算、交收服务。

(4)为内地发行的开放式基金产品、证券公司资产管理产品及陆港基金互认产品提供登记、清算、交收及托管服务。

(5)为中国证券金融公司转融通业务提供登记结算服务。

(6)为中国金融期货交易所上市国债期货提供实物交割服务。

(7)为非上市公众公司提供集中登记存管服务。

(8)为境外上市公司(主要在香港)非境外上市股份提供集中登记存管服务。

(9)为债券在证券交易所市场与银行间市场流动提供转托管(转登记)服务。

中国证券登记结算有限责任公司对登记结算系统参与者提供的主要服务内容如下：

(1)为上市公司等证券发行人提供持有名册、证券权益派发、公司行为网络投票、股权激励和员工持股计划等服务。

(2)通过电子化证券簿记系统为证券持有人设立证券账户，提供登记、存管服务及证券交易后的证券交收服务。

(3)为结算参与人设立担保和非担保资金交收账户，为证券、金融衍生品交易提供清算、交收服务。就场内集中交易的证券品种，公司作为中央对手方(CCP)以结算参与人为单位，提供多边净额担保结算服务。就非场内集中交易的证券品种，提供双边全额、双边净额、实时全额支付(Real Time Gross Settlement，RTGS)及资金代收付服务。

(4)为公募、私募基金发行人提供基金资产的托管服务。

证券登记结算系统是中国证券市场的主要基础设施，是支撑和保障证券市场稳定运行的后台中枢，主要为证券交易市场提供证券账户服务、证券登记服务、中央证券管存和结算服务。

(一)证券账户服务

在现代证券市场交易活动中，投资者买卖证券需要开立证券账户。证券账户相当于投资者的证券存折，用于记录投资者持有证券的余额及变动情况。

证券账户按交易市场分为上海证券账户和深圳证券账户。证券账户按用途分为人民币普通股票账户(简称 A 股账户)、人民币特种股票账户(简称 B 股账户)、证券投资基金账户等。具有中国公民身份或中国法人资格的投资者，以及在境内工作、生活的香港、澳门、台湾地区居民，可以凭有效身份证件开立 A 股账户。

个人和一般机构投资者开立证券账户应到证券公司营业部办理。证券公司等开户代理机构受中国证券登记结算有限责任公司委托接受投资者申请，中国证券登记结算有限责任公司以投资者本人名义为投资者开立证券账户。具体流程如下：投资者须持有效证明文件向证券公司提出开户申请；证券公司在受理投资者开户申请后，认真审核投资者提供的有效身份证明文件及其他开户资料，确保资料的真实、准确、完整；对于审核合格的开户申请，证券公司将有关开户申请信息通过开户系统提交中国证券登记结算有限责任公司，中国证券登记结算有限责任公司作必要审核后，予以配号，并将证券账户号反馈给证券公司，由证券公司打印证券账户卡交给投资者，至此证券账户开户手续完成(如图 4—13 所示)。投资者开立证券账户后，即可委托证券公司参与证券买卖了。

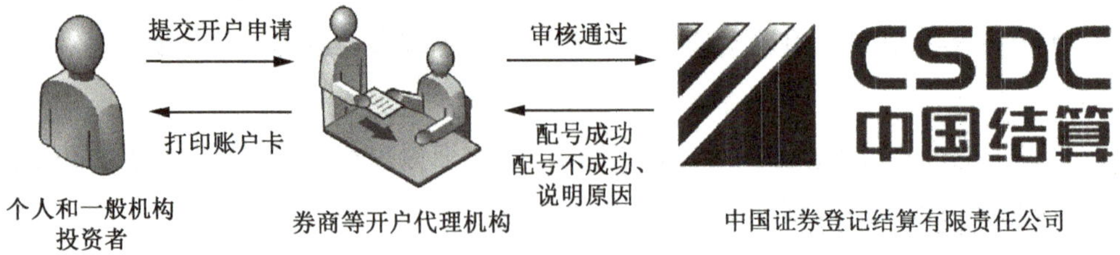

图 4—13　个人和一般机构开户流程

证券公司、保险公司、证券投资基金、社会保障基金等特殊机构投资者则直接到中国证券登记结算有限责任公司上海、深圳分公司申请开立证券账户，其流程如图 4—14 所示。

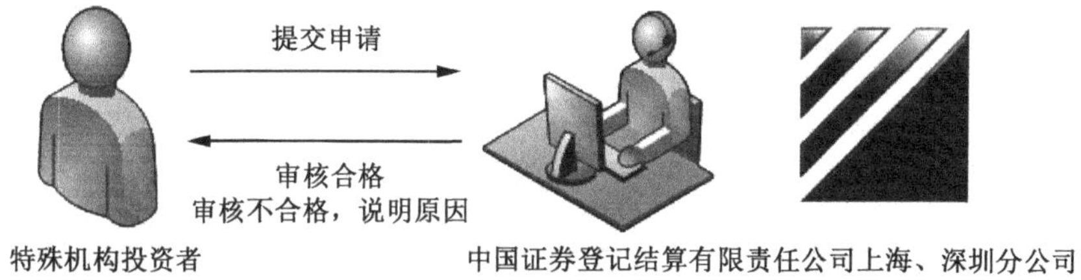

图 4—14　特殊机构投资者开户流程

除了证券账户开立，中国证券登记结算有限责任公司还通过柜台、网站和证券公司营业部等途径提供证券账户资料变更、证券账户资料查询、证券账户卡挂失与补办、证券账户合并以及证券账户注销等服务。

(二)证券登记服务

现代证券市场已经实现无纸化交易，证券交易中不再存在实物证券的交割。那么，如何体现谁是证券的所有人如何反映所有人的变更呢？中国证券登记结算有限责任公司的证券登记服务正是解决这一问题，当投资者达成一笔证券买入交易，中国证券登记结算有限责任公司根据交易结果修改证券持有人名册后，投资者才能成为该证券法律意义上的持有人。

同时，证券登记也是连接证券发行人与证券持有人的重要纽带。证券发行人通过证券登记掌握证券持有人名册，并依据证券持有人名册向证券持有人派发股利、送股、配股等；证券持有人可以以证券登记的结果为凭证向证券发行人主张行使所有人权利。

从本质上看，证券登记业务是受发行人委托并服务于发行人的。证券发行人除了已上市发行人外，还包括拟上市和非上市的发行人。根据证券流通环节的不同，证券登记服务分为初始登记、变更登记、退出登记以及其他登记相关服务(参见图 4—15)。

证券初始登记包括股票首次公开发行登记、权证发行登记、基金募集登记、企业债券和公司债券发行登记、记账式国债发行登记以及股票增发登记、配股登记、基金扩募登记等。

对于在交易所挂牌交易的证券，证券变更登记包括集中交易过户登记、非集中交易过户登记和其他变更登记，其中，最为常见的变更登记方式为集中交易过户登记，也就是中国证券登记结算有限责任公司根据交易所集中交易达成后证券所有人变更情况修改持有人名册。

对于在交易所终止上市的证券，中国证券登记结算有限责任公司将为证券发行人

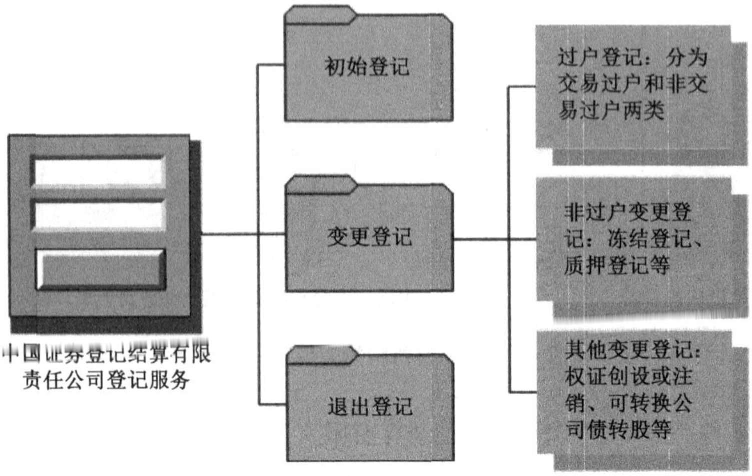

图 4—15 中国证券登记结算有限责任公司登记服务分类

办理交易所市场的退出登记手续。

其他登记相关服务包括证券持有人名册查询、权益派发、网络投票服务等。

（三）中央证券管存

中央证券存管是指中央登记结算机构以电子化账面系统管理所有进入该系统的证券，包括统一管理投资者证券账户，实行证券托管制度及进行与投资者所存入证券相关的权益分派等，消除因各种原因造成的实物证券流动。

中央证券存管的主要功能包括上市证券的股份管理、证券托管与转托管、权益派发、配股认购等。

最早的证券以实物方式存在，证券交易需要将实物证券在交易双方之间进行转移交付和登记。但是，随着证券市场的发展，交易量激增，大量实物证券的转移无法及时处理。为提高交易效率，投资者把实物证券交付给证券公司保管（称为证券托管），证券公司再把客户交付的证券连同自有证券交付给证券登记结算机构集中保管（称为证券存管），证券登记结算机构通过电子簿记形式记录证券的归属及变动，并提供权益维护服务，实现了证券的“非移动化”。证券集中存管后，市场逐步向“证券无纸化”方向发展，即不再发行实物证券，仅由中央证券存管机构（Central Securities Depository，CSD）设立证券账户对证券进行记账，以提高证券结算的效率。

中国证券市场在建立初期的很短时间内，即实现了实物证券向证券无纸化的过渡。中国证券登记结算有限责任公司履行证券存管的职能。证券持有人持有的证券在上市交易时，应当全部存管在中国证券登记结算有限责任公司。

投资者参与中国的证券市场，需要先与证券公司建立托管关系，证券公司代客户保管证券并提供代收红利等权益维护服务。中国证券登记结算有限责任公司向证券公司提供证券存管服务，受托集中保管证券公司交存的客户证券和自有证券，并提供权益维护服务的行为。具体业务包括：开立和管理证券账户，通过簿记系统维护证券公司交存的客户证券和自有证券余额并提供查询和代收红利等服务，记录证券公司和客户的托管关系的产生、变更和终止等。

在上海和深圳市场，证券公司和客户的托管关系存在一定差异：在上海市场，投资者只能选定一家证券公司作为托管机构买卖证券，即采取“指定交易”制度；在深圳市场，投资者可以选择多家证券公司作为托管机构买卖证券，在哪家证券公司买入证券成功后，便与该证券公司自动建立了托管关系。在上海市场，不存在证券转托管问题，托管关系的解除需要撤销指定交易；在深圳市场，已建立托管关系的客户可以通过证券转托管制度，将托管在某一家证券公司的证券转移到另一家证券公司托管，但前提是在原托管证券公司处已履行清算交收责任且不存在违约的情况。

此外，中国证券市场还存在一些跨市场转托管的业务，包括企业债券的上市转托管、国债的跨市场转托管、上市开放式基金的跨系统转托管等。

（四）证券结算服务

证券结算服务是证券交易成交后的一种服务。结算过程实际上就是交易双方确定和交付钱或券的过程。通过证券结算环节，买者得其券，卖者得其钱。结算服务包括清算和交收两个环节。清算是指根据证券成交结果，计算交易双方在结算日应收应付的证券数额和资金数额的过程。交收是指根据清算结果，组织交易双方进行证券交付和资金支付的过程。

A 股结算流程如图 4－16 所示。

在实践中，中国证券登记结算有限责任公司按照分级结算原则进行证券结算（如图 4－17 所示）。所谓分级结算原则，就是指中国证券登记结算有限责任公司不直接参与普通投资者的证券结算服务，而是负责办理与结算参与人（证券公司、托管银行和其他机构）之间的集中清算交收，完成证券和资金的一级清算交收；由结算参与人负责办理与其客户之间的清算交收，进行资金和证券的二级清算交收，并委托中国证券登记结算有限责任公司代为划拨证券。

中国证券登记结算有限责任公司将交收分为非担保交收和担保交收。

非担保交收是指按照全额逐笔方式完成结算参与人之间的证券和资金的交收。任何一方结算参与人发生违约，另一方结算参与人自行承担对手方违约风险，交收过程宣布终止，由双方自行解决，中国证券登记结算有限责任公司不承担违约责任。目前采取非担保交收的证券交易包括一级市场发行交易、买断式回购购回交易和权证行权交易等。

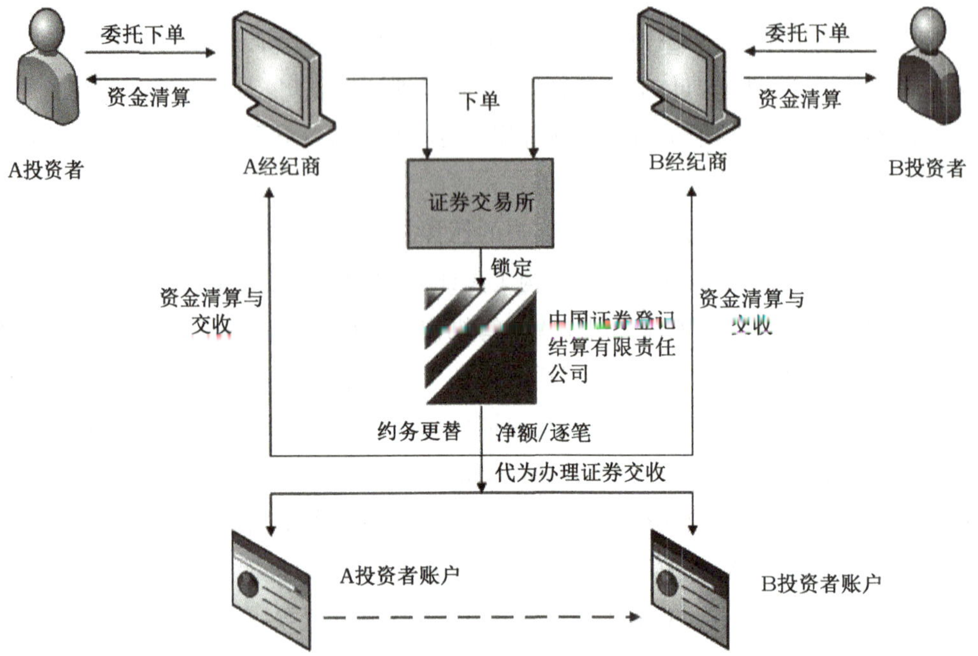

图 4—16 A 股结算流程

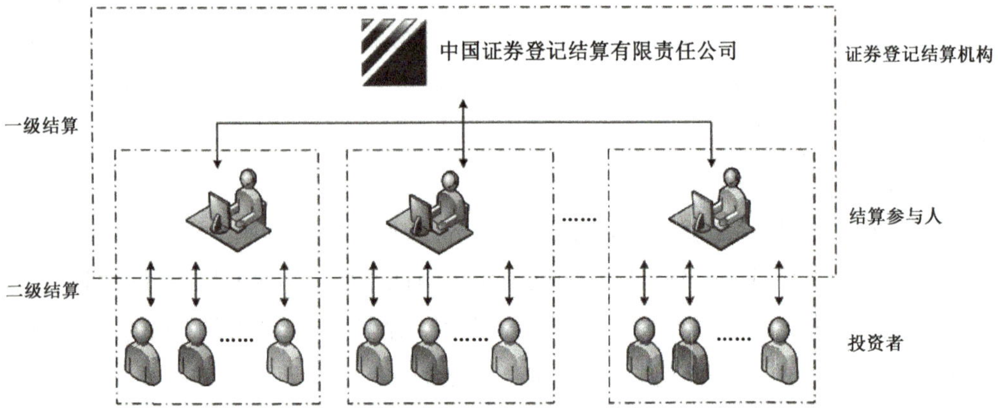

图 4—17 分级结算架构

而担保交收是指中国证券登记结算有限责任公司按照多边净额方式组织完成与每个结算参与人的证券和资金交收。在此过程中,中国证券登记结算有限责任公司不再仅仅作为市场组织者,而是充当共同对手方角色,成为买方的卖方和卖方的买方,承担担保交收责任。任何一方结算参与人违约,中国证券登记结算有限责任公司仍将履行对未违约结算参与人的交收义务。目前采用担保交收的证券交易涵盖了 A 股、B 股、封闭式基金和债券的绝大部分二级市场交易、开放式基金申购赎回交易等。

目前，A股交易的交收周期是T+1，即T日（交易日）达成的A股交易，将在次一交易日完成交收；B股交易的交收周期是T+3。

中国证券登记结算有限责任公司为更好地保障证券结算业务顺利安全进行，除了采取分级结算原则外，还设定了一些相应的结算规则和原则。

（1）净额结算、货银对付原则。在担保交收中，中国证券登记结算有限责任公司采取净额结算的方式，对各结算参与人的应收应付证券、资金进行冲抵轧差，计算出应收应付资金、证券的净额。当结算参与人交付其应付的资金或证券时，中国证券登记结算有限责任公司给付其相应的证券或资金，也就是俗称的"一手交钱，一手交货"。

（2）共同对手方原则。在结算过程中，中国证券登记结算有限责任公司介入证券交易中成为所有买方和卖方的交收对手，并保证交收顺利完成。共同对手方原则有助于简化结算过程，提高效率。同时，中国证券登记结算有限责任公司根据结算业务规则集中管理市场中的对手方信用风险，有利于控制和降低市场整体风险水平。以图4—18为例：市场有10名参与人，他们相互之间有45个对手方关系；如果由中国证券登记结算有限责任公司充当共同对手方，则只需要10个对手方关系，对手方关系减少78%。

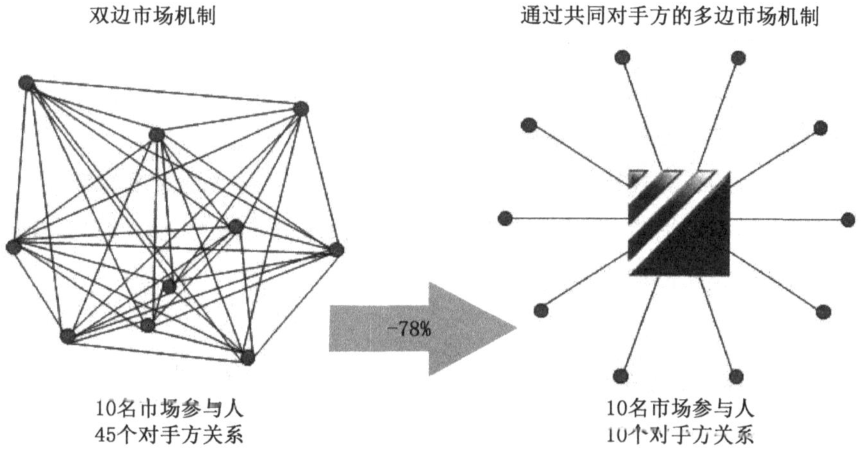

图4—18　共同对手方原则

三、期货结算系统

（一）期货结算的基本概念

1. 期货

期货是金融衍生品的一种。期货作为一种正式的合约，有自己的集中交易场地，一般都是选在正规的、专供期货交割的交易所内进行交易的。

2. 期货结算

期货结算是指交易所结算机构或结算公司对会员和对客户的交易盈亏进行计算，计算的结果作为收取交易保证金或追加保证金的依据。因此，结算是指对期货交易市场的各个环节进行的清算，既包括交易所对会员的结算，同是也包含会员经纪公司对其代理客户进行的交易盈亏的计算，其计算结果将被记入客户的保证金账户中。

3. 期货交易所

期货交易所是负责中国交易所期货交易的统一结算、保证金管理和结算风险控制的机构。期货交易所是买卖期货合约的场所，是期货市场的核心。它是一种非营利机构，但是它的非营利性仅指交易所本身不进行交易活动，不以营利为目的不等于不讲利益核算。在这个意义上，交易所还是一个财务独立的营利组织，它在为交易者提供一个公开、公平、公正的交易场所和有效监督服务基础上实现合理的经济利益，包括会员会费收入、交易手续费收入、信息服务收入及其他收入。

交易所一般不负责实际商品交割的全过程，而只是为需要交割现货的买卖双方制定交割细则，负责相应的账目往来划转。在期货交易中，所有合约都必须通过对冲或进行实物交割来平仓了结。

国外耳熟能详的有芝加哥期货交易所、纽约商品交易所、伦敦金属交易所以及伦敦国际石油交易所等。国内正规、官方的期货交易所共有 4 家，分别为中国金融期货交易所、大连商品交易所、郑州商品交易所和上海期货交易所。

（二）中国期货交易的结算模式

期货交易所的结算实行保证金制度、每日无负债制度和风险准备金制度等。与期货市场的层次结构相适应，期货交易的结算也是分级、分层的。交易所只对会员结算，非会员单位和个人通过期货经纪公司会员结算。

1. 对会员的结算

(1)每一交易日结束后交易所对每一会员的盈亏、交易手续费、交易保证金等款项进行结算。其核算结果是会员核对当日有关交易并对客户结算的依据，会员可通过会员服务系统于每交易日规定时间内获得《会员当日平仓盈亏表》《会员当日成交合约表》《会员当日持仓表》和《会员资金结算表》。

(2)会员每天应及时获取交易所提供的结算结果，做好核对工作，并将之妥善保存。

(3)会员如对结算结果有异议，应在第二天开市前 30 分钟以书面形式通知交易所。如在规定时间内会员没有对结算数据提出异议，则视作会员已认可结算数据的准确性。

(4)交易所在交易结算完成后，将会员资金的划转数据传递给有关结算银行。

2. 对客户的结算

(1)期货经纪公司对客户的结算与交易所的方法一样，即每一交易日交易结束后对每一客户的盈亏、交易手续费、交易保证金等款项进行结算。交易手续费一般不低于期货合约规定的交易手续费标准的3倍，交易保证金一般高于交易所收取的交易保证金比例至少3个百分点。

(2)期货经纪公司在闭市后向客户发出交易结算单。

(3)当每日结算后客户保证金低于期货交易所规定的交易保证金水平时，期货经纪公司按照期货经纪合同约定的方式通知客户追加保证金；客户不能按时追加保证金的，期货经纪公司应当将该客户部分或全部持仓强行平仓，直至保证金余额能够维持其剩余头寸。

(三)期货结算体系和组织形式

1. 结算管理体系

(1)交易所与会员的结算。

(2)会员经纪公司与非会员经纪公司的结算。

(3)经纪公司和其代理的客户的结算。

2. 期货结算期货交易结算流程

与结算体系相配套，期货交易的结算流程则分为交易所结算机构与会员的一级结算，以及会员经纪公司与客户(或非会员经纪公司)的二级结算。

3. 期货结算的组织形式

期货结算的组织形式有两种：一种是独立于期货交易所的结算公司，如伦敦结算所(London Clearing House)同时为伦敦的三家期货交易所进行期货结算；另一种是交易所内设的结算部门，如日本、美国等国期货交易所都设有自己的结算部门。我国采用的是交易所内设结算机构的形式。独立的结算所与交易所内设结算机构的区别主要体现在：结算所在履约担保、控制和承担结算风险方面，独立于交易所之外，交易所内部结算机构则全部集中在交易所。独立的结算所一般由银行等金融机构以及交易所共同参股，相对于由交易所独自承担风险，风险比较分散。

(四)期货结算业务

最核心的内容是逐日盯市制度，即每日无负债制度，具体而言包括以下两个方面：

1. 期货结算计算浮动盈亏

结算机构根据当日交易的结算价，计算出会员未平仓合约的浮动盈亏，确定未平仓合约应付保证金数额。

浮动盈亏的计算方法是：

$$浮动盈亏=(当天结算价-开仓价格)\times持仓量\times合约单位-手续费$$

如果是正值，则表明多头浮动盈利或空头浮动亏损，即多头建仓后价格上涨表明多头浮动盈利，或者空头建仓后价格上涨表明空头浮动亏损。如果是负值，则表明多头浮动亏损或空头浮动盈利，即多头建仓后价格下跌表明多头浮动亏损，或者空头建仓后价格下跌表明空头浮动盈利。对于浮动亏损，如果保证金数额不足以维持未平仓合约，结算机构便会通知会员在第二大开市之前补足差额，即追加保证金，否则将予以强制平仓。如果是浮动盈利，会员不能提出该盈利部分，除非将未平仓合约予以平仓，变浮动盈利为实际盈利。

2. 期货结算计算实际盈亏

平仓实现的盈亏称为实际盈亏。期货交易中绝大部分合约是通过平仓方式了结的。

多头实际盈亏的计算方法是：

盈/亏＝(平仓价－买入价)×持仓量×合约单位－手续费

空头盈亏的计算方法是：

盈/亏＝(卖出价－平仓价)×持仓量×合约单位－手续费

当期货市场产生风险时，某些会员因交易亏损过大，会出现交易保证金不足或透支情况。结算系统处理风险的程序如下：

(1)通知会员追加保证金。

(2)如果保证金追加不到位，首先停止该会员开新仓，并对该会员未平仓合约进行强制平仓。

(3)如果全部平仓后该会员保证金余额不足以弥补亏损，则动用该会员在交易所的结算准备金。

(4)如果仍不足以弥补亏损，则转让该会员的会员资格费和席位费。

(5)如果仍不足以弥补亏损，则动用交易所风险准备金，同时向该会员进行追索。

(五)结算方式

在期货市场中，了结一笔期货交易的方式有三种：对冲平仓、实物交割和现金交割。相应地，也有三种结算方式。

1. 期货结算对冲平仓

对冲平仓是期货交易最主要的了结方式，期货交易上的绝大多数合约都是通过这一方式进行了结的。结算结果为：

盈或亏＝(卖出价－买入价)×合约张数×合约单位－手续费

或　　＝(买入价－卖出价)×合约张数×合约单位－手续费

2. 期货结算实物交割

在期货交易中，虽然利用实物交割方式平仓了结的交易很少，只占合约总数的

1%～3%，然而正是由于期货交易的买卖双方可以进行实物交割，才确保了期货价格真实地反映出所交易商品实际现货价格，为套期保值者参与期货交易提供了可能。因此，实物交割是非常重要的。结算结果为：卖方将货物提单和销售发票通过交易所结算部门或结算公司交给买方，同时收取全部货款。

3. 期货结算现金结算

只有很少量的期货合约到期时采取现金清算而不是实物交割。

（六）结算的基准

交易所对会员存入交易所专用结算账户的保证金实行分账管理，为每一会员设立明细账户，按日序时登记核算每一会员出入金、盈亏、交易保证金、手续费等。

交易所实行保证金制度。保证金分为结算准备金和交易保证金。结算准备金设最低余额，每日交易开始前，会员结算准备金余额不得低于此额度。若结算准备金余额大于零而低于结算准备金最低余额，不得开新仓；若结算准备金余额小于零，则交易所将按有关规定对其强行平仓。交易保证金是指会员在交易所专用结算账户中确保合约履行的资金，是已被合约占用的保证金。当买卖双方成交后，交易所按持仓合约价值的一定比率向双方收取交易保证金。

交易所实行每日无负债结算制度。该制度是指每日交易结束后，交易所按当日结算价结算所有合约的盈亏、交易保证金及手续费、税金等费用，对应收应付的款项实行净额一次划转，相应增加或减少会员的结算准备金。

（七）期货结算的计算

未平仓期货合约均以当日结算价作为计算当日盈亏的依据。

1. 当日盈亏可以分项计算

分项结算公式为：

当日盈亏＝平仓盈亏＋持仓盈亏

其中，

平仓盈亏＝平历史仓盈亏＋平当日仓盈亏

持仓盈亏＝历史持仓盈亏＋当日开仓持仓盈亏

平仓是指期货交易者买入或卖出与其所持期货合约的品种、数量及交割月份相同但交易方向相反的期货合约，了结期货交易的行为。

当日结算价是指某一期货合约当日成交价格按照成交量的加权平均价。当日无成交价格的，以上一交易日的结算价作为当日结算价。每个期货合约均以当日结算价作为计算当日盈亏的依据。

持仓量是指期货交易者所持有的未平仓合约的数量。

2. 保证金余额的计算

当日结算准备金＝上一交易日结算准备金＋入金－出金＋上一交易日交易保证金－当日交易保证金＋当日盈亏－手续费等

3. 资金划转

当日盈亏在每日结算时进行划转，当日盈利划入会员结算准备金，当日亏损从会员结算准备金中扣划。当日结算时的交易保证金超过昨日结算时的交易保证金部分从会员结算准备金中扣划。当日结算时的交易保证金低于昨日结算时的交易保证金部分划入会员结算准备金。

手续费、税金等各项费用从会员的结算准备金中直接扣划。

（八）中国四大期货交易所介绍

1. 第一大期货交易所——中国金融期货交易所

中国金融期货交易所是经国务院同意，中国证监会批准，由上海期货交易所、郑州商品交易所、大连商品交易所、上海证券交易所和深圳证券交易所共同发起设立的交易所，于 2006 年 9 月 8 日在上海成立。中国金融期货交易所的成立，对于深化资本市场改革、完善资本市场体系、发挥资本市场功能，具有重要的战略意义。

2. 第二大期货交易所——大连商品交易所

大连商品交易所成立于 1993 年 2 月 28 日，是经国务院批准的三家期货交易所之一，是实行自律性管理的法人。自成立以来，大连商品交易所已发展成为中国最大的农产品期货交易所。经中国证监会批准，大连商品交易所目前的交易品种有玉米、黄大豆 1 号、黄大豆 2 号、豆粕、豆油、啤酒大麦，正式挂牌交易的品种是玉米、黄大豆 1 号、黄大豆 2 号、豆粕和豆油。

大连商品交易所的国际交流与合作不断拓展，分别与芝加哥期货交易所（CBOT）、东京谷物商品交易所（TGE）、东京工业品交易所（TOCOM）、巴西期货交易所（BM&F）、芝加哥期权交易所（CBOE）、日本中部商品交易所（C-COM）、芝加哥商业交易所（CME）签署合作谅解备忘录和合作意向书，在信息共享、市场开发等方面积极与国际期货机构展开全方位合作。

3. 第三大期货交易所——郑州商品交易所

郑州商品交易所成立于 1990 年 10 月 12 日，是经国务院批准成立的国内首家期货市场试点单位，在现货交易成功运行两年以后，于 1993 年 5 月 28 日正式推出期货交易。1998 年 8 月，郑州商品交易所被国务院确定为全国三家期货交易所之一，隶属于中国证监会垂直管理。郑州商品交易所先后推出小麦、玉米、大豆、绿豆、芝麻、棉纱、花生仁、建材和国债等期货交易品种，经中国证监会批准交易的品种有小麦、棉花、白糖、绿豆等，其中小麦包括优质强筋小麦和硬冬（新国标普通）小麦。目前，郑州小麦和棉花期货已纳入全球报价体系，在发现未来价格、套期保值等方面发挥积极作用。“郑州价格”已成为全球小麦和棉花价格的重要指标。

4. 第四大期货交易所——上海期货交易所

上海期货交易所是依照有关法规设立的，履行有关法规规定的职能，按照其章程实行自律性管理的法人，并受中国证监会集中统一监督管理。交易所上市交易铜、铝、天然橡胶、燃料油 4 个品种的标准合约。

四、第三方支付

（一）第三方支付介绍

第三方支付是指具备一定实力和信誉保障的独立机构，采用与各大银行签约的方式，通过与银行支付结算系统接口对接而促成交易双方进行交易的网络支付模式。

在第三方支付模式中，买方选购商品后，使用第三方平台提供的账户进行货款支付（支付给第三方），并由第三方通知卖家货款到账、要求发货；买方收到货物，检验货物，并且进行确认后，再通知第三方付款；第三方再将款项转至卖家账户。

第三方支付采用支付结算方式。按支付程序分类，结算方式可分为一步支付方式和分步支付方式，前者包括现金结算、票据结算（如支票、本票、银行汇票、承兑汇票）、汇转结算（如电汇、网上支付），后者包括信用证结算、保函结算、第三方支付结算。

（二）第三方支付的产生

在社会经济活动中，结算归属于贸易范畴。贸易的核心是交换。交换是交付标的与支付货币两大对立流程的统一。在自由平等的正常主体之间，交换遵循的原则是等价和同步。同步交换，就是交货与付款互为条件，是等价交换的保证。

在实际操作中，对于现货标的的面对面交易，同步交换容易实现；但许多情况下，由于交易标的的流转验收（如商品货物的流动、服务劳务的转化）需要过程，货物流和资金流异步和分离的矛盾不可避免，同步交换往往难以实现。而异步交换中先收受对价的一方容易违背道德和协议，破坏等价交换原则，故先支付对价的一方往往会受制于人，自陷被动、弱势的境地，承担风险。异步交换必须附加信用保障或法律支持才能顺利完成。

同步交换可以规避不等价交换的风险，因此，为确保等价交换，要遵循同步交换的原则。这就要求支付方式应与交货方式相适配。对当面现货交易，适配即时性一步支付方式；对隔面或期货交易，适配过程化分步支付方式。过程化分步支付方式适应交易标的流转验收的过程性特点，款项从启动支付到所有权转移至对方不是一步完成，而是在中间增加中介托管环节，由原来的直接付转改进到间接汇转，业务由一步完成变为分步操作，从而形成一个可监可控的过程，按步骤、有条件进行支付。这样就可货走货路、款走款路，两相呼应，同步起落，使资金流适配货物流进程达到同步相应的效果，使支付结算方式更科学化，符合市场需求。

传统的支付方式往往是简单的即时性直接付转，一步支付。其中钞票结算和票据结算适配当面现货交易，可实现同步交换；汇转结算中的电汇及网上直转也是一步支付，适配隔面现货交易，但若无信用保障或法律支持，会导致异步交换，容易引发非等价交换风险，现实中买方先付款后不能按时按质按量收获标的，卖方先交货后不能按时如数收到价款，被拖延、折扣或拒付等引发经济纠纷的事件时有发生。

在现实的有形市场，异步交换权且可以附加信用保障或法律支持来进行，而在虚拟的无形市场，交易双方互不认识，不知根底，故此，支付问题曾经成为电子商务发展的瓶颈之一。卖家不愿先发货，怕货发出后不能收回货款；买家不愿先支付，担心支付后拿不到商品或商品质量得不到保证。博弈的结果是双方都不愿意先冒险，网上购物无法进行。

为迎合同步交换的市场需求，第三方支付应运而生。第三方是买卖双方在缺乏信用保障或法律支持的情况下的资金支付"中间平台"，买方将货款付给买卖双方之外的第三方，第三方提供安全交易服务，其运作实质是在收付款人之间设立中间过渡账户，使汇转款项实现可控性停顿，只有双方意见达成一致才能决定资金去向。第三方担当中介保管及监督的职能，并不承担什么风险，所以确切地说，这是一种支付托管行为，通过支付托管实现支付保证。

（三）第三方支付的原理

除了网上银行、电子信用卡等支付方式以外，还有一种方式也可以相对降低网络支付的风险，那就是正在迅猛发展起来的利用第三方机构的支付模式及其支付流程，而这个第三方机构必须具有一定的诚信度。在实际的操作过程中，这个第三方机构可以是发行信用卡的银行本身。在进行网络支付时，信用卡号以及密码的披露只在持卡人和银行之间转移，降低了通过商家转移而导致的风险。

同样当第三方是除了银行以外的具有良好信誉和技术支持能力的某个机构时，支付也通过第三方在持卡人或者客户和银行之间进行。持卡人首先和第三方以替代银行账号的某种电子数据的形式（例如邮件）传递账户信息，避免持卡人将银行信息直接透露给商家，另外也可以不必登录不同的网上银行界面，代之以每次登录都能看到相对熟悉和简单的第三方机构的界面。第三方机构与各个主要银行之间又签订有关协议，使得第三方机构与银行可以进行某种形式的数据交换和相关信息确认。这样第三方机构就能实现在持卡人或消费者与各个银行以及最终的收款人或商家之间建立一个支付的流程。

在第三方支付交易流程中，支付模式使商家看不到客户的信用卡信息，同时又可避免信用卡信息在网络上多次公开传输而导致信用卡信息被窃。

以 B2C 交易为例，如图 4－19 所示，交易流程如下：

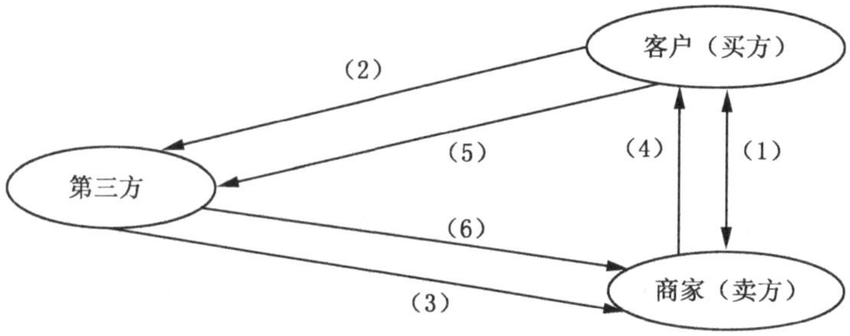

图 4－19　第三方支付交易流程

(1)客户在电子商务网站上选购商品，最后决定购买，买卖双方在网上达成交易意向。

(2)客户选择利用第三方作为交易中介，客户用信用卡将货款划到第三方账户。

(3)第三方支付平台将客户已经付款的消息通知商家，并要求商家在规定时间内发货。

(4)商家收到通知后按照订单发货。

(5)客户收到货物并验证后通知第三方。

(6)第三方将其账户上的货款划入商家账户中，交易完成。

(四)第三方支付的特点

第一，第三方支付平台提供一系列的应用接口程序，将多种银行卡支付方式整合到一个界面上，负责交易结算中与银行的对接，使网上购物更加快捷、便利。消费者和商家不需要在不同的银行开设不同的账户，从而可以帮助消费者降低网上购物的成本，帮助商家降低运营成本；同时，还可以帮助银行节省网关开发费用，并为银行带来一定的潜在利润。

第二，较之 SSL、SET 等支付协议，利用第三方支付平台进行支付操作更加简单而易于接受。SSL 是应用比较广泛的安全协议，在 SSL 中只需要验证商家的身份。SET 协议是发展的基于信用卡支付系统的比较成熟的技术。但在 SET 中，各方的身份都需要通过 CA 进行认证，程序复杂，手续繁多，速度慢，且实现成本高。有了第三方支付平台，商家和客户之间的交涉由第三方来完成，使网上交易变得更加简单。

第三，第三方支付平台本身依附于大型的门户网站，且以与其合作的银行的信用作为依托，因此，第三方支付平台能够较好地突破网上交易中的信用问题，有利于推动电子商务的快速发展。

五、非银行支付机构网络支付清算平台

（一）基本概念

为推动和规范支付机构业务发展，防范业务风险，在中国人民银行指导下，中国支付清算协会组织支付机构，按照“共建、共有、共享”原则共同发起筹建非银行支付机构网络支付清算平台（以下简称“网联”）。

网联旨在为支付机构提供统一、公共的资金清算服务，纠正支付机构违规从事跨行清算业务，改变支付机构与银行多头连接开展业务的情况，支持支付机构一点接入平台办理，以节约连接成本，提高清算效率，保障客户资金安全，也有利于监管部门对社会资金流向的实时监测。

“网联”又被称作“网络版银联”，其作用与银联相似，是一个清算平台。不同的是，网联的主要作用是一端连接第三方支付机构，另一端对接银行，并为所有接入的第三方支付企业提供统一标准服务。

（二）网联的产生

在第三方支付出现前，中国的支付体系是以央行为主导，再加上银行和用户一起构成的三级支付体系，如图4－20所示。不管是行内支付还是跨行支付的交易信息，都是对央行公开和透明的。掌握资金交易信息，是央行进行反洗钱、货币调控和监管的前提。

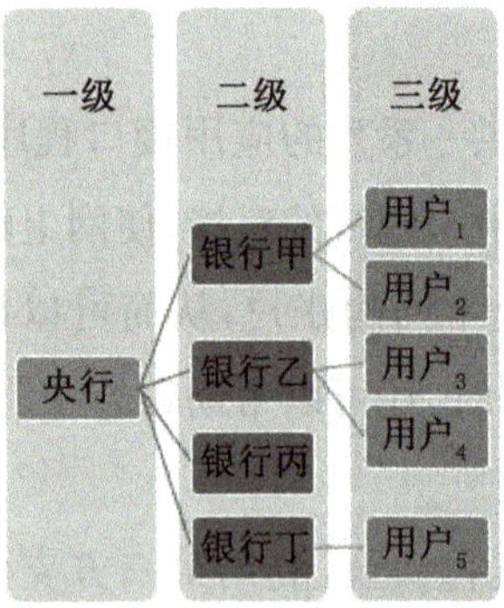

图4－20　第三方支付出现前的三级支付体系

然而，第三方支付的出现，动摇了监管的根基。以支付宝为代表的第三方支付，直接采用行业称之为“反接”的模式，在自己体系内为客户建立虚拟账户，同时直接连到多家银行，并在每家银行内创立支付宝账户，如图4－21所示。

举个例子，在这种模式下，用户1对应的支付宝虚拟账户1向用户2的虚拟账户2支付100元，这100元不是从用户1的账户直接转到用户2的账户，而是先从用户1

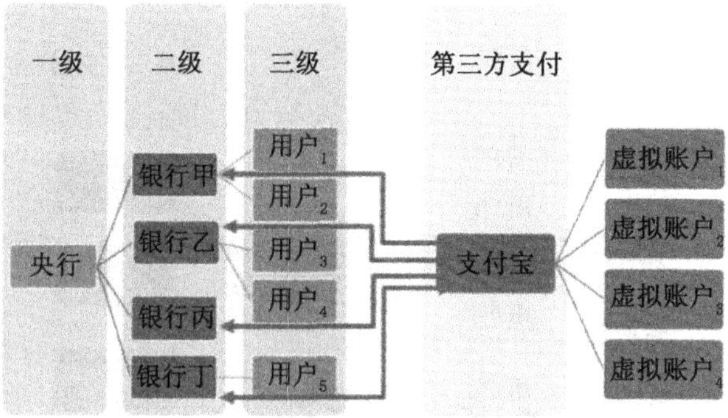

图 4—21　网联出现前的支付体系

转到支付宝在银行甲的账户，然后支付宝在银行甲的账户再转到用户 2 的账户。因为通过支付宝的账户通常夹杂着大量的交易，因而银行甲很难确定用户 1 和用户 2 的这笔交易。

如果跨行交易，那涉及支付宝的交易对相关银行来说都是不公开、不透明的。比如用户 1 对应的支付宝虚拟账户 1 向用户 3 的虚拟账户 3 支付 100 元，用户 1 先转给支付宝在银行甲的账户，然后支付宝在银行乙的账户转给用户 3。

可见支付宝通过自己的虚拟账户与每家银行直连，其实担当了清算体系的功能。而这些交易对银行、央行都是不公开、不透明的。银行损失了宝贵的客户交易数据，无法拥有全面的金融数据进行深入挖掘和分析。央行无法掌握准确的资金流向，给反洗钱、金融监管、货币政策调节带来很大的困难。

第三方支付刚刚出现的时候，规模很小，潜在风险可控。可是随着中国第三方支付每年平均 50%的高速增长，2019 年中国第三方移动支付交易规模达到 226.2 万亿元，且高速增长势头不减，使用场景由原来的手机互联网小额支付扩展到线下和非小额交易。潜在的金融风险已经到了亟待解决的地步。

在央行的指导下，中国支付清算协会组织成立线上支付统一清算平台，用于处理由非银行支付机构发起的、与银行交互的支付业务。如图 4—22 所示，网联只是一个清算平台，并不直接开展支付业务，以保持中立性。

为了保证独立公正，网联平台由网联清算有限公司运作，其注册资金为 20 亿元，股东总数 44 家，其中 38 家为第三方支付机构。在股权结构的设计上，央行系为第一大股东，央行下属 6 家单位（央行清算总中心、上海清算所、黄金交易所等）共出资约 7 亿元，占股比例超过 30%、两大支付巨头支付宝和财付通分别持股约 10%左右；中国清算支付协会持股比例为 3%，代表不符合入股资格的中小支付机构行使投票权。

2017 年 3 月 31 日，网联正式启动运行，首批接入部分银行和支付机构（包括支付

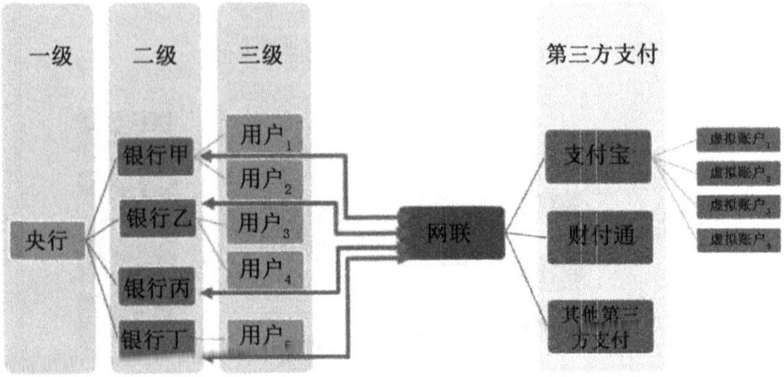

图 4—22 现有的支付体系

宝、财付通和京东金融旗下的网银在线)。

(三)网联的原理

网联采用三地(北京、上海、深圳)六中心的分布式架构,即每个地方有两个中心机房,六个中心之间实现多点多活,冗余容错,智能导流,一旦一个中心故障,可以实现秒级切换到其他中心。

网联的主要职责是成为网上交易的清算平台,把清算功能从各家第三方支付公司剥离,切断第三方支付与银行的直连,充当银行与第三方支付的桥梁,保证用户通过第三方支付的交易信息能够公开和透明。

(四)网联的优点

第一,实现了统一清算和信息共享。如图 4—22 所示,在这种模式下,用户 1 对应的支付宝虚拟账户 1 向用户 3 的虚拟账户 3 支付 100 元,支付宝平台提交的详细交易请求由网联传给银行甲和乙,银行甲和乙也能掌握这笔资金的流向。

第二,促进了支付清算透明化。早前在收单市场,发卡行、收单机构、银联按 7∶2∶1 的比例进行手续费利润分成,而随着第三方支付机构发展壮大,第三方支付机构绕开银联与银行直连,银联应得的 10%手续费由第三方支付和发卡行商议分配。这种直连模式虽然降低了支付成本,但也带来了支付信息分散化和备付金分散存管等问题,使得支付市场违规频出,难以监管。网联成立后,第三方支付由银行直连模式过渡至第三方平台统一转接清算模式,统一了技术标准,提高了清算信息透明度。

第三,有利于打破行业垄断。"直连"时代,大的第三方支付机构因为手握海量用户和备付金,所以在与银行的合作中往往掌握话语权。同时,它们也因为自建支付结算体系本身在系统搭建、对接技术、用户体验上的高门槛而占据行业优势。网联推出后,大公司的优势被拉平,小公司参与的门槛降低很多。

第四,为央行管理第三方支付行业的乱象提供了可能。在原有模式下,第三方支付实际上承担着清算中心的职责,既当裁判员又当球员,而且数据不透明、不公开,造成很多第三方支付企业违规挪用客户备付金(指支付机构预收其客户的代付货币资金),靠客户备付金的利息或者投资回报赚取大量利润。备付金的回报成为很多第三方支付企业的重要收入。央行一直想整顿这种乱象,却苦于无法有效掌握第三方支付交易的数据。网联平台的建立,让央行能高效检测支付机构的业务,及时遏制违规行为,促使行业规范有序。央行于 2017 年 1 月 13 日下发《关于实施支付机构客户备付金集中存管有关事项的通知》,明确对支付机构客户备付金实施集中存管,支付机构不得挪用、占用客户备付金,银行不需支付备付金利息。而该规定正式生效日为 2017 年 4 月 17 日,因为网联平台上线后,统一监管备付金才有技术上的可行性。

本章小结

1. 支付清算系统是一个国家或者地区对交易者之间的债权债务关系进行清偿的系统。中国支付清算系统主要是以中国现代化支付系统为核心,银行业金融机构行内系统、票据支付系统、银行卡支付系统以及外币支付系统作为重要组成部分,多种支付工具并行的支付方式。

2. 中国现代化支付系统主要提供商业银行之间的跨行支付清算服务,为商业银行之间和商业银行与中国人民银行之间的支付业务提供最终资金清算的系统。该系统是各个商业银行电子汇兑系统资金清算的枢纽系统,也是金融市场的核心支持系统。为了提高中央银行履职能力,满足社会经济的支付需求,促进经济大发展,中国人民银行筹建了第二代支付系统,该系统能为银行业金融机构提供更加灵活的接入方式,清算模式以及更加全面的流动性风险管理手段,实现网银互联,支撑新兴电子支付的业务处理和人民币跨境支付结算,并且该系统还具有健全的备份功能和强大的信息管理以及数据存储功能。

3. 中国现代化支付系统主要是由两个(北京、无锡)互为备份的国家处理中心和北京、武汉等 32 个城市处理中心构成,为参与者和特许参与者提供大额实时支付系统、小额批量支付系统、网上支付跨行网银清算系统、境内外币支付系统、清算账户处理系统以及支付管理信息系统等服务。第二代支付系统建设以"报文传输与业务处理分离"的思路,通过构建一个高效的支付报文传输平台,实现参与者与支付系统之间安全可靠的支付业务报文传递。该系统分为大额定时支付系统以及小额批量支付系统,分别用于满足银行等金融机构的大额结算业务以及针对一般消费者的普通小额商贸往来。

4. 银行行内系统主要是以客户为中心进行账务处理,满足综合柜员制,并提供 24 小时服务的核心银行业务系统。该系统的核心业务根据服务对象的不同,分为服务银行客户和服务银行自身。该系统还包括国际业务系统、对私(个人)信贷业务系统、中间业务系统、网银系统等各系统,这些系统依据不同的业务进行分类,尽可能地满足现代社会的需求。

5. 全国支票影像交换系统实现了支票在全国范围的互通使用,企事业单位和个人持任何一家银行的支票均可在境内所有地区办理支付。全国支票影像交换系统是中国人民银行继大、小额支付系统之后建设的又一重要金融基础设施。该系统运用影像技术将实物支票转换为支票影像信息，通过计算机及网络将影像信息传递至出票人开户银行提示付款的业务处理系统。

6. 电子商业汇票系统由中国人民银行批准建立的，依托网络和计算机技术，接收、登记、转发电子商业汇票数据电文，提供与电子商业汇票货币给付、资金清算行为相关的服务，并提供纸质商业汇票登记查询和商业汇票公开报价服务的综合性业务处理平台。该系统由一个核心功能模块（电子商业汇票业务处理功能模块）和两个辅助功能模块（纸质商业汇票登记查询功能模块和商业汇票转贴现公开报价模块）组成。该系统的主要业务流程包括银行承兑汇票出票业务、商业承兑汇票出票业务、背书转让业务、贴现业务（含银行承兑、商业承兑）。

7. 银行卡支付清算系统主要是指银行卡持卡人用卡消费或是缴费等交易后，银行与银行、银行与受理卡片的商家之间的资金结算、转账的过程所构架的支付清算系统。该清算系统所涵盖的范围主要是本行对本行，也包括本行对他行，还包括银行对商户、商户对银行等。中国目前唯一的银行卡清算组织是中国银联股份有限公司。银联的支付清算包括清分和资金划拨两个环节。清分是指对交易日志中记录的成功交易，逐笔计算交易本金及交易费用（手续费、分润等），然后按清算对象汇总轧差形成应收或应付金额。资金划拨是指通过特定的渠道和方式，完成应收应付资金的转移。

8. 中央债券综合业务系统是由中央国债登记结算有限责任公司（以下简称中央结算公司）开发、管理并运作的计算机应用系统。该系统包括中央债券簿记系统、中国人民银行债券发行系统、中国人民银行公开市场业务系统以及统计分析系统等，是一个高安全性的广域网应用系统。中央结算公司是政府债券、各种金融债券和其他债券的全国性托管结算中心，是债券业务的金融中介服务机构，它为银行间债券市场的托管结算、国债及全国性债券的发行和中央银行公开市场业务操作提供服务。中央结算公司的主要业务包括债券登记、债券托管、债券结算等。其中债券登记是指债券登记托管结算机构以簿记方式依法确认债券持有人持有债券事实的行为。债券发行结束后，债券发行人应当向债券登记托管结算机构提供相关机构和组织出具的债券发行审批、核准、注册等文件复印件、有关发行文件及相关资料。债券托管是指债券登记托管结算机构对债券持有人持有的债券进行集中保管，并对其持有债券的相关权益进行管理和维护的行为。债券结算是指在确认结算指令的基础上进行的债券过户。

9. 证券交易结算系统自 2001 年 10 月 1 日起，中国证券登记结算有限责任公司承接了原来隶属于上海和深圳证券交易所的登记结算业务，进行集中统一办理而形成的。证券登记结算系统是中国证券市场的主要基础设施，是支撑和保障证券市场稳定运行的后台中枢，主要为证券交易市场提供证券账户服务、证券登记服务、中央证券管存和结算服务。证券账户按交易市场分为上海证券账户和深圳证券账户。证券账户按用途分为人民币普通股票账户（简称 A 股账户）、人民币特种股票账户（简称 B 股账户）、证券投资基金账户等。具有中国公民身份或中国法人资格的投资者，以及在境内工作生活的香港、澳门特别行政区和台湾地区居民，可以凭有效身份证件开立 A 股账户。中国证券登记结算有限责任公司的证券登记服务是指当投资者达成一笔证券买入交易，中国证券登记结算有限责任公司根据交易结果修改证券持有人名册后，投资者才能成为该证券法律意义上的持有人。证券登记也是连接证券发行人与证券持有人的重要纽带。证券结算服务是证券交易成交后的一种服务。结算过程实际上就是交易双方确定和交付钱或券的过程。

10. 期货是金融衍生品的一种。期货作为一种正式的合约，有自己的集中交易场地，一般都是选在正规的、专供期货交割的交易所内进行交易的。期货结算是指交易所结算机构或结算公司对会员和对客户的交易盈亏进行计算，计算的结果作为收取交易保证金或追加保证金的依据。期货交易所是负责中国交易所期货交易的统一结算、保证金管理和结算风险控制的机构。期货交易所是买卖期货合约的场所，是期货市场的核心。最核心的内容是逐日盯市制度，即每日无负债制度。期货结算计算浮动盈亏，就是结算机构根据当日交易的结算价，计算出会员未平仓合约的浮动盈亏，确定未平仓合约应付保证金数额。期货结算计算实际盈亏。平仓实现的盈亏称为实际盈亏。期货交易中绝大部分的合约是通过平仓方式了结的。在期货市场中，期货交易分为以下三种：对冲平仓、实物交割以及现金交割。

11. 网联被称作“网络版银联”，其作用与银联相似，是一个清算平台。不同的是，网联的主要作用是一端连接第三方支付机构，另一端对接银行，并为所有接入的第三方支付企业提供统一标准服务。网联采用三地（北京、上海、深圳）六中心的分布式架构，即每个地方有两个中心机房，六个中心之间实现“多点多活，冗余容错，智能导流”一旦一个中心故障，可以秒级切换到其他中心。

思考题

1. 中国现代化支付系统的作用有哪些？
2. 简述网上支付跨行清算系统（IBPS）的总体架构。
3. 第三方支付有哪些特点？
4. 网联有哪些优点？

第五章 支付清算费用

第一节 计价标准

中央银行支付清算服务收费,是指中央银行通过自己负责运营的支付系统为银行业金融机构提供清算服务所收取的费用。支付清算服务收费方式及收费高低直接影响到银行选择支付系统开办业务的积极性,并对系统的安全与效率产生整体影响。

一、中国人民银行支付清算服务收费定价分析

中国人民银行作为中国现代化支付系统(CNAPS)的建设者和运行者,负责制定中央银行支付清算服务收费标准。中国人民银行支付清算服务收费定价基于以下原则:第一,不以盈利为目的,收费仅满足系统正常运行和维护的需要;第二,起到银行结算收费的基础价格作用,通过价格传导机制调节支付清算市场收费,抑制垄断和不平等竞争;第三,以低廉的价格和优质的服务,吸引银行业金融机构通过现代化支付系统办理业务;第四,调节系统运行,均衡业务峰值,促进支付系统高效稳定运行。

(一)大额支付系统(HVPS)收费标准变化分析

自 2002 年 10 月 8 日大额支付系统(HVPS)首先在北京、武汉成功投产试运行以来,系统的收费标准发生了比较大的变化。2005 年 6 月,大额支付系统(HVPS)在全国成功推广。大额支付系统(HVPS)连接着境内办理人民币结算业务的中外资银行业金融机构,香港、澳门特别行政区人民币清算行等,拥有 1 600 多个直接参与机构,7 万多个间接参与机构,日均处理业务 80 多万笔,资金超过 2.5 万亿元。每笔业务实时到账,其功能和效率达到国际先进水平。具体如表 5.1 所示。

表 5.1　　大额支付系统收费标准变化　　单位:元/笔

时间	2002 年 10 月 8 日—2004 年 1 月 31 日	2004 年 2 月 1 日至今
收费标准	按金额段	固定汇划费用
	汇划金额在 1 万元以下(含 1 万元)每笔收取 5 元,1 万元以上至 10 万元每笔收取 10 元,10 万元以上至 50 万元每笔收取 15 元,50 万元以上至 100 万元每笔收取 20 元,100 万元以上每笔按汇划金额的 0.2‰收取,最高不超过 200 元。	通过大额支付系统处理的汇兑支付、委托收款(划回)支付、托收承付(划回)支付、银行间同业拆借支付等支付业务,无论其资金属性,每笔收取汇划费用 5.5 元。

从表 5.1 可以看出,大额支付系统(HVPS)收费有两个明显的变化:第一,收费模式从按金额段收费,变为每笔收取固定汇划费用;第二,按固定汇划费用收费后,收费比以前的最高汇划费用(200 元/笔)大幅调低 97.25%,收费标准整体大幅下降。

从我们调查的国家(地区)的支付清算服务收费情况来看,尚没有一家中央银行采取按金额段收费。因此,将收费标准从按金额段收费变为按固定汇划费用收取更加符合国际惯例,是中国支付清算服务收费体系的一大进步。大额支付系统(HVPS)收费标准的变化大大降低了银行业金融机构的业务处理成本,极大地促进了支付系统业务发展。

(二)小额支付系统(BEPS)收费变化分析

自 2005 年 11 月小额支付系统(BEPS)首先在天津、福建成功试运行以来,系统的收费标准同样发生了比较大的变化。小额支付系统(BEPS)于 2005 年 11 月 28 日投产试运行,2006 年 6 月 26 日推广至全国。该系统主要处理同城和异地纸凭证截留的借记支付业务以及每笔金额在规定金额起点以下的小额贷记支付业务。支付指令批量发送,轧差净额清算资金,主要为社会提供低成本、大业务量的支付清算服务,具体如表 5.2 所示。

表 5.2　　小额支付系统(BEPS)收费基准变化　　单位:元/笔

业务种类	收费基准			
	异地业务		同城业务	
	2005 年 11 月至 2006 年 12 月 31 日	2007 年 1 月 1 日至今	2005 年 11 月至 2006 年 12 月 31 日	2007 年 1 月 1 日至今
普通贷记	0.75	0.3	0.5	0.1
实时借记 实时贷记	0.75	0.75	0.5	0.25

续表

业务种类	收费基准			
	异地业务		同城业务	
	2005 年 11 月至 2006 年 12 月 31 日	2007 年 1 月 1 日至今	2005 年 11 月至 2006 年 12 月 31 日	2007 年 1 月 1 日至今
普通借记	0.14	0.12	0.1	0.04
定期借记				
定期贷记				
支付业务包	5	0.5	5	0.5
普通借记收费返还	0	50%	0	50%
定期借记收费返还	0	30%	0	30%

注：①2005 年 11 月至 2006 年 12 月 31 日收费标准按以下业务处理时间段设置：每日 8:30—15:00 的收费比率为 100%，15:00—17:30 的收费比率为 120%，17:30—次日 8:30 的收费比率为 80%。

②自 2007 年 1 月 1 日开始，收费标准按以下业务处理时间段设置，每日 8:30—17:30 的收费比率为 100%，17:30—次日 8:30 的收费比率为 80%。

从表 5.2 可以看出，小额支付系统(BEPS)收费标准出现四个明显的变化：第一，支付清算服务收费更加低廉、更加合理，收费基准大幅下降。例如，异地普通贷记业务下降 60%，支付业务包下降 90%。第二，吸引银行业金融机构通过小额支付系统办理同城业务，同城业务比异地业务收费标准下降幅度更大。例如，同城普通贷记业务下降 80%，而异地普通贷记业务下降 60%；同城普通借记业务下降 60%，而异地普通借记业务下降 14%。第三，业务处理时间段划分更简捷，取消高峰时段的加收费比率(基准收费的 120%)，仅保留标准收费比率(基准收费的 100%)和优惠收费比率(基准收费的 80%)。第四，兼顾借记业务扣款行利益，设定借记业务收费返还比率。例如，普通借记业务收费返还比率从 0 变为现在的 50%，返还给借记业务回执发起行。

收费基准的大幅降低，充分体现了中央银行支付清算服务不以盈利为目的的收费原则，极大地提高了银行业金融机构通过小额支付系统办理同城、异地业务的积极性，有效改善了社会公共支付环境。

二、我国商业银行服务收费的基本情况

调查显示，各基层商业银行支付结算服务收费项目和种类繁多，而收费依据主要为《国家计委、中国人民银行关于进一步规范银行结算业务收费的通知》(计价费

〔1996〕184号)、《支付结算办法》(银发〔1997〕393号)、《国家计委、中国人民银行关于制定电子汇划收费标准的通知》(计价格〔2001〕791号)、中国银行业监督管理委员会、国家发展和改革委员会令(2003第3号)《商业银行服务价格管理暂行办法》及中国人民银行相关文件规定。基层人民银行和商业银行普遍反映支付结算服务收费监管职责不明确、收费政策规定滞后,给实际的支付结算业务工作开展带来了很多困难,亟待解决。

国内最早开始对服务征收一定费用的银行是外资银行。早在2002年3月,花旗银行上海分行即在上海居民办理外汇业务时提出,对余额在5000美元以下的账户每月收取6美元或50元人民币管理费,从而引发了储户与银行之间关于银行收费的诉讼。此后,2005年7月,中国建设银行深圳市分行开始对日均存款500元以下的人民币个人活期存款账户收取10元/年的管理费,宣告中资银行服务收费时代的来临。监管当局也在规范银行服务收费问题上进行了初步尝试。

(一)《商业银行服务价格管理暂行办法》执行情况

自2003年《商业银行服务价格管理暂行办法》(银监会"3号令")颁布以来,各行普遍采取了一系列措施,确保了依法合规收费。银监会"3号令"对中间业务等服务业务收费进行了系统、具体、明确的规范,顺应了商业银行费率市场化潮流,明确划分了政府和商业银行服务收费定价权限,赋予商业银行部分中间业务定价权,极大地推进了商业银行费率市场化进程。

"3号令"尽管是针对商业银行服务业务的,但它的影响远远超出了服务业务本身,已经对商业银行整体业务发展产生较大的影响,极大地改善了服务收费的政策环境,对于商业银行增加中间业务收入、促进业务结构和盈利模式的转变、促进业务创新和成本管理发挥了十分重要的作用。

从目前执行情况看,银监会"3号令"执行情况良好,而且各行在制定收费标准和收费过程中,充分考虑到了社会公众的承受能力和银行所承担的社会责任,较好地处理了增加收入和履行社会责任的关系。如2006年劳动与社会保障部联合四大银行专门发文,对低保户实行中间业务收费减免。各行在收取小额账户管理费时,充分考虑到了社会公众特别是低收入者群体的基本金融服务需求,基本做到了保证每个家庭在银行至少有一个免费的活期存款账户。另外,各行还发放民工卡,对农民工汇款等实行收费优惠;对在校大学生申请借记卡免年费;积极支持社会公益事业,公众通过银行向灾区、向在校贫困大学生捐款等均实行免费。

(二)中间业务收入总量增长较快

从2000年到2006年,中国工商银行境内机构中间业务收入由22.9亿元增长到185亿元,增长了7倍,中间业务收入占经营净收入的比重稳步提高。中国农业银行

2006年实现中间业务收入139.06亿元，增幅45.2%。中国银行2006年非利息收入同比增长12.07%，总额达到270.07亿元，约占营业收入的18.20%，剔除外汇净敞口估值损失因素影响，非利息收入占营业收入比重高达23.28%。中国建设银行2006年实现净手续费及佣金收入135.71亿元，增幅高达60.51%。从各行情况来看，经营结构和盈利模式转变初见成效，资产、负债和中间业务相互促进、良性互动、协调发展经营格局初步形成。

2020年上半年，四大银行中间业务收入规模仍居前四。Wind数据显示，2020年上半年36家A股上市银行中，中国工商银行中间业务收入规模最高，达到889亿元；其次为中国建设银行，达800亿元；中国农业银行和中国银行中间业务收入规模在500亿元左右。

国有大银行依托其强大的渠道优势在中间业务收入规模上占据着重大优势，但以股份制银行为首的一批银行大力开拓布局，中间业务取得了较好的业绩成果。数据显示，中间业务收入规模位列第五的为招商银行，2020年上半年其中间业务收入为422亿元，距离中国银行仅差80亿元。其次为兴业银行、民生银行、中信银行、浦发银行。前述五大股份制银行的中间业务收入规模均已经超过交通银行。

在城市商业银行方面，宁波银行中间业务收入规模最高，为52亿元，其他城市商业银行中间业务收入规模在2亿～52亿元。农村商业银行中，除重庆农村商业银行中间业务收入规模超过10亿元外，其他几家在1亿元左右。与国有大银行、股份制银行相比，农村商业银行中间业务收入规模体量小到几乎可以忽略不计的程度。一方面，其中间业务种类较少；另一方面，其经营中间业务的能力不足。

值得注意的是，招商银行、平安银行和宁波银行比同规模的银行实现了更多的中间业务收入。它们在中间业务方面探索较多，甚至在行业内形成颇具特色的标签，被称为“轻型银行”。例如，招商银行的中间业务收入规模明显大于交通银行；平安银行的中间业务收入规模明显大于光大银行；宁波银行的中收规模明显大于北京银行、上海银行、江苏银行。

从增速看，2020年上半年，36家上市银行合计实现中间业务收入5 315亿元，相比2019年同期增长约4.7%，而2019年上半年增速为9.8%，换言之，2020年上半年上市银行中收增速明显放缓。从数量看，2020年上半年增速低于10%的银行一共19家，而2019年同期为14家。

究其原因，新冠肺炎疫情对部分中间业务收入造成影响。此外，新冠肺炎疫情影响之下实体经济经营困难，监管部门要求银行加大对实体经济的让利力度。2020年6月17日，国务院召开常务会议，要求进一步通过引导贷款利率和债券利率下行、支持发放小微企业无担保信用贷款、减少银行收费等一系列政策，推动金融系统全年向各类企业合理让利 1.5 万亿元。其中，减少银行收费政策就会影响到多项商业银行中间业务收入。

中国工商银行在新冠肺炎疫情冲击背景下，仍坚持经营转型和落实减费让利政策，结算清算及现金管理、投资银行和担保及承诺等中间业务收入同比减少。2020 年上半年财报显示，该行中间业务收入规模 889 亿元，相比上年同期仅增加 4 亿元。

被业内视为“轻型银行”代表的招商银行，2020 年上半年中间业务收入规模为 422 亿元，相比上年同期增长 8.46%。手续费及佣金净收入增长略有放缓，主要是因为收入增长结构发生了很大的变化。一方面，第一季度信用卡业务受到新冠肺炎疫情冲击，无论是信用卡消费额还是贷款规模都出现了下降，从而给手续费收入带来了很大的缺口；另一方面，由于线下销售受到疫情防控、人员隔离等多方面的影响，因而代销保险、信托计划等手续费收入相比上年同期有所减少。

在整体增长放缓的背景下，杭州银行中间业务尤其亮眼：2020 年上半年，杭州银行实现中间业务收入约 18 亿元，相比上年同期增加 1 倍多。这主要因为理财业务手续费收入增加、债券承销等投行业务规模扩大带来了投行业务手续费的增加。

在各类指标中，中间业务收入/营业收入是衡量银行中间业务水平的重要指标。具体而言，中间业务收入规模占营业收入比重越高，一家银行“轻型化”特征越明显。

国内银行的中间业务收入占比虽有波动，但总体呈上升趋势。数据显示，2020 年上半年，36 家上市银行合计实现中间业务收入 5 315 亿元，占同期营业收入的 19.5%，该占比与上年同期大体持平(19.8%)。从银行类型来看，6 家国有大银行、9 家股份制银行、13 家城市商业银行以及 8 家农村商业银行的中间业务收入/营业收入分别为 17.6%、25.6%、14.3%和 6.6%。

整体来看，股份制银行的中间业务收入占比明显高于其他银行。其中，兴业银行最高，为 30.22%，位于 36 家上市银行榜首。民生银行、招商银行、平安银行、中信银行、浦发银行、华夏银行中间业务收入占比也超过 20%，最低的浙商银行也有 11.78%。

除邮政储蓄银行外，国有大银行中间业务收入占比在 15%左右。其中中国建设银行最高，达到 20.6%，在 36 家银行中居第八位。邮政储蓄银行中间业务收入占比较低，主要是因为在代理模式下，邮政储蓄银行每年为邮政集团代理金融网点提供的金融服务支付一定比例的手续费，代理网点产生的中间业务收入由银行转移给了邮政集团，因而不体现为邮政储蓄银行的手续费及佣金净收入。

城市商业银行差距较大，宁波银行的优势最为明显，在 36 家银行中居第四位。宁波银行中报显示，2020 年上半年公司实现手续费及佣金净收入 52.02 亿元，同比增长 46.48%，在营业收入中占比为 26.03%，同比提升 4.1 个百分点，在同行业中进一步体现出优势。但部分城市商业银行中间业务收入占比不足10%，农村商业银行则大多低于5%。

对于诸多城市商业银行、农村商业银行而言，中间业务收入已经成为营业收入结构中的一个明显短板。如以股份制银行为参考，城市商业银行、农村商业银行提升空间在10个百分点左右。相较传统表内业务，中间业务收入业务涉及领域广，对从业人员业务素质要求高，在拓展时难度更大，因此，城市商业银行、农村商业银行发展中间业务收入业务面临的挑战不小。

商业银行中间业务类型众多，各银行财务报表统计归口不一。比如，因2014年《商业银行中间业务暂行管理办法》未明确理财业务，银行财务报表对理财业务的会计处理各异，有的计入代理收入或者托管业务收入，有的仍然计入理财业务收入。这缺少明细数据进一步调整，因而横向比较只能相对反映各银行的中间业务收入结构情况。

分类型来看，国有六大行由于客户基础较为雄厚，中间业务收入业务类型也比较丰富，除传统的银行卡业务、结算清算类业务以及代理类业务外，投资银行咨询业务、托管、担保承诺等业务也均占据一定比重。其中间业务收入主要集中在银行卡业务、结算类业务和代理业务，三者合计占全部中间业务收入的60%左右。

和其他类型银行相比，国有大银行结算清算业务占优。结算清算业务是银行传统中间业务，主要包括支付结算和现金管理。由于结算清算业务需要全国乃至海外的网络和强大的基础设置来支持，因而该类业务收入一直以来是国有大银行中间业务收入的主要来源。

但这一中间业务也面临新的变数。一方面，监管部门近年来一直在推动银行减费让利于企业，如取消个人汇款业务费用，降低部分汇款手续费用，这将导致结算清算业务收入相应减少。另一方面，第三方支付迅速增长，但支付机构须为备付金账户支付清算结算手续费。在2020年新冠肺炎疫情影响之下，网上消费的替代性增长必带来结算清算收入的增加，但减费让利又导致收入减少。

以中国工商银行为例，2018年、2019年结算清算收入均大幅上涨20%左右，其财报指出，主要是第三方支付业务增长较快带动收入增加。2020年上半年，中国工商银行结算清算业务收入205.44亿元，同比下降1.6%。中国工商银行财报显示，主要是落实减费让利政策，导致结算清算收入下降。

股份制银行方面，银行卡业务收入占全部中间业务收入的45%，代理业务占比约15%，二者合计占比达到60%左右。另外，托管类业务、投行咨询类业务、担保承诺类业务合计占两成左右。

2014年《商业银行服务价格管理办法》出台后，借记卡服务费用基本取消，银行卡收入主要是信用卡收入，包括利息收入、分期手续费、刷卡手续费、违约金。2020年上半年，由于新冠肺炎疫情影响，尤其是 2—3 月很多消费都停滞，因而信用卡业务受到重大影响。

以中信银行为例，该行 2020 年上半年银行卡手续费收入 159.14 亿元，相比上年同期下降 5%，占手续费及佣金收入的比重为 57%，相比上年同期下下降了 10 个百分点。这主要是受新冠肺炎疫情影响，客户消费意愿下降所致。

对城市商业银行来说，其客户优势弱于大银行及股份制银行，因此，大部分城市商业银行的中间业务收入主要依赖于代理类业务。统计数据显示，2020 年上半年，13 家 A 股城市商业银行代理业务收入占比平均为 31%，其中郑州银行占比最高，达 69%。

代理业务包括银行替客户代理销售、收付及委托、结算、交易等业务。代理业务客户主要是当地企业、政府、事业单位，因此，长期在当地深耕细作的城市商业银行和农村商业银行有明显优势。代理业务收入占比，大体呈城市商业银行及农村商业银行高于国有大行、国有大行高于股份制银行的态势。

如北京银行在 2020 年上半年设立机构业务部，提升机构业务战略定位；开通通州区级财政授权支付委托代理业务，成为继 2003 年招标后，17 年来唯一一家新增的代理银行；圆满完成北京市财政局市级财政集中收付业务半年对账，保障防疫期间财政收支顺利。

2020 年上半年财报显示，北京银行代理业务收入 23.41 亿元，相比上年同期增长 8%，其代理业务收入规模甚至超过中国工商银行（10.57 亿元）、光大银行（21.44 亿元）等大中型银行。

农村商业银行代理业务收入占比亦较高，但其中间业务类型较为单一，投资银行咨询、担保承诺、托管等业务鲜有涉及。这可能与农村商业银行体量较小且人才储备不足相关。

总体看，国内商业银行中间业务收入的结构虽然存在一定差异，但共性特征更为突出，更多的中间业务收入依赖于银行卡业务、结算清算业务和代理类业务，而投资银行咨询业务、托管业务、担保承诺等中间业务的贡献比例仍然比较低。

（三）各家银行初步形成中间业务定价管理体制

各家银行都能高度重视中间业务定价及收费管理工作。如中国工商银行党委专门就落实“3 号令”召开了会议，确定了全行中间业务收费策略，即严格按照“3 号令”要求定价和收费，积极稳妥地推进中间业务收费进程。在每年召开的中间业务工作会议上，行领导都要专门部署定价及收费管理问题。中国农业银行成立了中间业务管理委员会，作为全行中间业务发展决策机构，负责领导、决策和协调全行中间业务发展及价格管理工作。

各大行都制定了中间业务定价收费的管理办法，确立了定价原则、流程、方法和价格检查，通过规范中间业务价格授权、审批、流程、定价等方式，进一步强化中间业务收费管理；都能定期对中间业务收费标准进行梳理，使之更规范、更贴近市场和客户；等等。

（四）中间业务收入结构有待提升

受金融市场发展水平、客户金融需求、商业银行中间业务创新能力等因素制约，国内商业银行中间业务发展水平比较初级，中间业务产品简单明了，技术含量和附加值不高，制约了中间业务收费费率，且易受到消费者的质疑，致使商业银行中间业务收费面临一种不利的市场和舆论环境。

三、当前我国商业银行支付清算服务收费标准

（一）支付清算服务收费形式种类繁多

据有关部门统计，商业银行的收费项目目前高达 3 000 多种，已增加到了 7 年前的 10 倍之多，这些新增的收费项目中，支付结算类收费占了很大一部分。如网银服务费、网银证书工本费、密码重置费、小额账户管理费、短信通知费用等。这些收费项目一部分是由支付结算新业务产生的，一部分是在原有支付结算业务基础上附加的。

1. 跨行结算收费高于行内结算收费

鉴于成本相对较高、操作程序较复杂及风险相对较大，商业银行出于商业化经营的盈利原则，跨行结算收费标准一般都高于行内结算收费标准，异地结算收费标准一般都高于同城结算收费标准。

外币结算收费高于本币结算收费。如中国工商银行对外汇汇款收取的费用，包括手续费和邮电费，收费按汇出金额的 1‰收取，最低 40 元，最高 800 元，邮电费按每笔 10 元收取。1 万元的汇款，汇出境外需要 90 元的手续费，而汇往境内异地只需 50 元。

2. 柜面结算收费高于电子结算收费

除了工本费和年费，一般来说，电子渠道支付结算收费标准低于柜面结算，有些商业银行出于开拓市场的需要，对电子渠道的一些交易甚至免收相关费用。

3. 企业结算收费高于个人结算收费

同样是账户余额变动提醒，中国工商银行对企业客户的收费标准是每月每手机号 10 元，而对于个人客户，每账户每月收取 2 元的服务费。

（二）《关于印发商业银行服务政府指导价政府定价目录的通知》

2014 年 2 月 14 日，国家发改委、银监会联合下发《关于印发商业银行服务政府指导价政府定价目录的通知》。该通知公布了商业银行服务实行政府指导价、政府定价的目录，降低和调整了部分收费标准，规定了部分免费服务项目。商业银行为银行客户提供的基础金融服务实行政府指导价、政府定价管理。实行政府指导价、政府定价的基础金融服务包括部分转账汇款、现金汇款、取现和票据等商业银行服务项目，具体

收费项目和收费标准按照目录执行。

通知要求，对于银行客户账户中(不含信用卡)没有享受免收账户管理费(含小额账户管理费)和年费的，商业银行应根据客户申请，为其提供一个免收账户管理费(含小额账户管理费)和年费的账户(不含信用卡、贵宾账户)。

通知也规定，实行市场调节价的商业银行服务价格，应当由商业银行总行制定和调整。分支机构不得自行制定和调整服务价格。如果商业银行分支机构需要实行差别化服务价格的，应当由总行统一制定服务价格，并由总行按照本办法规定统一进行公示。

一直以来，外资银行服务价格普遍较中资银行高，此次通知把外国银行也纳入监管范畴——外国银行分行根据其总行(或地区总部)的授权制定和调整服务价格，须按照规定进行公示。

通知明确表示，商业银行免收社会保险经办机构和本行签约开立的个人基本养老金(含退休金)账户每月前两笔且每笔不超过 2 500 元(含 2 500 元)的本行异地(含本行柜台和 ATM)取现手续费。通知也明确要求，对于银行客户账户(不含信用卡)中没有享受免收账户管理费(含小额账户管理费)和年费的，商业银行应根据客户申请，为其提供一个免收账户管理费(含小额账户管理费)和年费的账户(不含信用卡、贵宾账户)。

此外，该通知强调，商业银行为银行客户提供账户变动短信提醒服务并收费的，应事先通过网点或电子渠道等与银行客户签约；未与银行客户签约的，不得收费。通知也明文规定，商业银行提高实行市场调节价的服务价格，应当至少于实行前 3 个月按照本办法规定进行公示，必要时应当采用书面、电话、短信、电子邮件、合同约定的其他形式等多种方式通知相关客户。而商业银行设立新的实行市场调节价的服务收费项目，应当至少于实行前 3 个月按照《商业银行服务价格管理办法》规定进行公示。对商业银行服务制定政府指导价政府定价目录自 2014 年 8 月 1 日起执行。个人跨行柜台转账汇款手续费 50 元封顶，对公跨行柜台转账汇款手续费 200 元封顶。中国工商银行、中国银行和广东发展银行均按照转出金额的 1%收取费用，封顶 50 元，与规定一致。此前属于市场调节价的个人跨行柜台转账汇款在通知中被纳入政府指导价，这意味着对于该项目，银行不能再突破规定，擅自定价。

表 5.3　　商业银行服务政府指导价

收费项目	收费标准
个人跨行柜台转账汇款手续费	每笔 0.2 万元以下(含 0.2 万元)，收费不超过 2 元； 0.2 万～0.5 万元(含 0.5 万元)，不超过 5 元； 0.5 万～1 万元(含 1 万元)，不超过 10 元； 1 万～5 万元(含 5 万元)，不超过 15 元； 5 万元以上，不超过 0.03%，最高收费 50 元。

续表

收费项目	收费标准
对公跨行柜台转账汇款手续费	每笔1万元以下(含1万元),收费不超过5元; 1万～10万元(含10万元),不超过10元; 10万～50万元(含50万元),不超过15元; 50万～100万元(含100万元),不超过20元; 100万元以上,不超过0.002%,最高收费200元。
个人现金汇款手续费	每笔不超过汇款金额的0.5%,最高收费50元
个人异地本行柜台取现手续费	每笔不超过取现金额的0.5%,最高收费50元
支票手续费	每笔不超过1元
支票挂失费	按票面金额0.1%(不足5元收取5元)
支票工本费	每份0.4元
本票手续费	每笔不超过1元
本票挂失费	按票面金额0.1%(不足5元收取5元)
本票工本费	每份0.48元
银行汇票手续费	每笔不超过1元
银行汇票挂失费	按票面金额0.1%(不足5元收取5元)
银行汇票工本费	每份0.48元

注:商业银行办理个人跨行柜台转账汇款、对公跨行柜台转账汇款和个人现金汇款业务,汇款金额应不迟于2个工作日内到账。若客户要求实时到账,收费标准可上浮不超过20%,但每笔最高收费标准不变。

四、目前我国商业银行支付服务收费定价中存在的问题

(一)收费的高低不能反映服务质量

目前,我国商业银行提供的个人金融产品比较单一,产品技术含量和附加值相对也比较低,难以满足广大客户多元化的金融服务需求,与西方发达国家银行比较,则相形见绌,这也造成了客户对银行收费问题的芥蒂。

(二)金融业自身定价能力有待提高

我国金融市场化改革还处于初级阶段,银行金融产品定价能力上还存在不足。国内金融机构金融服务产品定价多采用分散化模式,定价权随产品分布在银行内部不同业务部门,缺乏有效协调和整合。大多数银行未建立专业定价团队,仍以业务人员为主,参考市场同业价格估算产品价格。服务产品定价以定性或单一定价模式为主,受专业化程度、成本核算能力、计算机系统建设等因素影响,定价方法和定价技术上也存在一定的缺陷,服务成本难以科学准确核算,制约了成本加成定价法的运用,客户价值

及客户价格敏感性定性分析的特征本身限制了需求导向定价的有效性,无法根据客户的消费心理,对各类中间业务进行清晰准确的收费,既严重制约了金融机构中间业务收费的可持续发展,又无法对现有的各项收费因地制宜、灵活地进行调整。

(三)法律法规制度体系不完善

1. 法律法规不协调,商业银行"趋利避害"引争议

2003年10月实施的《商业银行服务价格管理暂行办法》只对支付结算业务收费确定原则和要求,并没有确定具体的实施标准,其中第七条明确规定,除人民币基本结算业务类业务及中国银监会和国家发改委确定的商业银行服务项目外,商业银行提供的其他服务,实行市场调节价。《商业银行服务价格管理暂行办法》的出台,从一定程度上赋予了商业银行自主收费的权力。银行从2004年3月开始收取借记卡年费,从2005年9月开始对小额账户收取管理费,从2006年6月开始对跨行查询业务收取手续费。该办法实施两个月后,即2003年12月,全国人大常委会修改了《中华人民共和国商业银行法》中关于商业银行中间业务收费的有关规定(第五十条),明确规定只有银监会联合价格主管部门或中国人民银行联合价格主管部门才有权制定商业银行的收费项目和收费标准,并于2004年2月1日起实施。按照法规惯例,《商业银行服务价格管理暂行办法》中与《中华人民共和国商业银行法》相抵触的内容,应该自《中华人民共和国商业银行法》实施之日起自动无效或另作规定,但根据调查情况,各商业银行仍将《商业银行服务价格管理暂行办法》作为主要的收费依据,这也是状告商业银行不合理收费的诉讼案件时有发生的主要原因。

2. 处罚手段缺失,滋长不公平竞争行为

(1)利用他行优惠措施开展不公平竞争。部分商业银行为了扩大本行借记卡的市场占有率,对持卡人实行跨行取款不收费或前几笔不收费的优惠措施,其实,这部分手续费相当于发卡行替持卡人垫支了,个别商业银行就抓住这一"漏洞",鼓励持他行卡在本行ATM机取款,按照笔数给予相应的物质奖励,不当赚取他行大量手续费。监管部门对于这一行为只能及时叫停却无有效的处罚措施,但叫停后引发了参加活动的客户投诉。

(2)银行卡受理市场建设中的不公平竞争行为。各收单机构为了争夺商户,低于费率底限设置费率,通过乱设商户类别码及为商家垫付通讯费或其他费用随意或变相降低费率,对商户疏于管理,导致"一柜多机"现象难以规范,部分商户有恃无恐,明目张胆向消费者转嫁正常或过高的手续费,在享受刷卡机具便利的同时,还不时利用其赚取额外的手续费。

(3)个别基层行将结算服务费用当作拓展其他业务的"赠品"。在实际工作中,某些商业银行在指导思想上把支付结算业务看成存贷款业务的附属业务,主动给客户承

诺或满足其提出的不合理要求，少收或不收结算费用。

3. 收费政策规定滞后，支付结算业务发展受阻

（1）传统支付结算业务收费政策规定滞后。目前，各商业银行支付结算服务收费仍主要依据 1996 年、1997 年和 2001 年中国人民银行和国家计委出台的相关规定，但国家计委和中国人民银行发布的《国家计委、中国人民银行关于制定电子汇划收费标准的通知》（计价格〔2001〕791 号）的适用范围是原来的中国人民银行电子联行及各行行内电子联行，而近年来，我国支付结算环境发生了巨大变化，大、小额支付系统上线运行，电子联行业务和同城票据交换逐步取消，支付结算服务方式和手段已逐步迈向现代化，显然原收费政策已经落后于支付结算业务发展现实。

（2）部分新的支付结算服务收费项目无明确的政策依据，主要有银行卡、账户管理、通存通兑和支付系统等业务。如储户的银行卡和密码丢失的情况时有发生，当储户要挂失时，银行对每笔业务要收取 10 元手续费。而《中华人民共和国商业银行法》和国务院《储蓄管理条例》在规定银行挂失义务的同时，都没有授权银行收取挂失费。又如同城票据交换业务取消后，同城跨行支付业务代替同城票据交换业务，各行同城业务通过大、小额支付系统进行资金汇划，由于现行收费依据不明确，因而银行执行的收费依据和标准不统一，而客户认为在同城内清算，就不该收取电子汇划费，特别是部分习惯通过转账缴纳水电费的个人客户，为了规避支付收费，又开始使用现金结算。

（四）监督管理主体不统一

目前对银行服务收费明确有监管权的部门包括物价部门、中国人民银行、银监会。商业银行在结算业务中，执行的是中国人民银行 1997 年 9 月印发的《支付结算办法》，以及原国家计委和中国人民银行联合发布的相关文件中规定的收费标准。由此可见，政府价格主管部门、中国人民银行是主要的结算业务收费管理机关。2003 年《商业银行服务价格管理暂行办法》规定："实行政府指导价服务价格的具体服务项目及其基准价格和浮动幅度，由国家发展和改革委员会会同中国银行业监督管理委员会制定、调整。"按此规定，人民币基本结算业务价格也被纳入银监会的管理范围。由此，价格管理部门出现政府价格主管部门、支付结算主管部门和行业监管部门三个主体，容易造成具体的监管职责、监管分工、监管重点不够明确的问题。《中华人民共和国人民银行法》第二十七条规定："中国人民银行会同国务院银行业监督管理机构制定支付结算规则。"《中华人民共和国商业银行法》第五十条规定："商业银行办理业务，提供服务，按照规定收取手续费。收费项目和标准由国务院银行业监督管理机构、中国人民银行根据职责分工，分别会同国务院价格主管部门制定。"但两家职责的分工从 2003 年到现在未能明确，协调、配合也不尽完善，如《商业银行服务价格管理暂行办法》第十四条规定："商业银行依据本办法制定服务价格，应至少于执行前 15 个工作日向中国银行业

监督管理委员会报告,并应至少于执行前10个工作日在相关营业场所公告。商业银行就前款事项报告中国银行业监督管理委员会的同时,应抄送中国银行业协会。”此条中并未明确抄送中国人民银行。而实践中,中国人民银行依然管理银行业金融机构提供的票据、银行卡等支付结算服务,同时,在遇到有关支付结算收费纠纷时,银行的一线人员常将收费的责任归于中国人民银行,客户也习惯于找中国人民银行解决。调查显示:有的商业银行甚至将个别商业银行未严格执行收费标准的原因归结于中国人民银行的监管不到位。监管手段的缺失与实践认识的脱节,使中国人民银行陷于尴尬境地,支付结算服务收费监管出现“真空”。

(五)价格形成机制不完善

大多数银行都是采用市场跟进型定价,定价方法较为粗糙,收费标准存在一定的差异,缺乏有效的协调机制。银行服务定价缺乏有力的信息系统支撑,信息的透明度也不高。面对日趋激烈的金融竞争,有些商业银行为保住或增加市场份额,面对优质客户时,承诺少收费甚至不收费,导致商业银行支付结算业务收入出现不同程度的流失。

五、完善我国商业银行支付服务收费定价机制的意见建议

(一)强化政府推动作用,切实规范金融服务工作

政府应当推动商业银行服务的综合性发展和支付结算服务相关的金融产品的创新,以提高商业银行的金融服务水平,不断满足不同消费者对支付结算服务的客观需求。

(二)完善法律法规,进一步明确监管职责、加大监管力度

首先,要完善相关法律法规,进一步明确中国人民银行和银保监会在支付结算业务管理工作中的职责分工,并明确支付结算服务收费的监管主体、监管措施及处罚手段,从制度上确保中央银行在支付结算体系的领导地位,实现中央银行与其他相关监管机构和部委的有效沟通。其次,中国人民银行或银保监会要根据相应的监管职责,在赋予商业银行收费权利的同时,从储户的切身利益出发,加大对支付结算服务收费的监管力度,确保银行业的支付结算服务收费按法律法规收取,防止乱收费、不收费、少收费的现象,避免造成各银行业金融机构之间的不公平竞争。最后,中国人民银行和银保监会等相关监管部门在决策、制定办法时,要注意遵循公开、公平、公正和监管信息共享的原则,以免造成公众不必要的猜测和误解,切实提高监管效率。

(三)明确划分管理职能,理顺部门监督管理关系

中国人民银行有“维护支付、清算系统正常运行”的法定职责,有权利和义务“组织或者协助组织银行业金融机构相互之间的清算系统,协调银行业金融机构相互之间的

清算事项，提供清算服务”，是事实上的支付结算主管部门。因此，按照权责统一的原则，中国人民银行应当在支付结算服务价格规则的制定上占据主导地位，以配合、适应和支持现代化支付结算和清算体系建设。而作为银行业监督管理机构的银监部门应将重点放在日常的监管上，切实加强与中国人民银行的协调配合，齐心协力，共同维护支付结算服务价格秩序的监督管理。同时，还应当完善支付结算服务收费监管内容和手段，加强收费的日常监督管理，以确保各项法规执行效率和相关政策的贯彻落实。

(四)健全价格形成机制，遵循科学定价原则

在价格制定时应遵循以下几个原则：

1. 合理适应原则

在设置收费项目和免费项目时，应结合经济发展程度、社会承受能力等情况，收费标准不宜太高，也不能太低。收费过高，对商业银行自然会增加收入和利润，但对于社会公众来说，则加大了支付办理、支付结算费用的负担；定价过低，既不符合商业银行的效益性经营原则，也不利于支付、清算系统的稳定持续发展。

2. 成本效益原则

商业银行是以盈利为目标的特殊企业，定价中要考虑到效益性，成本与效益也要保持适当的比例。开发一项产品的成本不应该超过收益，否则应通过降低成本予以调整。

3. 权益保护原则

在定价中，消费者和银行的力量存在明显的不对等，消费者处于弱势地位，一旦有银行公布收费政策，其他银行都相继跟进。对普通消费者来说，银行的收费服务往往是他们使用最多的业务，离开这些基本的银行服务，将对生活造成较大影响。因此，面对商业银行支付服务收费，特别是银行相继跟进收费时，消费个体往往是别无选择，不得不接受某家银行的收费要求。这时，消费者的权益就有可能被侵害。因此，在服务收费定价中，需要设置相应的措施来保护广大消费者的权益。为此，应设定一些免费结算服务，体现社会效益，如对于零钞清点、小额存取这样的业务，一定数量范围内就不宜收费。

4. 灵活机动原则

价格所显示的供求关系变化的信号系统，为国家经济、金融等宏观调控提供了重要信息。因此，价格形成机制要充分体现价格的调控作用。一般来说，当某种商品价格变动幅度预示着这种商品有缺口时，国家就可以利用利率、工资、税收等经济杠杆，鼓励和诱导这种商品生产规模增加或缩减，从而调节商品的供求平衡。当鼓励某种结算方式或推广某种结算工具时，可以适当提高其结算价格；而限制一种结算方式或结算工具的运用时，可以调低价格，以此形成扩大发展的政策导向。

5. 落实定价管理配套政策措施

(1)实施价格审批备案制度。商业银行支付结算服务收费需要在调价前一个月向中国人民银行进行价格备案,由中国人民银行对其合理性进行审核并决定是否可行。

(2)健全收费定价听证程序。商业银行的收费定价要经过一定的程序,召开由政府有关部门主导的收费听证会是可取的方式,能够在一定程度上保护普通用户的合法权益。

(3)建立收费价格公示措施。商业银行必须在营业网点醒目处张贴其收费标准,并在政府门户网站上予以公布,体现支付结算服务收费的公开性,增强支付结算服务收费的透明程度。

(六)鼓励金融创新,促进中间业务的创新和发展

中间业务发展是金融机构未来转型的关键,而中间业务发展的关键在于创新。随着商业银行综合化经营的推进,利率、汇率市场化程度的提高,互联网技术应用的普及,以及社会大众财富管理意识的觉醒,应加快扩大中间业务范围,将融资、融信、融智有机结合,借助现代科技手段,在监管机构的指导下加大创新力度,在夯实基础型中间业务的基础上,努力开发能够满足并引导客户需求,且具有较高附加值的中间业务产品。可将西方商业银行中先进的创新工具和产品与我国实际情况相结合,使创新出来的产品、业务和服务方式适合我国市场情况,使中间业务收入为金融机构带来稳定收益,从而促进业务发展的良性循环。

(七)提升金融机构的服务质量

服务质量是收费的前提,商业银行要以客户需求为导向,根据市场不同层次需求提供差别化服务,提升服务附加值,做到服务质量与服务收费的内在统一。商业银行可在监管部门规定的服务收费框架内,向客户提供贴心服务,增加客户满意度。同时,商业银行应利用自身专业优势,帮助客户进行科学合理的资金管理,减少不必要的费用。如可以提醒敦促个人客户注销不必要的账户,减少不必要的跨行转账手续费或账户年费、小额管理费等,也可以引导有条件的客户使用新兴免费的服务模式如网上银行、手机银行等取代传统的付费操作。这些做法不仅可以节约银行系统资源提高资金使用率,也能使消费者切实感受到商业银行服务的人性化服务特征。

第二节　收费方式

一、支付清算服务收费定价方式

支付清算服务的收费政策决定了系统参与者的业务成本,会激励参与者使用某个

系统而不是别的系统，这会对系统的安全与效率产生整体影响。根据十国集团中央银行支付结算体系委员会在《支付体系发展指南》中对支付清算服务定价方式的研究，支付清算服务收费通常会采用以下三种定价方法：

（一）成本回收法

这种方法涉及在确定的时间段以收支平衡的方式回收全部成本，包括固定成本和运行成本。要回收的成本主要通过估算每笔业务的单位成本并相应定价的方式进行摊销，这就需要对既定时间范围内可能达到的业务笔数进行合理的预测。成本会在参与者之间以全等方式或者同比业务笔数，或业务金额的方式进行摊销。不以盈利为目的的组织，通常是参与者的合作组织或者某些国家的中央银行，会采取按成本定价的方法。

（二）市场定价法

这种方法同样涉及对成本和业务笔数进行估计，并将成本摊销到每笔业务中，但制定的价格包含总成本与盈余。盈余由市场竞争条件和适当的投资回报考虑决定。这种方法无论是被中央银行还是被私营部门的运行者采用，都会使得支付系统成为服务提供者之间的一个公平竞争舞台，并会激励服务的创新与发展。

（三）补贴定价法

这种方法是指中央银行或者公共部门的运行者对支付服务的成本进行补贴，以发展金融市场或者鼓励金融机构转向更加安全和有效的支付方式。运行者在决定进行补贴时，适当的做法是明确定义并公开披露补贴的范围以及适用的期间。在进行任何成本效益分析时，必须考虑补贴的数额和期限。

二、国外（境外）支付清算服务收费现状

我们对深圳市部分外资银行母公司所在国家（地区）——如美国、新加坡、韩国、中国香港、日本、英国等支付体系较发达国家（地区）的中央银行支付清算服务情况进行了调查。结果显示，这些国家（地区）的中央银行支付清算服务主要呈现以下几个特点：第一，重要支付系统（如实时支付系统）一般由中央银行负责运营；第二，收费的定价原则大多采用成本回收法；第三，收费标准呈现多样化，主要有按业务量收费、按时间段收费、按固定汇划费用收费等三种模式。

具体的调查结果如表 5.4 所示。

表 5.4　　部分国家（地区）中央银行支付清算服务收费调查

国家（地区）	系统名称	清算模式	定价原则	收费标准
美国	FEDWIRE	实时	成本回收	按业务量收费

续表

国家(地区)	系统名称	清算模式	定价原则	收费标准
新加坡	MEPS	实时	成本回收	按时间段收费
韩国	BOK-Wire	实时	—	按时间段收费
中国香港	港币 CHATS	实时	成本回收	按固定汇划费用收费
日本	BOJ-NET	实时	成本回收	按固定汇划费用收费
英国	CHAPS	实时	—	按固定汇划费用收费

(一)按业务量收费模式

美国中央银行支付清算服务是按业务量分段收费。目前美国的跨行实时支付系统 FEDWIRE 由美国联邦储备银行负责运营,其支付清算服务的收费标准采取按月业务量分段收费的方式(见表 5.5)。

表 5.5　美国中央银行支付清算服务收费　单位:美元/笔

按业务量收费	
每月汇划前 3 000 笔	0.26
每月汇划第 3 001～90 000 笔	0.17
每月汇划超过 90 000 笔时	0.08

(二)按时间段收费模式

新加坡和韩国的中央银行支付清算服务都是按时间段收费,但具体收费方式则略有不同。其中,新加坡金融管理局电子支付系统(MEPS)采取按固定报文收费与按时间段收费相结合的方式(见表 5.6),而韩国银行金融电信网络(BOK-Wire)则采取单纯的按时间段收费的方式(见表 5.7)。

表 5.6　新加坡中央银行支付清算服务收费　单位:新元/笔

报文收费	按时间段收费			
	14:30(含)之前	16:00(含)之前	17:30(含)之前	17:30 之后
1.45	0.00	0.25	1.05	3.55

表 5.7　韩国中央银行支付清算服务收费　单位:韩元/笔

按时间段收费		
16:00 之前	16:00—17:00	17:00 之后
200	600	4 000

(三)按固定汇划费用收费模式

中国香港、日本、英国等国家(地区)的实时支付系统都是按固定汇划费用收费,但具体收费方式略有不同。其中,中国香港的港币清算所自动转账系统(Clearing House Automatic Transfer System,CHATS)每笔收取固定汇划费用6.864港元,每月最低收费3 000港元。日本的日本银行金融网络系统(BOJ-NET)普通资金转账每笔40日元,此为2001年日本银行支付清算服务收费标准。同时,日本银行还向参与者收取月固定使用费。英国的清算所自动支付系统(Clearing House Automatic Payment System,CHAPS)转账业务按笔收取固定汇划费用。同时,英格兰银行还对清算账户收取年费。清算所自动支付系统(CHAPS)的清算公司也会向成员收取入会费和年费。

三、国外(境外)支付清算服务收费对我国的借鉴意义

(一)大额支付系统(HVPS)可以采取更灵活的收费方式

从国外(境外)中央银行支付清算服务收费现状可以看出,收费标准呈现多样化,每个国家(地区)都有各自的特点。这种多样性,为我们以后支付清算服务收费的改进增加了灵活性。我们可以充分借鉴国外(境外)经验,结合中国实际情况,建立更合理的收费标准体系。

(1)借鉴美国的经验,将目前的统一定价改为差别定价,即按业务量分段收费,清算量越大,单笔收费越便宜。这样可以大大提高业务量大的银行通过支付系统办理业务的积极性,而业务量小的银行则会从成本方面进行考虑。目前,银行业金融机构加入支付系统的成本主要集中在购买设备方面,因此,越来越多的中小银行及外资银行选择以直接参与者身份加入支付系统。系统的安全性进一步降低,同时系统的资源不能得到充分利用。采用差别定价法,既可以提高系统的安全性,又可以优化系统的资源配置。

(2)借鉴新加坡和韩国的经验,对不同时间段的业务实行浮动收费。越接近系统关闭时间,收费上浮比率越高。此方法可以均衡各时间段的业务量分布,调节系统运行峰值,降低清算窗口开启频率,保证支付系统的安全稳定运行。

(3)借鉴日本、英国、中国香港的经验,收取固定汇划费用,同时也采取收取月固定使用费、收取清算账户年费或者设定最低收费额等方式,以提高银行以直接参与者身份加入支付系统的成本,优化支付系统参与者组成结构。如果参与者的业务量达不到一定的标准,就会从成本收益角度衡量以直接参与者身份加入支付系统是否可行。

结合我国实际情况,我们建议大额支付系统(HVPS)采取按参与者业务量规模实行差别收费的方式。总之,央行采取灵活的收费方式,目的是要进一步提高系统的安

全性，进一步优化系统资源配置，从而提高系统的使用效率，而不是借此增加银行业金融机构的业务处理成本。

（二）中央银行支付清算系统的基准费率作用仍待加强

支付系统业务收费标准是传导银行业支付结算服务收费价格的重要基准，是吸引银行业金融机构通过支付系统办理业务的重要因素。尽管自大额、小额支付系统运行以来，收费标准都发生了变化，但各银行业金融机构向客户收费的标准仍然是《国家计委、中国人民银行关于制定电子汇划收费标准的通知》（计价格〔2001〕791 号）中的规定。银行向客户收取的费用最高可达 200 元/笔，是基准费率的 36 倍。在政府指导银行收费价格的现实情况下，中央银行支付系统业务收费标准的传导作用并不明显。为保护存款者的权益，应该放开银行对客户电子汇划收费标准的限制，允许业务量大的银行以较低成本利用中央银行的支付清算系统，在为客户服务时收取更为低廉的费用。这样，支付清算系统的基准费率作用才能充分发挥。

（三）支付清算服务收费原则仍待明确

国际清算银行在《重要支付系统核心原则》中指出，“支付系统的治理安排应当是有效的、负责任的和透明的”，应尽可能向参与者清楚地告知提供服务的成本。在任何情况下，只要中央银行是重要支付系统的运行者，它就应当披露其收费政策的制定基础。

从我们的调研来看，国外（境外）中央银行支付清算服务收费原则大多采用成本回收法。中国人民银行建设、运营支付系统并不以盈利为目的，收费仅为了满足系统正常运行和维护的需要，但迄今尚没有正式的文件披露我国支付清算服务的收费原则。因此，如何使得支付系统运营成本更加透明并明确我国支付清算服务的收费原则，是需要重视的问题。

四、商业银行的收费方式

（一）收费定价机制

按照现行制度界定，支付结算是指单位、个人在社会经济活动中使用票据、信用卡和汇兑、托收承付、委托收款等结算方式进行货币给付及资金清算的行为。支付结算服务是与支付结算业务相关的各类服务的统称，其内容主要包括商业银行为个人和单位提供的账户开立、票据业务、汇兑、转账结算、代收代付以及其他相关服务事项。

支付结算服务收费主要有以下四类：一是手续费，即商业银行为客户办理各项支付结算业务所收取的费用，如开立票据、办理各种转账、代收代付、退汇、挂失，查询等业务时收取的费用；二是管理费，即商业银行为保证业务正常运行收取的费用，如账户管理费、银行卡年费等；三是凭证工本费，即办理支付结算业务所需结算凭证的印制费用，如开立账户工本费、个人支票的购买费用、银行卡卡片费等；四是其他费用，包括商业银行为客户提供支付结算个性化服务并通过协商确定的费用。

当前，商业银行支付结算服务实行政府指导价和市场价并行的运行机制。基本结算业务按照2003年颁布的《商业银行服务价格管理暂行办法》规定实行政府指导价，而非基本结算业务则由商业银行在保本微利的基础上自主定价，各家银行支付结算收费标准不一致。例如，《支付结算办法》(银发〔1997〕393号)规定，“使用清分机的本票、支票，收取手续费1元”，而对于异地柜台取款手续费，中国工商银行的执行标准是“按金额的1%收取，最低1元，最高50元”，中国建设银行的执行标准是“按金额的0.5%收取，最低2元，最高不设限”。

(二)法规制度依据

直接规范收费行为的法律依据主要是国家计委和中国人民银行1996年颁布的《关于进一步规范银行结算业务收费的通知》、中国人民银行1997年颁布的《支付结算办法》、中国人民银行2001年制定的《关于制定电子汇划收费标准的通知》、国家发展和改革委员会与银行业监督管理委员会2003年颁布的《商业银行服务价格管理暂行办法》。涉及支付结算服务收费监管职权划分的法律依据主要是《中华人民共和国中国人民银行法》《中华人民共和国银行业监督管理法》《中华人民共和国商业银行法》《商业银行服务价格管理暂行办法》以及《商业银行中间业务暂行规定》。与支付结算服务收费相关的其他法律依据还有《中华人民共和国价格法》和《中华人民共和国消费者权益保护法》等。

(三)监督管理机构

根据目前相关法律规定，能够承担监管职权的机构主要有国家发展和改革委员会、中国人民银行和中国银行保险监督管理委员会。其中，国家发展和改革委员会作为政府价格主管部门对银行业金融机构具体的价格违法、违规行为进行监管；中国银行保险监督管理委员会则对银行业金融机构内部的服务价格管理制度及其执行情况进行监管；中国人民银行也保留并拥有对单位和个人执行支付结算规章制度情况进行监督、检查的权力，同时负责牵头实施金融消费者权益保护政策，落实具体的权益保护措施，维护金融消费者的正当权益。

五、我国商业银行服务收费存在的主要问题

(一)收费标准较低，服务收费收入占比小

随着我国金融体制改革深化和金融业逐步对外开放，商业银行不断地受到金融自由化、国际化和现代化潮流的冲击，面对国内、国际金融市场的激烈竞争，单纯依靠存贷差的盈利模式已不能满足我国商业银行的需求。我国商业银行必须拓宽业务范围，

通过向客户提供各种便捷、可靠的金融产品和金融服务，提高中间业务收入，进而改善利润来源，提高盈利水平。

我国商业银行开办的中间业务总体收费水平较低，有些甚至不能覆盖成本。例如，基本结算类服务价格收费标准是1997年颁布的《支付结算办法》制定的，其中部分产品收费标准沿用了1988年的有关规定，绝大部分基本结算业务价格十多年来未进行过调整。而各中资商业银行为提高结算速度，丰富结算产品，深化结算服务，近年来在结算网络、设备建设等方面进行了大量投入，结算业务成本大幅攀升，从而导致办理基本结算业务所获收入远低于服务成本，收不抵支、成本倒挂现象严重。西方商业银行在定价策略上基本以成本作为定价底限。根据《2006年全球零售银行报告》，中国的银行服务价格比上年下降了8.5%。与世界其他国家的银行相比，中国的银行核心服务价格根据银行业四项核心常规业务即账户管理、支付方式、现金使用、特例处理计算得出。通俗而言，就是客户在享受银行上述业务的服务时，向银行支付的费用为11欧元，依旧处于最低的水平，而世界平均水平为90欧元，最高水平为205欧元。此外，西方商业银行的大部分收费标准一直处于持续增长之中。

在中间业务收费种类少、收费价格低等因素的共同作用下，国内商业银行中间业务收入虽呈现出绝对额逐年增长、占比有所增加的良好态势，但所占份额仍很小，商业银行经营收入主要还是来自利差收入。

（二）定价机制需要完善，定价能力亟待提高

目前各行在服务定价方面，主要存在两方面的问题：一是定价机制不完善。有些银行定价政策不统一，分支机构拥有较大的定价权，致使同一客户同一类服务在同一银行不同分支机构之间，收费标准存在一定的差异；有些银行定价决策机制不规范，银行内部几个部门同时拥有一定的定价决策权，且缺乏有效的协调机制；银行服务定价缺乏有力的信息系统支撑，无法提供大量的所需信息；等等。二是定价能力亟待提高。目前大多数银行都是采用市场跟进型定价，而占据一定市场优势的大银行的服务定价，也普遍缺乏科学的定价理念，遭遇到科学定价方法的考验：采用成本加成定价法无法准确计算作业成本，采用市场跟进定价不能接近国外同行业的价格水平，采用客户导向或称价值定价法不能有效地观察客户行为以及客户对价格的敏感性，定价方法较为粗糙。

（三）收费行为需要规范，信息透明度需要加强

一是市场竞争行为需要规范，存在为争夺客户而故意压低价格、扰乱正常的银行服务市场秩序的现象。二是收费项目名称需要规范，虽然各银行自主推出服务项目，自主决定服务收费项目，但收费项目名称不规范，也会引起金融消费者的歧义，引起不必要的误解，如异地存取款收费，就很容易被误解为银行存款也要收费。三是市场营

销行为需要规范，存在一些采取不当销售手段，不对金融消费者进行必要的、充分的风险提示、信息披露的问题，向不需要银行某些服务产品的客户推销这些银行服务产品。四是银行收费透明度不高。有些商业银行在服务收费之前往往并未及时向监管部门报告收费情况，收费公告也不够及时、明确和醒目；对私业务收费中对客户的解释不够到位，既缺乏对消费者的耐心解释和说明，也缺少正确的引导和宣传，使银行与客户之间在收费问题上的分歧经常无法消除。这些不规范的收费行为往往会为银行服务收费业务发展制造障碍，不利于银行中间业务市场的健康发展。

（四）我国商业银行服务收费环境尚待改进

在转型时期，受传统计划经济下居民享受银行免费服务的惯性思维所限，我国商业银行服务收费环境不尽如人意。特别是近几年来，居民群众一方面享受银行改进服务技术和服务手段所带来的便利，另一方面却对银行服务支付相应费用有所不满。这一现状使得各银行在推出服务收费项目时非常谨慎，如收取小额账户管理费时，为消除公众误解，中国工商银行、中国建设银行等都先后进行了长达半年多的市场宣传。外资银行在国内推出相应服务收费项目时，却没有受到市场过多的质疑。我国商业银行面临的收费环境不佳，严重影响了其经营转型进程和中间业务创新的积极性，对此问题不能不引起足够的重视。

（五）收费与服务质量的改善不同步

中间业务是商业银行靠自身信誉、技术、人才、信息、资金实力等资源，通过向客户提供服务来赚取收入，收费水平应当与产品与服务的质量和效率相匹配，使客户感到物有所值，愿意且乐于付费。但是，也有一些银行片面强调服务收费与国际接轨，追求中间业务收入增长，却忽略了服务质量的改善，从而出现了服务收费与提供的服务质量不协调、不同步的现象，造成了客户对银行收费问题的芥蒂。

六、进一步改进银行服务收费的几点建议

商业银行对服务项目收取适当费用，这是法律法规许可范围内金融企业合法的自主行为。当然，推动银行合理收费、科学收费也是一项长期系统工程，需要各方共同努力，充分照顾各方利益，渐进实现。

一是要完善相关法律法规，加强银行收费的政策引导。第一，要就《商业银行服务价格管理暂行办法》落实情况开展清查。督促各商业银行理顺定价管理机制，依法合规定价和收费，切实防范不当竞争行为引发的政策风险，维护《商业银行服务价格管理暂行办法》的严肃性和权威性，保持商业银行收费政策的稳定性。第二，要尽快出台《商业银行服务定价指引》。引导商业银行提升定价管理水平，形成科学的定价机制，从而增强银行业的自身竞争力，确保稳健经营。明确收费的定价权，建立以政府指导

价为主、市场调控为辅的定价机制。首先，建议由中国人民银行制定支付结算服务具体的收费标准和办法，并报国家发改委进行审批，同时，要监督各商业银行执行。银行业监督管理委员会应配合中国人民银行监督各商业银行执行，并根据商业银行业务发展的需要，建议中国人民银行确定新的适用于政府指导价的项目。其次，建议建立以政府指导价为主、市场调控为辅的定价机制。从《商业银行服务价格管理暂行办法》的实施效果来看，在我国市场经济尚处初级阶段的条件下，对部分支付结算服务收费项目实施市场定价机制还不成熟，仍应以政府指导价为主，市场调控为辅。对传统的支付结算服务项目和新增的重要且复杂的支付结算服务项目要采取政府指导价，由各银行业金融市场机构根据当地的业务发展水平和物价水平，自主制定当地的支付结算收费标准，在一定限额和一定的收费区间内由市场调控，对其他简单明了、成本风险比较透明化的支付结算服务项目实施市场调控价。

二是要规范银行服务收费，增强银行收费的合理性。第一，要切实改进银行服务的质量。银行服务优劣是收费多少的根本依据，要通过增强创新能力，不断丰富创新产品，提高产品的附加值，为客户提供多元化的金融服务，确保收费后能够提供与之相适应的服务。第二，要尽快完善银行服务定价机制。应充分借鉴国外银行普遍采用的替代业务关联成本收益比较分析法，先找出与该项业务存在替代关系的业务，计算该业务收费或不收费对这些替代业务成本收益的影响，最后从总体业务发展成本收益角度出发，确定该业务是否收费及收费的标准。对同质化和社会影响面大的基本服务实行免费或较低收费策略；对能够为客户提供高端增值服务的产品及服务可采取较高的收费策略；对一些技术含量、投入成本相似的服务收费标准应尽可能在行业范围内实行收费标准或浮动范围统一。第三，要提高银行收费信息的透明度。商业银行应当严格按照有关规定，及时向监管部门报送新的收费项目和收费调整情况；更改“店堂告示”的简单做法，针对不同客户的具体情况，通过网络公告、寄送通知函等多种渠道向客户进行信息披露，确保客户知情权；建立收费管理的投诉机制和处理机制，有效解决收费管理中的纠纷。

三是要统一收费政策规定，建立银行与客户“双赢”的收费机制。第一，要结合现阶段支付结算环境的变化，由支付结算服务收费定价部门在进行成本测算的基础上，调整不合理的支付结算服务收费标准，如调高支付结算基本业务收费标准，对大额现金业务收取一定费用，降低非现金结算收费标准，以鼓励非现金结算工具的使用，并报发改委审批管理，同时，要根据社会公众反馈意见，取消不合理的支付结算服务收费项目或种类。第二，要对支付结算领域新增的重要服务项目进行统一定价，制定统一的基准费率，要在成本测算的基础上，坚持成本补偿、风险补偿和收益性原则，坚持统一管理、有限浮动的原则，兼顾各方利益，以进一步提高收费的权威性，减少公众对银行支付结算服务收费的质疑。第三,因地制宜,合理确定收费项目及收费标准。对支付结算业务收费实行区别对待。根据企事业单位性质、地方经济发展水平和客户服务要求等对收费标准实行浮动。如对企事业单位实行浮动,以配合相关政策的导向为原则;对公益性的企事业单位,可适当降低收费标准,为他们的可持续发展创造宽松的经营环境;而对商业性较强的企事业单位,可适当提高收费标准。

四是要发挥中介机构作用,促进行业自律。第一,要加强银行收费管理的统一性和协调性。由银行业协会牵头,组织会员单位对服务收费项目进行梳理,规范收费项目,避免公众误解。第二,要鼓励银行通过有序竞争增强其服务对公众的吸引力。既要制止低价竞争,扰乱正常的市场秩序的行为,又要合理引导商业银行承担社会责任,照顾社会弱势群体。第三,要加强银行服务的职业道德培育工作。督促商业银行推行从业人员职业操守教育,针对银行服务开展自查自纠,从严惩处违规销售行为。第四,要充分发挥好银行协会的公众联系纽带作用。建立公众查询各家商业银行收费标准的统一平台,使银行服务项目处于社会的广泛监督之下。加强舆论宣传,正确引导客户观念。银行出于控制成本、合理配置资源的考虑推行服务收费,是市场经济发展的趋势。政府及监管部门应对银行收费予以正面支持,媒体应客观公正地发挥舆论导向作用,商业银行也要加强对消费者的宣传和解释工作。

五是要渐次引入收费项目,有关收费要采取优惠措施。银行收费既要以服务成本为基础,也要适当兼顾弱势群体;既要积极借鉴和吸纳国际先进经验,也要充分考虑我国经济社会发展的特殊历史阶段。第一,要尽快调整一些不合理的收费项目。目前,我国银行借记卡在 ATM 机跨行取款是通过中国银联提供的网络进行操作的,而并非跨行使用了不同网络,应参照国际标准取消收费。与此同时,商业银行基本结算类业务收费偏低,导致结算业务长期亏损经营,特别是公司结算类业务收费,必须加快调整,实现银企双赢。第二,要选择适当时机引入部分收费项目。第三,要根据不同服务对象灵活调整收费标准。针对弱势群体,要采取必要的银行服务收费减免或优惠措施,例如免收小额存款账户管理费。

大力发展中间业务,是商业银行推动收益结构由利差收入为主向非利息收入为主转变,推动经营转型的必由之路。近年来,国内各商业银行顺应市场环境变化,在中间业务产品创新、体制机制建设、规范管理等方面进行了有益的探索,实现了中间业务的快速发展。在一定程度上,商业银行中间业务收入占比反映了商业银行经营的稳健程度、市场竞争力、创新能力和风险控制水平,这一点将随着市场的发展变化越来越明显和重要。商业银行在推进服务收费改革过程中,必须从我国国情出发,在追逐利润的同时兼顾社会各方利益。建议商业银行以收费管理体制变革为契机,积极落实政策规定,从定价机制、内部管理、产品创新等方面进行提升,构建科学规范的收费管理体系,为全行业中间业务良性发展提供有力支撑。

商业银行发展中间业务的根本动力在于，中间业务实现非利息收入的持续增长。中间业务定价要考虑产品成本、风险因素、收费政策、客户对产品价值的认识程度和承受力、市场竞争以及一些相关的复杂问题。妥善地引导、处理商业银行中间业务收费问题，将有利于商业银行保持中间业务创新与发展的不竭动力，实现商业银行的可持续发展。因此，如何客观地分析、认识商业银行服务收费问题，对商业银行发展中间业务，促进其经营转型至关重要。

本章小结

1. 中国人民银行支付清算收费是指中央银行通过自己负责运营的支付系统为银行业金融机构提供清算服务所收取的费用。中国人民银行支付清算服务收费定价基于以下原则：第一，不以盈利为目的，收费仅满足系统正常运行和维护的需要；第二，起到银行结算收费的基础价格作用，通过价格传导机制调节支付清算市场收费，抑制垄断和不平等竞争；第三，以低廉的价格和优质的服务，吸引银行业金融机构通过现代化支付系统办理业务；第四，调节系统运行，均衡业务峰值，促进支付系统高效稳定运行。

2. 我国商业银行服务收费项目和种类繁多，虽然收费依据相关文件进行定价，但是基层中国人民银行和商业银行普遍反映支付结算服务收费监管职责不明确、收费政策规定滞后，给实际的支付结算业务工作开展带来了很多困难，亟待解决。其中跨行结算收费高于行内结算收费，柜面结算收费高于电子结算收费，企业结算收费高于个人结算收费。

3. 当前我国支付清算服务的收费政策决定了系统参与者的业务成本，支付清算服务收费通常采用以下三种定价方式：一是成本回收法，这种方法涉及在确定的时间段以收支平衡的方式回收全部成本，包括固定成本和运行成本。二是市场定价法，这种方法同样涉及对成本和业务笔数进行估计，并将成本摊销到每笔业务中但制定的价格包含总成本与盈余。盈余由市场竞争条件和适当的投资回报考虑决定。三是补贴定价法，这种方法是指中央银行或者公共部门的运行者对支付服务的成本进行补贴，以发展金融市场或者鼓励金融机构转向更加安全和有效的支付方式。

4. 目前国外支付清算服务收费模式主要有以下三种：一、是按业务量收费模式（美国模式），二是按时间段收费模式（新加坡和韩国模式），三是按固定汇划费用收费模式（日本、英国、中国香港模式）。

思考题

1. 当前我国商业银行支付服务收费定价中存在哪些问题？
2. 如何完善我国商业银行支付服务收费定价机制？
3. 如何借鉴国外的支付清算费用经验来完善我国的支付清算机制？

第六章 支付风险管理

第一节 支付风险概述

目前,我国已初步建成以中国人民银行现代化支付系统为核心,银行业金融机构行内支付系统为基础,同城票据清算系统等系统并行的支付清算网络体系,对提高社会资金使用效率,增强金融服务功能发挥了重要作用,但存在的支付风险也不容忽视。

支付风险也称为支付清算风险、结算风险等,是指运用结算工具从事货币活动、资金清算过程中可能遭受的损失。作为经营货币的高风险行业,安全性是金融业永恒的主题。如果一家银行经营管理不善,除了对本身的发展产生影响外,还可能对整个金融体系的稳定运行构成威胁,严重时还会影响社会经济生活的稳定。于是,支付结算风险控制便成为金融机构办理支付结算业务必须面对和解决的首要问题。

近几年,我国第三方支付平台发展迅猛,平台数量不断增加,入驻商家越来越多,交易规模越来越大。另外,第三方支付平台涉及的领域不断扩大,比如金融、教育、医疗等,并且有些行业还进行跨界合作,推动平台创新发展。传统支付方式一般以现金结算和转账结算为主,这样能实现钱货当面核查。如今互联网技术飞速发展,催生了互联网经济,人们开始转变交易方式,从有形交易市场到无形交易市场,由于发展前景广、入行门槛低,买卖主体越来越多,难以确认对方信誉,因而容易产生交易纠纷。在这种情况下,第三方支付应运而生,它们作为中间担保平台,替买卖双方暂时保管资金,待买方确认无误收货后,平台再将资金划入卖方账户,保证了交易的安全性。

尽管我国已出台相关政策支持第三方支付平台的健康发展,但目前仍存在交易市场混乱、交易机制不完善、资金安全性低下等问题。就在 2018 年,央行就对国内多家第三方支付平台进行了罚款,如一些平台因接入外汇交易致使许多投资人资金被骗无法收回,还有一些平台使用非法支付手段,恶意操纵资金。由此可见,如今的第三方支付平台乱象不是一朝一夕能解决的事,需要做好监管工作。

第二节　我国支付风险的特点

在我国，支付体系服务已经形成了较为严密的组织格局，其主体主要包括中国人民银行、银行金融机构以及其他机构。银行支付结算体系的主体主要是票据和银行卡，又辅之以互联网支付、移动支付等电子支付。当前我国已经形成了以中国人民银行支付系统为主干，以银行业金融机构内支付系统为主体，以银行卡跨行交易清算系统、外汇结算系统等作为组成部分的系统型框架。支付结算风险主要出现在运用结算工具进行货币活动以及资金清算的过程中，其具有以下几个特征：

一、与宏观经济环境密切相关

在我国，20 世纪 80 年代，以高额利息招揽存款、接受贿赂违规贷款、违规对外担保、违规办理信用卡透支是支付结算风险的主要表现形式。而后，随着经济市场的转型以及发展，支付结算风险的表现形式也发生了很大的改变。自 20 世纪 90 年代以后，支付结算风险逐渐从资产业务领域转向票据贴现业务领域，从发放贷款转向降低不良贷款率。这也就导致了有关信贷业务和票据业务的风险事件的发生。

二、范围广，风险高

从我国以往的支付结算案件来看，大多数的案件范围都较广。有很多的支付结算案件是由内部工作人员或者外部不法分子作案，或者是外界分子伙同内部员工共同作案，主要的作案手段包括诈骗、盗窃、挪用以及贪污等，由此可见支付结算案件的范围之广、欺诈风险之高。支付结算风险时刻可能发生，无论是在经济发达的地区还是在经济落后的地区，无论是在城镇还是在乡村，都可能存在支付结算风险。

三、内部作案为主

根据对以往案件的分析可以发现，大多数涉案人员是内部员工。涉案人员既有银行内部的基层人员，也包括银行的高管，可谓涉及银行内部的各个职务层次。此外，大多数支付结算案件的作案手法都具有较强的专业性、隐蔽性。作案分子通常是高智商、高水平的知识分子。这就为案件的调查和侦破增加了很大的难度。

第三节 支付风险的成因

一、过度强调目标的实现与控制

商业银行传统的内部控制过度强调目标的实现与控制，忽视内部控制模式建设，缺乏整体的控制思想和控制框架，内容控制模式存在严重缺乏业务执行标准和综合评价标准的现象，管理标准也多以规章制度为主，缺乏控制标准，而且内部控制程序也因缺乏要素控制的要求表现出明显的不规范。

二、风险意识淡化

国内银行业没有经受过类似于国外重大风险事件的冲击，即使有些机构已惨遭市场风险酿成的损失，也没有引起多少重视，风险意识普遍较低。

三、经营管理不善

很多金融机构处于经营亏损、经营困难的状态，不少银行没有真实反映其经营状况，如果真实反映其经营情况、经营实绩，可能问题更多、情况更糟。在这样的情况下，某些银行的高层管理人员不是想着如何去适应市场竞争，加强金融管理，转变经营理念，提高经营和服务水平，而是企图通过打擦边球等手段提高经济效益，从而导致风险提高。不良资产比例上升，流动性出现严重问题。

四、科技技术落后

各银行的高端软硬件设备大多是进口的，软件开发大多是外包给第三方，这往往造成项目管理服务不到位，存在严重的安全隐患。随着金融网上业务的拓展，电子欺骗、网络攻击、病毒入侵给金融信息系统的安全带来巨大威胁。

五、缺乏配套的法律法规

健全完善的支付结算法律法规是支付结算正常有序进行的根本保证。有的法规措施可操作性不强，在实际工作中很难执行到位；有的法规条款与其他的法律法规相冲突；还有的法律法规已不适应支付结算业务发展的需要。特别需要引起重视的是，至今尚有一些支付结算中的风险点及新兴业务没有系统的法律法规对其加以约束，如对大额支付、电子支付工具及网上支付业务的监控等。

六、不当操作

由于需要人为的操作，因而系统内外的违规或不正当操作所带来的直接或间接损失的风险也是在所难免的。

第四节　支付风险类型

一、清算风险

清算风险是银行在清算同城票据交换资金或系统内联行资金过程中产生的风险。一些商业银行在资金管理、业务开展、人员调配、财务核算等方面没有进行有效的管理与培训，银行工作人员工作责任度不够高，清算专业人员任职资格审查制度不到位，会计人员政治思想教育和法制教育欠缺。这些导致了清算风险的产生，主要表现为两大类：一是个别行、社在同城结算和联行清算环节上控制不严所产生的风险；二是商业银行将资金矛盾转化为结算矛盾，利用联行体系的关联性而导致的地区性支付风险。

二、票据风险

随着经济活动的日益频繁，支付业务逐渐增加，以票据为主要支付手段的结算业务也给银行带来了诸多的风险。现实中，一些银行的票据业务岗位职责不明确，重点岗位监督管理以及内部检查不严，对内部违规发展票据业务缺乏有效监督，甚至采取默许的态度，往往导致票据风险的产生。

三、结算操作风险

一些商业银行支付结算操作风险意识淡化，政治思想工作薄弱。从银行会计结算部门内部发生的各类案件中不难发现，有章不循、违章操作是发案的根本原因。据统计，在银行业所有风险中，操作风险所造成的损失仅次于信用风险。因此，对操作风险的有效管理是银行业风险管理的重要内容之一。对此，中国人民银行制定了《大额支付系统业务处理手续》《大额支付系统业务处理办法》等规定；各商业银行制定了行内资金汇划系统的操作规程和内控制度。尽管采取了较为严密的防范措施，但目前大额支付系统技术维护不明确的问题仍应引起关注。大额支付系统（HVPS）的设备系统集成和应用软件的开发分别由系统集成商和深圳金融电子结算中心完成，大额支付系统（HVPS）正式运行后，这些人员已经撤离，中国人民银行总行对系统的维护问题尚未明确。同时，当地中国人民银行的技术人员因没有经过完整的技术培训，在系统日常运行中出现问题时，还需找集成商帮助解决。目前的这种状况，在系统维护的及时性、效率性特别是灾难性故障排除方面都存在一定问题。

四、内控风险

人员配备不到位、规章制度形同虚设，特别是一些基层分支机构人手配备不足或随意抽调会计人员应付紧急任务，使得业务相互制约机制难以落实，出现真空和漏洞，犯罪分子得以伺机作案。监督检查流于形式，上级对下级、主管对基层人员、事后监督岗对会计操作岗的各项检查并未严肃认真进行，而是成了例行公事，导致一些内部案件长期暴露不了。

五、运行风险

支付清算体系所属各系统在建设之初，即从系统设计方面考虑了防范系统运行风险。如开发系统自身平衡检查和数据核对功能，以防止账务处理出现差错；设计业务差错和异常情况处理机制；系统运行设计采用双机热备的系统构造等。同时，各系统参与者还在系统运行后纷纷建立了快速维护机制，以及时妥善地处理可能出现的运行风险。

目前，支付体系在运行风险方面仍然存在一些隐患。例如，各商业银行行内系统间升级不同步。由于各商业银行业务不断创新，导致行内各子系统版本升级频繁，使得部分子系统之间互联互通工作无法完成，影响了客户资金及时到位，系统设计功能不能完全实现。另外，社会化公司参与、防范技术落后等因素增加了支付清算体系风险防范难度。其主要表现在：在银行卡业务技术协作过程中，技术协作机构可能获取ATM、POS机具的传输加密技术，导致加密技术泄漏；社会化公司的技术服务人员变动频繁，经营具有不稳定性，也给银行卡业务稳定发展留下隐患；磁条银行卡存在易于涂改和仿制的固有弊端，影响银行卡业务安全；发卡行内部网络在受理银行卡业务时，成为开放式网络，可能受到攻击的渠道较多；发卡行对内部网络的访问控制不严格，部分口令设置过于简单，防火墙及入侵检测系统配备不完善，给银行网络安全造成威胁；各金融机构之间尚未建立信息共享机制，不能及时掌握跨机构、跨地区恶意透支、诈骗黑名单，不利于信用卡诈骗行为的有效防范，等等。

六、流动性风险

在流动性风险方面，目前存在的主要问题有：大额支付系统（HVPS）的流动风险控制措施带来一定程度的效率损失。目前，由于各行内部管理模式、计划资金额度授信不同，资金调度速度差别较大，因而大额支付系统（HVPS）采用了严格的“无透支规则”流动风险防范措施，不足支付的业务进行排队处理。然而，支付系统的参与者可以有意或无意地利用该机制，造成资金的延缓支付，导致日间清算业务排队等待、日终清算窗口时间集中清算的现象时有发生，甚至有些银行日终不能及时筹措资金，从而导致大量的支付业务被退回，降低了社会资金的周转速度，带来了严重的效率损失，影响社会公众对大额支付系统（HVPS）的信心。

现行清算账户管理方式增加了风险控制难度。大额支付系统（HVPS）清算账户的账务记载分为中国人民银行通过中央银行会计核算数据集中系统（ACS）发起的单边业务及商业银行通过行内系统发起的汇兑业务。日间清算账户的账务处理由国家处理中心进行，日终时商业银行可以从国家处理中心将中国人民银行发起的单边业务汇总数据及自身发起的汇兑业务明细下载到前置机系统，中国人民银行将清算账户的当日借、贷方累计发生额及余额下载到中央银行会计核算数据集中系统（ACS）并生成分户账。此种管理方式，使商业银行只能通过前置机查询到通过行内系统发起的汇兑明细，而中国人民银行发起的单边业务明细无法通过系统直接进行核对，因而增加了风险控制的难度。

七、法律风险

在这方面，目前主要依据《中华人民共和国票据法》《支付结算办法》和相关的《中华人民共和国民事诉讼法》《中华人民共和国企业破产法》等处理解决支付清算体系运行中的法律风险。同时，中国人民银行制定了一系列规章制度，如《大额支付系统业务处理办法》《大额支付系统运行管理办法》等，规范了业务处理和系统运行行为，确定了支付系统当事人和关系人的权利和义务，明确了造成资金损失的责任。

但目前在支付体系法律法规方面，仍存在一些不尽完善的地方，主要表现在：法律法规滞后导致业务操作风险。例如，票据截留无法律支撑。借记业务实时清算，持票人开户银行无法核对票据签章的真伪，只能依据支付密码作为审核付款依据，一旦票据发生问题产生纠纷或形成法律诉讼，缺乏法律支持的银行将面临败诉赔偿的问题，为实时清算业务的开展带来极大的负面影响。再如，网上支付业务的开展缺乏法律规范。《中华人民共和国电子签名法》的实施为网上支付业务提供了强有力的支持，使网上支付发展空间得到进一步拓展，但由于相关的法律法规滞后，使其发展不甚规范，如网上支付的法律地位、相关机构及企业和个人的行为规范、收付问题等都成为制约其发展的瓶颈。

支付系统的一些制度设计不尽完善。《大额支付系统业务处理办法》第三十四条规定：“清算账户禁止隔夜透支。在清算窗口关闭之前的预定时间，国家处理中心退回仍在排队的大额支付和即时转账业务。对直接参与者清算账户仍不足的部分，中国人民银行当地分支行按规定提供高额罚息贷款。"这样的清算安排容易导致大额系统直接参与者不能及时筹措资金头寸时，中国人民银行被迫发挥最后贷款人的职能，被迫为其提供高额罚息贷款，以保证其清算账户不发生隔夜透支，从而承担信用风险。同时，中国人民银行总行对中国人民银行各分支机构有的短期流动资金贷款有信贷额度限制，当为该直接参与者提供的高额罚息贷款金额超过中国人民银行当地分支机构信贷额度时，便会使其资金头寸无法弥补，清算窗口无法关闭，全国其他系统参与者长时间等待。

八、经营风险

经营风险是指银行由于经营管理不善，各种风险积聚到一定程度集中表现为流动性困难而引发的支付风险。随着市场经济的发展和金融业竞争的加剧，银行经营面临内外双重压力。银行自我约束机制和内部控制机制尚未真正建立，经营管理水平难以适应市场的变化，出现大量违规经营，信贷资产质量下降，不良资产比例上升，政府行政干预和企业借改制之机悬空银行债务，导致银行经营状况进一步恶化，资产安全性和流动性出现严重问题，有的已发生支付危机。与此同时，有效化解和抵御风险的机制尚未建立。当前影响银行资产流动性、安全性的主要因素是金融资产质量低下、资产负债比例高、金融资产风险大。

第五节 支付风险控制的主要措施

一、建立健全和落实内部管理和监督制约机制，堵塞漏洞，消除隐患

内部管理制度的健全，是防范风险的重要保证。商业银行必须建立一套科学完善、职责明确的内部管理体系和银行内部控制制度。

(1)建立健全岗位责任制。营业机构要建立会计人员岗位责任制，针对银行会计工作的每一个岗位和每一个环节的业务特点和业务流程制定相应的制约措施，特别是对易发生案件的重要岗位，实行岗位分工，严禁一人兼岗或独自操作全过程。对记账员、复核员、同城票据交换员等重点岗位人员，要实行定期检查、定期轮换、交流和强制休假制度。对重要岗位的不合格人员，要坚决予以调整，并进行离任审计，严格办理工作交接手续。

(2)建立重要事项审批制度。会计人员进行账务处理必须依据符合会计制度的有效凭证，不得接受不符合制度的任何指令，上级行授权处理的事项必须履行必要的手续；制作内部记账凭证及错账冲正必须经会计主管审核签章；加强暂收暂付款科目的

管理，严格按规定的核算范围使用、按规定权限审批，并定期进行清查。

(3)建立账务核对制度。会计账务必须坚持“六相符”，即账账、账款、账据、账实、账表及内外账核对相符，根据制度要求，对不同账务采取每日核对或定期核对的办法，若账务不平，则要换人查找。要建立和完善外部对账制度，由事后监督人员定期按户核对，确保内外账核对相符。

(4)建立会计事后监督制度。各银行营业部门要设置事后监督岗位，对每日发生的会计业务于次日进行全面核查，会计主管重点抽查、及时发现和纠正差错。要加强重要岗位特别是易发生案件的环节重点监督，实行会计主管定期不定期检查制度。

(5)建立重要空白凭证管理制度。凭证管理要做到专人领导、专人管理、专库保存，对重要空白凭证的出入库、领用和销毁，必须按规定的制度办理。落实专人保管和账实分管制度，严格将保管和签发使用分开，对重要空白凭证按日进行表外科目核算，并配备必要的安全保管设施。

二、强化中央银行支付结算风险监管，保证支付体系安全

中国人民银行支付结算管理的主要任务是保证支付结算体系的安全，监控金融机构经营资金流动性和安全性，以防商业银行将资金矛盾转化为支付结算矛盾，避免发生地区性的结算支付困难。要定期考核商业银行准备金存款情况，督促商业银行加强系统内资金的调度和管理；要加大金融监管力度，进一步落实会计制度执行情况、结算纪律执行情况的定期或不定期检查制度；要认真办理商业银行的转汇业务，监控商业银行执行联行汇差资金管理规定的情况，堵截商业银行超占汇差进行超负荷经营的渠道，确保大额资金的实时清算，防范支付风险的发生；要加强印、押、机、证的安全管理，增强防伪的手段，定点厂家生产，探索使用电子防伪技术。

三、严格按照《中华人民共和国票据法》和《支付结算办法》准确及时地办理支付结算业务

《中华人民共和国票据法》颁布之后，《票据管理实施办法》《支付结算办法》等配套法规相继出台，结算管理逐步步入法制化轨道，但仍存在有关规定不完善、票据行为不规范之处。需要进一步修订完善有关结算、联行制度，加强《中华人民共和国票据法》及其配套法规的宣传、贯彻和落实，强化支付结算管理，依法办理各项业务。要严格票据的审查，对票据的真实性、必须记载事项是否齐全、背书是否连续、更改是否合法有效、是否是合法持票人等严格审查，尽可能避免因审查不严造成诈骗得逞；要严把大额款项支付关，对有疑问的票据和联行重要凭证先查询后支付，严格遵守各项结算业务操作规程。

四、重视计算机安全管理，防范系统风险

计算机技术在支付结算领域的应用越来越广泛，从微机配置到网络化运行，加强安全管理显得愈来愈重要。要健全会计电算化系统岗位责任制，加强责任控制，把程序设计、系统日常管理、计算机操作、数据保管四个基本不相容的岗位分开；加强计算机系统操作控制，防止未经批准人员操作计算机，在操作中注意输入控制和输出控制，输入凭证必须经过审查并由两人输入检验，输出数据必须经过人工核对，由事后监督员对计算机打印出的日结单与手工核算的日结单核对相符，认真执行会计电算化管理业务操作规定，加强口令、加密和权限管理。操作密码要定期更换，防止失密；加强磁介质档案管理，每日业务要进行备份，磁介质作为会计档案管理。

五、加强经营管理，提高风险防范意识

商业银行要重视支付结算风险防范，加强经营管理，控制金融资产风险。要充分认识支付结算风险防范的紧迫性，从已经发生的形形色色的案件中认真吸取教训，采取措施防范支付风险。首先，要按照资产负债比例管理的要求加强经营管理，坚决纠正和严厉查处违规经营行为；其次，要建立支付风险保障机制，明确政府、银行对各类金融机构的风险处置责任，加强预警监测，制定临时救助方案和长期保障措施，各方努力化解风险；最后，要改革完善财务制度，贯彻谨慎会计原则，实施贷款五级分类，提足各项风险准备，增强商业银行经营实力和发展后劲。

六、树立风险防范理念，提高风险防范的前瞻性

支付清算体系的管理者、运行者和参与者都有责任和义务维护支付清算体系的正常运行，要增强其责任意识，从贯彻落实科学发展观、全面做好金融服务工作的高度，深刻认识防范支付清算体系风险的重要意义和使命。要增强风险意识，通过开展广泛的风险教育和业务风险评估培养支付清算体系工作人员的风险意识，并将风险意识贯穿于日常工作之中。要把风险防范工作作为重点工作，进行安排部署，做到三个“到位”，即认识到位、工作力度到位、防范措施到位。

七、强化动态管理，提高风险防范的有效性

支付清算体系的风险是一个动态发展过程，随着一些新系统的运行和业务操作方式的改变，新的风险点和新的风险隐患会不断出现。因此，在实际工作中，需要强化对风险的动态防范，不断完善风险防范措施。要结合实际工作的开展，不断健全支付清算体系风险防范机制，建立支付结算业务的统计监测体系，加快推进现代化支付系统

国家处理中心和灾难备份中心的建设。要加强日常维护，完善故障报告制度和处理制度，健全现代化支付系统运行维护机制。要把风险防范工作与新业务的开展和新系统的运行有机结合起来，针对支付清算体系的薄弱环节和可能存在的风险点，不断完善风险防范措施，提高风险防范的有效性。

八、健全法规制度，为有效防范风险提供法律保障

尽快出台相关的法律法规，为票据截留和网上支付业务的开展提供法律支持，推动支付工具业务的不断创新，促进支付工具的多样化发展。首先，要建立支付清算风险基金管理制度，规定各大额支付系统直接参与者，按照营运资本的一定比例缴纳清算风险管理基金，存放至中国人民银行总行风险基金专户。在清算窗口关闭前，有关直接参与者无法清算同城票据交换轧差净额等资金时，中国人民银行总行可以启动清算风险基金为其提供贷款。其次，要建立强制信息披露机制，加快风险信息化建设。按照由内到外逐步公开的原则，利用现有客户资源和历史数据，构建适合我国银行业金融机构的风险管理信息系统。同时，建立风险预警机制，包括风险识别和认定系统、风险监测系统、风险处置系统等。最后，要完善会计核算操作规章制度。以防范风险、规范操作为主线，将各项内控制度的建设与新系统运行状态下的新增风险点相结合，与系统功能设计相结合，进一步整合、完善各项业务制度和操作流程，加强对重要环节和重要岗位的控制，确保把会计核算的各个环节、各个步骤都纳入制度化轨道，实现防范风险管理的科学化和规范化。

九、完善系统功能，以高科技手段防范支付风险

首先，改进大额支付系统的流动性风险管理，提高大额支付系统的效率。在进一步优化业务处理流程、健全管理规章制度、加强系统统计监测的基础上，启用自动质押融资功能，加快社会资金周转，提高支付系统效率。其次，开发综合信息服务系统，整合支付清算体系信息资源，通过对现代化支付清算体系各个组成系统所提供的客户信息进行采集、分析和整合，了解社会资金流量、流向，了解客户的需求，为银行管理者决策提供依据，为建立社会信用体系和打击逃废债行为、反洗钱奠定基础。最后，推广使用票据圈存系统，有效防范信用风险。支票圈存系统使持票人足不出户就可以实时查验支票真伪和账户是否有足够余额支付票款。其对防范支票使用风险、保障存款人的资金安全、维护持票人的合法权益、维护正常的支付结算秩序、推动个人支票业务的发展具有重要作用。

十、加强员工管理，提高会计队伍素质

在我国金融事业迅速发展的今天，金融业必须拥有一支品质良好、训练有素的会计队伍，人的因素是决定因素。要对会计人员实行任职资格审查制度。会计主管和人员的任职变动，必须经过认真审核。要加强会计人员的培训，采取多种方式，对会计人员进行政治思想、职业道德、法规制度、业务知识、操作技能和计算机知识的教育培训。通过政治学习、岗位练兵、业务比赛等形式，全面提高会计人员素质。加强会计人员政治思想教育和法制教育，增强他们的法制观念和职业道德观念及风险防范意识，防止违法犯罪案件的发生。要根据业务发展和会计工作的需要，合理充实会计人员队伍，保证各项制度的落实。

十一、借助新技术，开拓新思路

平台运营过程中可以积攒很多的数据，第三方支付平台获取信息速度快，而且成本低，对数据可以实行筛选。在经营中，支付平台大多独立经营，不能实现长期的信息共享，不利于统一管理。这一现象需要被打破，实现数据的整合，做到信息管理去边界化，以提高第三方支付平台的分析水平，有利于经营管理一体化。另外，第三方支付目前存在很大的安全隐患，尤其是扫码支付。因此，一方面要加大第三方支付由扫码支付向 NFC 支付的转变；另一方面要对传统的二维码进行进一步的加工，创建加密系统，在云端建立数据库，上传搜集到的各种自带病毒的二维码，共同防护。

十二、积极转变平台管理理念

国际上在对平台数据进行初步处理时，一般使用不完全统计学的知识，然后再系统地罗列粗糙的数据，最后再处理类型化的数据。第三方支付平台内部的数据量小，精准度高，类别少，来源范围较窄。而利用大数据，会扩大支付平台的数据来源范围，使数据涉及不同行业、公司以及社会的各个方面，数据量多，比较繁杂，有很高的精准度。因此，中国的互联网要想快速普及，绝对不仅仅是政府的事情，互联网企业作为互联网发展的最大受益者，理应承担责任，在支付场景上进行深入研究，对于大宗商品的交易开发另外一种形式的二维码，并采取分步支付措施，这样，一旦发现交易存在隐患，就可以及时切断，减少资金损失。这种新型的第三方支付方式不但能为企业带来便利，也能对民众的个人信息起到安全保护的作用，有利于产品推广。

第六节　“三道防线”建设

2016年10月20日，由中国支付清算协会举办的第五届中国支付清算论坛在北京召开。中国人民银行党委委员、副行长范一飞在会上充分肯定了我国支付产业的发展成果和市场前景，指出尽管我国支付领域当前暴露出一些风险，但是支付产业整体向好的发展态势没有改变，聚力前行的势头没有减弱。我国支付市场需求旺盛，技术创新活跃，产业结构优化，政策环境有利，为支付产业持续发展带来源源不断的动力和生机勃勃的活力。从发展生命周期、产业价值以及外部环境等因素综合来看，支付清算还是一个方兴未艾、内生动力十足的新兴产业，面临的机遇与挑战并存，机遇大于挑战。行业发展前景广阔，前程远大，这是发展的基本格局和主流方向。范一飞鼓励支付从业人员认清发展形势，坚定发展信心，化挑战为机遇，再接再厉，推动支付产业更高水平的发展。

范一飞指出，辩证、具体和动态地认识支付产业发展中安全和效率的关系，是遵循市场发展规律的必然要求，也是中国人民银行制定和优化政策的重要依据和出发点。安全和效率相辅相成、对立统一，必须统筹考虑、具体运用。中国人民银行实施银行账户和支付账户的分类管理以及“大额支付侧重安全、小额支付侧重便捷”等思路和实践，都是政策层面对安全和效率关系具体、辩证运用的体现。从支付服务的本质和特点看，安全应当具有一定优先性，必须在保证安全的前提下提高效率；如果确需牺牲一定程度的安全，也必须具备足够的风险补偿能力，建立有效的风险管理机制。同时，安全和效率的平衡也不是一成不变的，在社会经济发展的不同时期、支付行业发展的不同阶段，不同的参与主体、社会群体对安全和效率的需求都在不断变化。在一段时期内，安全是矛盾的主要方面，那就需要集中力量提升安全水平。随着安全性保障水平的提高，效率可能上升为矛盾的主要方面，那时就需要适当调整相关政策，优化提高支付的效率和便捷性。最终，要不断提高技术和管理水平，在安全和效率之间争取更大回旋空间，实现更高水平上安全和效率的统一。

对于中国人民银行支付监管的变革方向，要注重“四个监管”。一是注重适应性监管。中国人民银行将继续坚持开放、包容的理念，合理把握监管力度和节奏，及时评估监管政策的适应性并进行动态调整和完善，引导行业规范发展。二是注重服务型监管。中国人民银行要不断改进服务，坚持与行业同呼吸、共命运，要寓服务于监管之中，寻找监管与市场关系的“舒适区”、政策意图和市场意愿的“共鸣区”，使监管更加贴近市场需求，为行业发展添砖加瓦，为行业主体排忧解难。三是注重均衡性监管。既要用西医的手术刀切除病灶，也要拿中医方子强身固本，做到刚柔相济、张弛有度。不搞下不为例，也不搞不教而诛；不搞隔靴搔痒，也不搞矫枉过正。注重引导市场预期，不断提升监管灵活性和有效性。四是注重预防性监管。要把监管关口前移，科学配置监管资源，从“事后灭火”向事前预防、事中监测和管理倾斜，增强监管前瞻性和主动性。此外，在市场经济发展过程中，对犯规者的宽容就是对守法者的惩罚。将对各类市场乱象和违法违规行为保持高压态势，加大处罚力度，强化责任追究，提高违法成本，营造公平公正、规范有序的发展环境。

行业自律组织在推动行业规范、协调发展中负有重要责任。作为支付行业的全国性自律组织，中国支付清算协会要加强行业自律，组织会员单位良性竞争、协同发展，积极应对行业利益格局变化，组织和协调好相关利益群体的行动，共同解决和应对行业发展的重要问题和挑战。要深化和推动行业自律，加强和改善行业服务，切实维护行业和消费者权益。要根据监管政策新进展及市场发展新动向，建立和完善与时俱进的行业规则和服务标准，切实维护行业发展的基本规则和共同利益。要强化约束机制，对于违反自律规则的行为要严格落实惩戒措施，树立自律规则的权威性和公信力。特别是在打击电信网络新型违法犯罪方面，支付清算协会要发挥积极作用，加强组织协调，推动会员单位细化各项举措，形成行业的协同行动。要牵头组织全行业风险信息管理系统建设，建立行业黑白名单机制，筹建反欺诈实验室，建立和优化可疑交易模型，为行业提供风险信息和欺诈行为的模型及案例，实现行业风险联防联控。

各市场机构应发扬主人翁精神，做行业发展的参与者、推动者和引领者，和有关各方一道把行业的事情做好。各机构要转变观念，强化风险管理的主体责任，树立正确的安全观和发展观，采取积极措施，确保支付安全和服务规范。要强化案件防控，进一步加强和改进机构内控治理，建立健全包括运维、风控和审计在内的“三道防线”，提升内控部门和人员的权限和独立性，形成创新与合规的内部制衡。要推动在身份识别、交易验证、支付标记化技术、安全算法、芯片技术等领域的技术开发和应用，提高支付安全的现代化水平。要认真落实中国人民银行关于加强支付结算管理、打击电信网络新型违法犯罪活动的要求，坚决把住资金转移这一关键节点，使支付清算环节成为犯罪分子难以逾越的屏障。

建立业务经营管理的“三道监控防线”，是支付体系监督管理的基础性风险防线。

第一道防线：以操作运行环节为重点，强化支付业务基础管理。一是要筑牢业务环节防范关口。对支付清算业务工作的各个环节进行全面梳理，从制度执行、岗位职责、业务操作技能、管理等方面排查找出易于出现和潜在隐患的风险点。对印、章、证的管理，资金往账的发出、结算票据的识别，同城票据的传递等重要工作环节都要重点监控，并实施风险点分类管理，层层分解，落实具体负责人和保障措施，做到关口前移，从源头上堵塞隐患和漏洞。二是要筑牢日常监控防范关口。通过对支付运行情况的日间监控，及时掌握各账户支付清算情况，对日间透支频繁、影响辖区内其他金融机构资金清算的账户实施重点监控，加大对辖区内金融机构流动性风险和信用风险的防范与控制力度。三是要筑牢内部监督审核防范关口。坚持要案岗位设置相分离制度，加强岗位制约，严防代人操作“一手清”现象发生。

第二道防线：以风险控制为主线，整合业务处理流程。一是要合理定岗定责，建立健全岗位责任制。营业机构要建立会计人员岗位责任制，针对银行会计工作的每一个岗位和每一个环节的业务特点和业务流程制定相应的制约措施，特别是对易发生案件的重要岗位，实行岗位分工，严禁一人兼岗或独自操作全过程，将每一个业务环节都纳入控制之中。二是要完善管理流程，突出内部控制的中心环节和重点部位，立足抓规范操作，加大内部审核力度。各网点会计主管要切实负责，对当天发生的业务认真进行检查监督，从源头把好质量关、安全关。三是建立账务核对制度。要严格按照规定设立对账中心，配备专职人员进行账务核对，逐步建立涵盖外部、内部等所有往来业务的对账系统，从资金上扼住风险的发生。

第三道防线：以内控机制建设为重心，进一步完善监督制约机制。健全的内部控制机制是构建支付清算安全模式的重要保证。要通过完善账户管理系统、授权系统功能和支付信息分析体系，加大内部监督检查的力度，提高非现场监管和事后监督的力度，使清算资金风险控制由事后补救转向事前防范。一方面，充分发挥事后监督部门的监督职能，目前各专业银行大部分已实现集中复核，建立了滞后复核中心，通过滞后复核系统与核算系统对接，缩短了发现问题的时间，最大限度地提高了监督效率。另一方面，内审、纪检监察等部门要利用突击检查和常规检查、定期检查和阶段性检查、专项检查和全面检查等多种检查方式，组建“飞虎队”，加大突击检查力度，重点放在“事前”和“事中”，实施“全程跟踪，动态监督”，真正起到防范、督促整改和跟踪落实的作用，有效控制和防范风险。

本章小结

1. 支付风险也称为支付清算风险、结算风险等，是指运用结算工具从事货币活动、资金清算过程中可能遭受的损失。支付风险主要产生于运用结算工具进行货币活动以及资金清算的过程。支付风险具备以下几个特征：第一，与宏观经济环境密切相关，第二，范围广，风险高，第三，以内部作案为主。

2. 支付风险包括以下几种类型：①清算风险。清算风险是银行在清算同城票据交换资金或系统内联行资金过程中产生的风险。②票据风险。结算业务是通过银行提供各种支付结算的手段与工具，为客户实现经济活动中的货币给付转移，在票据转移过程中存在风险。③结算操作风险。在银行业所有风险中，操作风险所造成的损失仅次于信用风险。因此，对操作风险的有效管理是银行业风险管理的重要内容之一。④内控风险。人员配备不到位、规章制度形同虚设，会导致业务相互制约机制无法落实，出现真空和漏洞，从而被犯罪分子伺机作案。⑤运行风险，应从系统设计方面考虑防范系统运行风险。如开发系统自身平衡检查和数据核对功能，以防止账务处理出现差错；设计业务差错和异常情况处理机制；设计系统运行采用双机热备的系统构造等。

3. 支付风险控制的主要措施包括以下几个方面：第一，建立健全和落实内部管理和监督制约机制，堵塞漏洞，消除隐患。内部管理制度的健全，是防范风险的重要保证。具体要建立健全岗位责任制，建立重要事项审批制度，建立账务核对制度，建立会计事后监督制度，建立重要空白凭证管理制度。第二，强化中央银行支付结算风险监管，保证支付体系安全。中国人民银行支付结算管理的主要任务是保证支付结算体系的安全，监控金融机构经营资金流动性和安全性，以防商业银行将资金矛盾转化为支付结算矛盾，避免发生地区性的结算支付困难。第三，严格按照《中华人民共和国票据法》和《支付结算办法》准确及时地办理支付结算业务。第四，重视计算机安全管理，防范系统风险。计算机技术在支付结算领域的应用越来越广泛。从微机配置到网络化运行，加强安全管理显得愈来愈重要。第五，加强经营管理，提高风险防范意识，控制金融资产风险。第六，树立风险防范理念，提高风险防范的前瞻性，增强支付清算体系的管理者、运行者和参与者的责任意识。第七，强化动态管理，提高风险防范的有效性。支付清算体系的风险是一个动态的发展过程，随着一些新系统的运行和业务操作方式的改变，新的风险点和新的风险隐患会不断出现。

思考题

1. 哪些原因会导致支付风险的产生？
2. 第三方支付工具存在哪些支付风险？

第七章　跨国支付清算

跨境支付清算是指两个或两个以上的国家、地区之间因国际贸易、国际投资及其他方面所发生的国际债权债务，借助一定的支付工具和支付系统进行清算，实现资金跨国和跨地区转移的行为。由于跨国支付结算关系带有相互的性质，所以并不需要每笔支付结算业务都以现实的国际货币来进行，只有抵销后的差额才需要以国际货币进行清算。

目前我国跨境人民币转账支付清算主要有两个渠道：第一个渠道是国内商业银行和国外银行互相开立账户并进行本币结算；第二个渠道是内地商业银行通过在香港或澳门的代理行进行支付清算。

支付机构跨境外汇支付业务试点政策在授予支付机构代客开展结售汇及跨境支付资质的同时，也积极推动了国内的第三方支付企业走出国门，参与国际支付市场的竞争，从而提升了整体服务水平。

中国人民银行组织建设的人民币跨境支付系统（CIPS），可以满足全球各主要时区人民币业务发展的需要。

随着我国对外经济交往和国际贸易的迅猛发展，跨境人民币清算规模不断扩大。构建统一、安全、高效、便捷的跨境支付清算系统，对于推动人民币国际化、提升人民币国际竞争力、顺应中国金融市场国际化具有重要意义。

第一节　跨国交往与跨国支付清算

一、跨境支付清算业务的历史

跨境支付清算业务是伴随着国际产业分工以及国际交往活动的不断发展而发展起来的，并随着整个国际社会政治、经济、文化活动的日趋频繁和科学技术的进步逐渐向着迅速、安全、节约的方向发展。

（一）跨境支付贵金属清算阶段

最早期的国际金融制度建立在贵金属充当世界货币的基础上，实行以黄金和白银为国际货币的复本位制。因此,跨境支付清算最初实行的是贵金属清算,即通过直接运送贵金属来清算国际债权债务关系。19 世纪,国际货币制度开始由复本位制向金本位制过渡,黄金可以自由流通和自由输出(入)。此后跨境支付清算主要通过黄金来完成。

(二)跨境支付纸币现金清算阶段

纸币是与国家政权紧密结合在一起的国家货币,不可自由兑换的纸币一般只限于在其国内流通,不能作为跨境支付清算手段。而实现了自由可兑换的纸币(如英镑、法郎、美元等)能够在国际市场中大规模地自由流通,承担起跨境支付清算、资本计价和外汇储备的国际货币职能。

(三)跨境支付纸质转账清算阶段

伴随着国际化生产、交往活动及各国银行业的不断发展,跨境支付清算业务逐步进入纸质转账清算阶段。纸质转账清算是指使用各种纸质支付工具,通过银行间的纸质账户轧差和资金划拨来清算债权债务关系。纸质转账清算不仅克服了贵金属清算和纸质现金清算风险大、成本高的缺点,而且加速了资金周转。

后来跨境支付纸质转账清算又进一步细分为协定记账清算和自由现汇清算。在订有双边或多边贸易协定的国家之间,其债权债务一般是根据支付协定,记入相应纸质清算账户,定期进行差额清算。

两国之间缔约的协定记账清算称为协定双边清算。协定双边清算一般规定两国的债权债务通过两国中央银行或其指定银行开立的清算账户进行轧差,而不必逐笔进行现汇清算。在限定期内,两国中央银行或外汇指定银行将两国债权债务的差额以现汇、商品形式清偿或转入下一年度清算账户。清算货币可以是本国货币、对方国家货币或第三国货币,具体使用哪国的货币要在支付协定中明确规定。

多国之间缔约的协定记账清算被称为协定多边清算。它是指多国银行机构(通常是各国的中央银行)结成联盟,以类似国际票据交换所等形式而进行的活动。一国与另一国的国际收支顺差可用来抵销该国与第三国的国际收支逆差。

自由现汇清算是指各国之间由于贸易及其他经济交易而产生的债权债务,以银行为清算中心,相互之间用现汇结算。

(四)跨境支付电子转账清算阶段

电子数据交换(Electronic Data Interchange,EDI)技术问世于 20 世纪 60 年代,行业性电子数据交换(EDI)系统产生于 70 年代,主要集中于银行业、运输业和零售业。1973 年 5 月,环球同业银行金融电讯协会(SWIFT)依据比利时法律在布鲁塞尔注册成立,为银行间会员多种货币的资金调拨、外汇交易、托收、信用证和有价证券交易等业务提供电子数据交换技术通讯便利服务。跨境支付清算业务引入电子数据交换技术后，使得单据制作和处理出现了"革命性"转变，表现为在跨境支付清算中，使用电子文件代替传统的纸质单证，并实现各有关部门之间的电子数据交换处理，各个金融市场通过电子化交易手段形成了24小时不间断的全球一体化市场，大大简化了跨境支付清算程序，国际资金运转速度进一步加快。

二、跨境支付清算的主要模式

货币的跨境支付清算及其系统是国内支付清算及其系统的一部分或跨境延伸。国际货币的跨境支付清算模式可进行如下划分：

(一)按系统结构分类

1. 两分模式

独立于国内系统的专门顺境系统，通常由银行间机构拥有和运作，但通过央行的实时全额支付(RTGS)系统作账户结算。典型代表是美元的清算所银行同业支付系统(Clearing House Interbank Payment System，CHIPS)。其驱动因素是美元在20世纪五六十年代迅速国际化，美元跨境支付量高速增长。其次是日元的外汇日元清算系统(Foreign Exchange Yen Clearing System，FXYCS)，其驱动因素也是日元跨境支付量的大幅增长。这种模式基本上限于高度国际化的货币，并且具有减少趋势。

2002年外汇交易多币种持续连接清算(Continuous Linked Settlement，CLS)系统进入日本后，外汇日元清算系统(FXYCS)的主要功能缩减到外汇交易中日元的结算部分。2008年日本央行在将其实时全额支付(RTGS)系统日银网(BOJ-NET)升档为实时净额支付(Real Time Net Settlement，RTNS)系统之后，FXYCS又进一步将部分清算整合到日银网(BOJ-NET)，降低了自身作为独立跨境清算系统的重要性。

美国的两分模式在很大程度上也是人为分工而成的。联邦电子资金转账系统(FEDWIRE)的主要成员是6 000多家国内银行，以国内清算为主。清算所银行同业支付系统(CHIPS)则专门从事跨境清算，其47家直接成员都是跨国大银行，代理着10 000多家各国银行的40 000多个清算账户。联邦电子资金转账系统(FEDWIRE)和CHIPS都可以从事国内/跨境收/付清算。外国银行也可通过其位于纽约的代理行联邦电子资金转账系统(FEDWIRE)账户间作借/贷记完成跨境清算。因此，从理论和技术上说，联邦电子资金转账系统(FEDWIRE)也可承担全部国内/跨境清算，但美元的这种分工已经形成，并且可以更好地发挥比较优势，加上美元的跨境清算量巨大，所以美元可能会继续维持两分模式。

2. 整合模式

大部分国际货币如欧元、加拿大元、瑞士法郎、英镑的银行间清算系统都同时承担跨境清算。

（二）按账户安排分类

本币的跨境或境外支付清算系统通常最终都需要经由本币所在国央行的实时全额支付（RTGS）系统或银行账户划付本币资金。目前的清算系统中账户安排和央行资金的使用主要有以下两种模式：

1. 系统由央行直接拥有和运作，可直接使用央行账户作结算

例如德国的RTGS plus欧元清算系统。

2. 非央行系统采用自己的账户资金作结算，但是和央行的实时全额支付（RTGS）系统连接，根据清算头寸调入调出央行账户资金

例如外汇持续连接清算（CLS）系统和美元清算所银行同业支付系统（CHIPS）。

（三）按清算模式分类

清算模式直接涉及清算效率、风险、成本，以清算系统和金融市场的整合等作为关键方面，是跨境清算需要考虑的关键因素。在资金清算中，时间或效率至关重要，清算系统设计无不在这方面费尽心机，特别是跨境、跨时区清算更是如此。

1. 正式系统和准系统

离岸模式主要适用于国际化程度高的货币在与清算中心时差最大的地区的清算。因此，亚洲是采用离岸美元清算模式最集中的地区。典型案例是中国香港的离岸清算系统，它并非传统的代理行，而是一种介乎二者之间的独特的“准系统”。其可行性的条件及特征为：清算量和份额大；清算银行实际上起着清算所的作用——制定规则和定价；不采用央行或清算系统账户作结算，而是由清算银行作为独家总代理，与清算成员采用标准化、正式合约方式建立关系，利用自己的账户完成结算，并提供服务。这种独特模式的产生有其特殊的原因——中国香港成为美元、欧元离岸中心，主要因为这些货币是亚洲的主要非本币，以及亚洲和这些货币的在岸清算中心时差最大。

2. 代理行

代理行也有在岸和离岸两种模式。离岸模式也主要适用于国际化程度高的货币。采用这种模式的主要是跨国大银行，大通银行是典型案例。

大通银行的亚洲美元离岸清算内部系统经历了两个发展阶段，集中反映了代理行模式的发展趋势。

第一阶段：通过其在亚洲主要地区的机构与当地银行建立代理关系，例如在日本建立“东京美元清算系统”，并成为该系统的独家代理，为当地银行提供美元清算代理服务。汇丰银行主导的香港美元清算中心美元清算所自动转账系统（CHATS）运行之后，大通银行选择不加入该系统，而是利用其在清算所银行同业支付系统（CHIPS）的成员地位和在岸资金能力，通过内部账户簿记，为亚洲客户提供类似于美元清算所自动转账系统（CHATS）的当日美元清算，维持代理行模式与汇丰主导的准系统

抗衡。

第二阶段：大通银行利用其在亚洲各地以及母国的网络，将其内部系统和在岸系统 CHIPS，以及中国内地、中国香港、中国台湾、日本、菲律宾的离岸美元清算系统连接，将其在亚洲的系统整合成新系统“Asia Direct”，成为第一个直接连接亚洲多地区，加入亚洲多系统的单一支付清算平台。亚洲客户可在亚洲大通银行的任一机构开立单一美元账户，以集中资金、降低费用、简化现金管理。大通银行的资金清算一直是其公司财务管理业务组合的一部分，新的系统同时也加强了大通跨国财务管理能力。

三、各国(或地区)央行是其跨境清算系统的主导机构

综观全球主要货币跨境清算系统，尽管部分系统由私营部门机构建立或运行，但各国(或地区)央行仍是这些系统的主导机构，深度参与其运行及监管。

美元跨境清算主要通过清算所银行同业支付系统(CHIPS)实现。虽然清算所银行同业支付系统(CHIPS)属于私营支付清算系统，但美联储在政策制定、提供服务、监督管理等多方面参与其支付清算安排，并发挥核心和主导作用。

最主要的欧元跨境清算系统是泛欧实时全额自动清算系统(TARGET2)，其业务笔数占所有欧元大额支付的 63%，金额则占到了 90%。在泛欧实时全额自动清算系统(TARGET2)中，重要决策均由欧央行理事会作出。除泛欧实时全额自动清算系统(TARGET2)外，欧元跨境清算结算机制还包括欧洲银行业协会 1998 年建立的 EURO1 系统。该系统也承担了部分欧元大额跨境支付业务，目前由欧洲央行直接监管，欧盟各成员国的央行也参与监管。作为成熟的国际金融中心，英国的“硬边界”意识较弱，并未将英镑跨境清算体系与境内清算体系严格隔离。英国最主要的英镑支付系统是英国清算所自动支付系统(CHAPS)，该系统既是英国的大额支付系统，也是实时全额结算系统。目前，该系统由英格兰银行负责运行。

日元跨境清算主要通过外汇日元清算系统(FXYCS)及日本银行金融网络系统(BOJ-NET)实现。其中，外汇日元清算系统(FXYCS)由日本银行协会于 1980 年建立，主要负责日元外汇交易的清算，其电子信息系统由日本银行托管，并连接到日本银行金融网络系统(BOJ-NET)。日本银行金融网络系统(BOJ-NET)则由日本银行建立并主导，在日本支付清算体系中处于核心和枢纽地位，各金融机构须通过该系统完成资金清算。

其他主要货币中，澳元跨境支付通过澳大利亚国内的储备银行信息和转账系统(Reserve Bank Information and Transfer System，RITS)实现。该系统由澳大利亚储备银行(央行)于 1998 年建立，由支付系统委员会负责监管管理。该委员会由澳大利亚储备银行行长任主席。

瑞士法郎跨境支付主要由瑞士跨行清算系统(Swiss Interbank Clearing System，SIC)实现。该系统由瑞士央行建立并主导。

加拿大元跨境清算结算系统由大额转账系统(Large Value Transfer System，LVTS)和自动清算及结算系统(Automatic Clearing and Settlement System，ACSS)共同构成。这两个系统由非营利组织加拿大支付(Payments Canada)拥有并运行，加拿大央行是加拿大支付的成员之一，并负责对清算结算业务的监管。

四、人民币跨境支付清算

(一)我国跨境支付清算业务回顾

1. 改革开放前的跨境支付清算

旧中国的跨境支付清算也是从贵金属清算开始的。清政府与列强签订了一系列不平等条约割地赔款，大量白银被侵略者鲸吞。新中国成立后，我国跨境支付清算工作从两方面展开，即跨境外币支付清算和跨境人民币支付清算。

(1)跨境外币支付清算。新中国成立后，我国彻底废除了帝国主义外商银行在中国的种种特权，指定有信誉的外商银行代理中国银行买卖外汇，并代办国外汇兑业务，在业务经营上受中国银行的监督与指导。

1951年10月，中国人民银行和贸易部颁发了《易货清算规则》和《易货交换所规程》，建立了协定记账清算制度，双边清算账户差额一般按年度以补充交货方式解决。经过短短的数年，中国同亚洲、非洲的一些国家(如柬埔寨、印度尼西亚、阿富汗、埃及、突尼斯、摩洛哥、伊拉克等国)在双边安排的基础上建立了直接支付的清算关系，改变了原来由第三国间接结算的做法；同时中国银行在西欧和日本的银行中广泛发展代理关系，从而打破了少数西方国家的封锁禁运，增加了中国对外经济贸易往来。

(2)跨境人民币纸币现金清算。人民币出入境经历了禁止到逐步放开的过程。新中国成立初期我国对人民币出入境作了禁止性规定，对国民经济的恢复和发展起到了积极作用。此后，由于情况发生变化，从1954年起，中国人民银行、海关总署等有关部门针对具体问题和管理工作的需要，制定了一些内部补充规定，逐渐以限额管理的办法代替了禁止性规定。

(3)跨境贸易人民币计价结算。1968年春，在西方国家发生金融危机的情况下，为了排除危机的干扰，中国开始对港澳地区的贸易试用人民币计价结算。

1969年10月，试用范围扩大到英国、法国、瑞士等国。

1972年2月，中美建交后，试用范围进一步扩大至对美贸易。1972年8月，中国银行与东京银行在中日贸易中订立了《试办人民币、日元结算业务协议》。这些措施，对于防止金融危机的风险转嫁及提高结算方式的灵活性，都起到了积极的作用。

2. 改革开放后的跨境支付清算

(1)跨境外币支付清算。为了适应补偿贸易、来料加工、来件装配等引进外资的贸易方式上的需要,中国银行于1983年制定了新的结算办法,开办了快邮和电索收汇。1984年,中国银行正式参加了环球同业银行金融电讯协会(SWIFT),将电讯业务纳入环球电讯网络,实现了国际标准化。随着我国金融体制改革的不断深化,从1986年起,各专业银行之间允许业务交叉,中国工商银行、中国农业银行、中国建设银行以及后来恢复成立的交通银行都相继开办国际金融业务。但这4家银行侧重于在国内分支系统建立国际业务部从事外汇业务,与国外的银行建立代理关系。20世纪90年代以来,我国五大银行的业务重点转向在境外设立分支机构,有的银行还通过兼并等形式参与了国际资本运营活动,同时大胆引进外资合作金融机构,提高了跨境支付清算速度,促进了外汇收入的增加。

(2)跨境人民币现金清算。随着改革开放的深入和经济的发展,我国逐步扩大人民币出入境限额,人民币开始逐步为世界所熟悉和接受。1987年,我国公民携带人民币出入境额调整为200元;1990年亚运会期间,调整到2 000元;从1993年3月1日起,调整为6 000元;2005年1月1日又调整为2万元。我国逐步放宽人民币出入境管理,满足了我国对外经济交往日益增长的需要,有利于边境贸易的发展,为人民币现金跨境流通管理积累了初步经验。

(3)跨境人民币转账清算。目前我国跨境人民币转账支付清算主要有两个渠道:第一个渠道是国内商业银行和国外银行互相开立账户并进行本币结算;第二个渠道是内地商业银行通过在香港或澳门的代理行进行支付清算。

①边境贸易人民币转账支付结算。随着我国经济实力的增强以及边境贸易的发展,人民币在边境贸易中受认可程度不断提高。为顺应这一趋势,从1993年开始,中国人民银行先后与俄罗斯、越南、蒙古国、老挝、尼泊尔、吉尔吉斯斯坦、朝鲜、哈萨克斯坦等周边国家的中央银行签署了边贸本币结算协定,明确了双方商业银行可以相互开立代理账户以及本币结算的具体程序和条件、跨境现钞调运等问题。这些制度安排有效地提升了边境贸易中的本币结算量,使过去普遍存在的通过非正规渠道办理的边境现金支付清算业务被逐渐引导到银行转账支付清算体系中,大大便利和促进了边境贸易的快速健康发展。

为了妥善应对国际金融危机以来维护区域性金融稳定的需要,2008年12月到2011年5月,中国人民银行先后与韩国、中国香港、马来西亚、白俄罗斯、印度尼西亚、阿根廷、冰岛、新加坡、新西兰、乌兹别克斯坦、蒙古国11个国家和地区的货币当局签署了本币互换协议,总金额计8 000多亿元人民币。随着国际经济金融形势的好转,货币互换协议的功能逐步从应对危机转向支持双边贸易和投资,双边本币结算逐步从接壤国家扩大到非接壤国家，从边境贸易扩大到一般跨境贸易。

②我国逐步扩大跨境贸易人民币转账支付结算试点范围。2009 年 4 月 8 日，国务院会议决定在上海和广东的 4 个城市开展跨境贸易人民币结算试点，试点的境外地域包括中国港澳和东盟地区。2009 年 7 月 1 日，中国人民银行、财政部、商务部、海关总署、国家税务总局、银监会联合发布《跨境贸易人民币结算试点管理办法》，允许指定的、有条件的企业在自愿基础上以人民币进行跨境贸易结算，支持商业银行为企业提供跨境贸易人民币结算服务。自 2010 年 6 月以来，我国跨境贸易人民币结算的境内试点地区扩大至全国 20 个省（自治区、直辖市），境外地域扩展到所有国家和地区。2011 年 8 月，跨境贸易人民币结算境内地域范围扩大至全国。

③我国尝试跨境资本项目人民币转账支付结算。为了规范银行办理境外直接投资人民币结算业务，2011 年 1 月，中国人民银行制定了《境外直接投资人民币结算试点管理办法》，明确跨境贸易人民币结算试点地区的银行和企业可开展境外直接投资人民币结算试点。

从 2011 年 9 月开始，人民币国际化取得了实质性的进展（见表 7.1）。

表 7.1　　人民币国际化时间表

2011 年 9 月	委内瑞拉拟将人民币纳入央行储备
2011 年 10 月	中国商务部与中国人民银行发布有关人民币外商直接投资的新通告
2011 年 12 月	人民币合格境外机构投资者试点计划相关规则发布
2012 年 1 月	由香港金融管理局和英国财政部共同主办的私营部门论坛举行，旨在推动发展离岸人民币方面的合作
2012 年 3 月	中国内地指定企业名单更新，所有特许进口商和出口商现在可用人民币与中国境外的公司结算
2012 年 3 月	马来西亚央行将实时全额结算服务扩大至包括人民币
2012 年 4 月	中国人民银行宣布，中国决定开发独立的国际支付系统，以促进人民币跨境结算
2012 年 6 月	香港人民币实时全额结算系统运营时间延长至 23:30，中银（香港）即日回购服务也延长至 23:30
2012 年 6 月	香港金融管理局与摩根大通及欧洲银行票据交换所合作推出跨境抵押品管理平台，允许以非人民币抵押品抽取离岸人民币资产
2012 年 8 月	中国台湾与中国大陆签署两岸货币结算安排谅解备忘录
2012 年 10 月	开启日元/人民币直接报价

3. 人民币跨境支付系统（CIPS）

人民币跨境支付系统（CIPS）涉及很多复杂的如技术、通讯、系统风险控制等问题，此外还要有广大的会员参与，从 2012 年人民币跨境支付系统（CIPS）计划推出到

2015年10月8日正式上线，经历了3年时间。

（二）跨境人民币清算模式

人民币跨国支付清算体系的建立，是中国支付结算体系建设总体目标的一部分。目前，中国已形成了以中国现代化支付系统（CNAPS）为核心，各商业银行行内系统为基础，票据交换系统、卡基支付系统等并存的支付清算体系，人民币跨境支付清算也已处于尝试阶段。中国人民银行于2005年11月1日宣布扩大香港的人民币业务，中国银行（香港）有限公司（香港的人民币业务清算行）聘用香港银行同业结算有限公司构建人民币结算系统。

1. 香港的人民币结算系统

（1）系统简介：人民币结算系统于2006年3月在香港推出，以提升银行同业交易的结算效率。2007年6月，香港金融管理局对该系统进行升级，使之成为全面的人民币实时全额支付（RTGS）系统。人民币实时全额支付（RTGS）系统由中国银行（香港）有限公司担任清算行，香港银行同业结算有限公司则负责系统运作事务。自2009年5月起，人民币实时全额支付（RTGS）系统连同港元、美元及欧元实时全额支付（RTGS）系统以及债务工具中央结算系统（Central Moneymarkets Unit，CMU）从原有的专用操作平台转至环球同业银行金融电讯协会（SWIFT）系统的开放式平台（SWIFT Net）。改用开放式平台大大提高了本地及国际支付指令之间的互通性，方便本地及海外的机构使用和参与香港的人民币RTGS系统，亦有助于扩大香港人民币实时全额支付（RTGS）系统的覆盖面。截至2011年3月底，已有114家银行以直接参与机构的身份参与香港的人民币实时全额支付（RTGS）系统，其中有12家为海外机构。

（2）系统功能：人民币实时全额支付（RTGS）系统与香港其他3个实时全额支付（RTGS）系统一样，具备以下功能：银行同业即时支付结算、多种货币组合的外汇"款款对付"（PvP）交易，以及通过与债务工具中央结算系统（CMU）的联网进行债券的"票款对付"（DvP）交易。人民币RTGS系统也与中央结算及交收系统（Central Clearing and Settlement System，CCASS）联网，为香港联合交易所上市的人民币计价证券进行"票款对付"（DvP）交易。此外，人民币实时全额支付（RTGS）系统亦提供各种批量结算，为银行提供涉及客户层面的同业支付项目的交收，如支票。

（3）跨境支付：除建立上述"票款对付"（DvP）和"款款对付"（PvP）交易联网外，香港金融管理局也与人民币清算行合作推出各种形式的支付结算安排，以促进香港与内地之间的跨境支付交易，其中包括香港与深圳、广东之间的联合支票结算，以及香港与内地之间的跨境支付安排。

2. 人民币跨境清算模式

根据《跨境贸易人民币结算试点管理办法》及《境外机构人民币银行结算账户管理办法》的有关规定，跨境贸易人民币结算可以通过境外清算行，也可通过境内代理行代理境外参加银行进行人民币资金的跨境结算和清算，还可以通过人民币境外机构境内外汇账户（Non-Resident Account，NRA）进行清算。这就是社会上广为流传的所谓跨境人民币结算的“清算行”模式、“代理行”模式和“人民币 NRA 账户”模式。

（1）跨境人民币结算的“清算行”模式。最初的跨境人民币结算“清算行”模式是面向在香港和澳门地区的清算行开立了人民币同业清算账户的境外参加行及境外参加行的客户的。这一模式下，人民币业务的境外清算行一方面被授权与自愿接受清算条件和安排的境外商业银行（不仅限于港澳地区）即境外参加行签订人民币业务清算协议，为这些境外参加行开立人民币账户，并按协议为其办理人民币拆借和清算业务；另一方面与中国人民银行的现代化支付系统相连接，按照中国人民银行有关规定从境内银行间外汇市场、银行间同业拆借市场兑换和拆借资金，与境内人民币市场建立人民币流通、清算的渠道。于是参与跨境贸易人民币结算的境外企业就可以向境外参加行或直接向境外清算行提出人民币结算申请，并由清算行最终完成结算业务。

典型的“清算行”模式的主要特点为：境外参加行在清算行开立人民币账户，在整个清算链条中，处于至关重要的跨境环节，即人民币资金在境外清算行和境内结算行间的转移是通过中国现代化支付系统（CNAPS）完成的，其流程如图 7.1 所示。

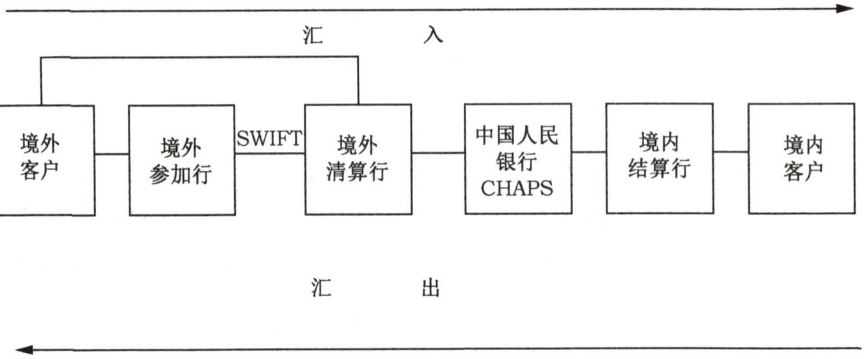

图 7.1　“清算行”模式的流程

（2）跨境人民币结算的“代理行”模式。“代理行”模式是更为广泛和流行的国际贸易结算模式。境内具备国际结算业务能力的商业银行作为境内代理行，通过与境外参加行签订《人民币代理结算清算协议》，代理境外参加行进行跨境贸易人民币结算支付。

具体而言，境内代理行可为境外参加行办理的业务包括：开立人民币同业往来账户；对上述账户的开立设定铺底资金要求，并为铺底资金提供兑换服务；在中国人民银行规定的限额内购售、拆借人民币，以满足人民币结算需要；按照中国人民银行规定的额度和期限要求，进行人民币账户融资，以满足账户的临时性流动性需求。这样境外参加行接受当地企业的人民币结算申请后，可以按代理清算协议，委托境内代理行为其提供人民币资金清算服务。

这一清算模式的主要特点为：境外参加行在代理行开立人民币账户，在整个清算链条中，处于至关重要的跨境环节，即人民币资金在境外参加行和境内代理行间的转移是通过环球同业银行金融电讯协会（SWIFT）完成的，其流程如图 7.2 所示。

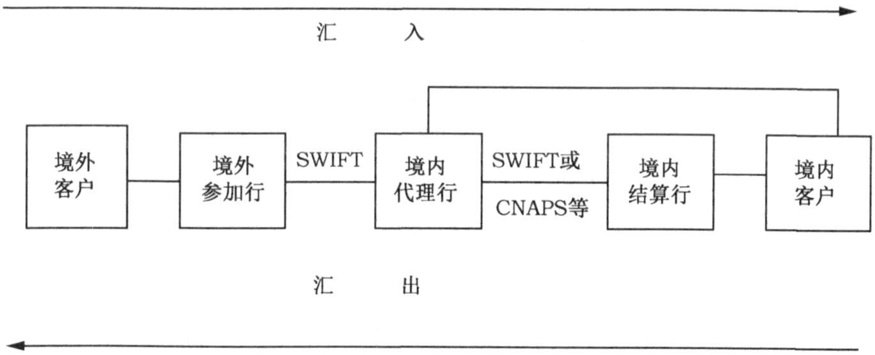

图 7.2　“代理行”模式的流程

（3）跨境人民币结算“人民币 NRA 账户”模式。所谓 NRA 账户，即境内非居民账户，经中国人民银行当地分支机构核准，境外企业可申请在境内银行开立非居民银行人民币结算账户，直接通过境内银行清算系统或中国人民银行跨行支付系统进行人民币资金的跨境清算和结算。

这一清算模式的主要特点是：境外客户跨境在境内银行开立人民币账户，而整个银行间清算链条完全处于境内，清算环节少，手续简便，如境内客户与境外客户在同一家境内结算银行开户，则在该行系统内转账即可完成清算。从纯清算技术方面而言，无须过多讨论，其流程如图 7.3 所示。

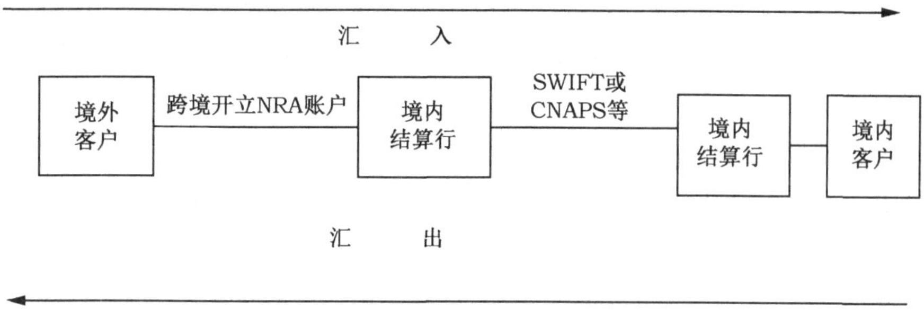

图 7.3　“人民币 NRA 账户”模式的流程

3. 对"清算模式"及"代理行"模式的分析思考

其实无论是"清算行"模式还是"代理行"模式，其实质都是通过银行间同业存款账户(interbank deposit account)完成清算，无论使用何种模式，境外参加行总是存款人或申请开户人(depositor 或 account holder)，而由境外清算行或境内代理行担任接受存款银行或开户银行(depository bank 或称 account with bank)。"清算行"模式的实质是将接受存款的银行前移至境外。显而易见的是，所谓"清算行"模式并不具备普遍意义，让处于境外的银行参加境内的中央银行清算系统是一种很奇特的做法，这种做法是我国"一国两制"这种特殊的政治架构下的特殊产物，不太可能向国外推广，至少是不太可能向距离我国较远的国家推广。事实上，台湾地区的清算行中国银行台北分行也未加入中国人民银行中国现代化支付系统(CNAPS)，更遑论老挝及新加坡的清算行了。

在通过清算行进行跨境人民币清算时，在整个清算链条中，处于至关重要的跨境环节其实并不一定要通过中国现代化支付系统(CNAPS)完成，只要境外清算行与境内结算行具有账户关系，就可以不通过中国现代化支付系统(CNAPS)，况且境外清算行完全可以选择通过与其有账户关系的境内结算银行转汇至境内客户的开户银行，反之，直接接受境内客户委托境内结算银行也可以通过与清算行有账户关系的其他境内结算行转委清算行。此外，境外清算行本身也是可直接为客户提供跨境人民结算和融资服务的境外参加行，完全可以在境内代理行开立同业往来账户。因此，境外清算行加入中国现代化支付系统(CNAPS)并非其代理境外参加银行完成跨境人民币清算工作的必要条件。从更为严格的意义上，所谓的"清算行"模式，其实并不能成为一个独立的与"代理行模式"及"人民币 NRA 账户"模式相提并论的跨境人民币清算模式，不过是"代理行"模式的一种变异形态。毋庸置疑，由于港澳地区以外的清算行并未加入中国现代化支付系统(CNAPS)，它们也根本不可能通过中国现代化支付系统(CNAPS)完成跨境环节的清算。更准确地说，三种清算模式的提法并不妥当，更确切的提法是三种清算渠道。事实上，在实务中已经出现了一种改进型的"清算行"模式，在整个清算链条中，处于至关重要的跨境环节即人民币资金在境外清算行和境内结算行间的转移是通过环球同业银行金融电讯协会(SWIFT)完成的，其流程如图 7.4 所示。

中国现代化支付系统(CNAPS)并非境外清算行与境内结算银行进行清算时必不可少的渠道，它只是为境外清算行与境内结算银行提供了另一种可供选择的汇划工具。但必须承认，中国现代化支付系统(CNAPS)在境内结算行之间进行跨行支付中是很方便的，在一定程度上甚至是必需的，毕竟境内结算行不太可能与所有的国内同业均建立同业账户。

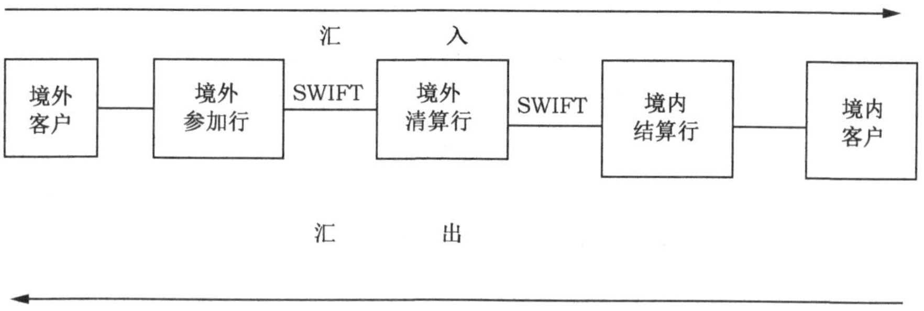

图 7.4 “清算行”模式的流程

4.“代理行”模式的优势

与“清算行”模式相比较,“代理行”模式是成熟的国际结算货币广泛使用的清算方式。境内各大商业银行均建立了跨境人民币清算中心,可采用“代理行”模式进行跨境人民币清算。由于各大商业银行都具有比较完备的行内业务处理系统,因而可以做到系统自动处理。以中国银行为例,其上海总部跨境人民币清算中心即可采用“代理行”模式进行跨境人民币清算,将头寸自动贷记或借记境外参加行开立在该中心的跨境人民币同业往来账户,并由系统自动发送环球同业银行金融电讯协会(SWIFT)报文至境外参加行或从境外参加行接受环球同业银行金融电讯协会(SWIFT)报文。采用“代理行”模式不存在中转费用,汇款金额将原额贷记或借记境外参加行的账户;采用“代理行”模式办理跨境人民币汇出汇款业务时,境内中国银行其他机构的汇款报文不通过中国人民银行中国现代化支付系统(CNAPS)处理,因而无须向中国人民银行缴纳费用。

仍以中国银行为例,使用“代理行”模式从理论上说,清算系统可 7×24 小时运行,不受中国人民银行中国现代化支付系统(CNAP)S17:00 截止时间的限制,这是由于该模式下的跨境人民币汇款是依托于 7×24 小时运行的中国银行所使用的核心银行系统(BANCS),因此,从系统角度而言,业务发起和接收没有时间限制。报文全部采用环球同业银行金融电讯协会(SWIFT)格式,信息完整准确,经过转报后,信息完整,不存在因报文格式变化而带来的信息改变或丢失,降低查询概率。此外,跨境人民结算的清算起息日不受外国起息日限制,在中国法定工作日均可起息。

五、人民币跨境支付系统(CIPS)

(一)人民币跨境支付系统(CIPS)的意义

中国是世界贸易大国。贸易大国意味着也是物流大国,而物流背后是资金流。目前中国建设的支付系统快速发展,利用这个系统,中国与有贸易关系的国家(地区)之间可以非常方便快捷地用人民币来结算贸易。2014年，中国人民银行先后与瑞士、斯里兰卡、俄罗斯、卡塔尔、加拿大的中央银行新签了双边本币互换协议，总额为5 450亿元人民币；与新西兰、阿根廷、蒙古国、韩国、中国香港、哈萨克斯坦、泰国、巴基斯坦的中央银行或货币当局续签了双边本币互换协议，总额为9 570亿元人民币。2014年以来，中国人民银行先后与英国、德国、韩国、法国、卢森堡、卡塔尔、加拿大、澳大利亚、马来西亚、泰国和智利的中央银行签署了关于在当地建立人民币清算安排的合作备忘录。随后，中国人民银行在上述国家确定一家中资银行作为当地人民币清算行。截至2015年5月末，中国人民银行与32个国家和地区的中央银行或货币当局签署了双边本币互换协议，协议总规模约3.1万亿元人民币，在15个国家和地区建立了人民币清算安排，覆盖东南亚、西欧、中东、北美、南美和大洋洲等地，支持人民币成为区域计价结算货币。人民币跨境支付系统(CIPS)的推出令中国以外的公司能直接与中国的交易对手就人民币交易进行清算，从而令结算流程得到简化。

(二)区域经济发展与支付清算运行状况

当前中国已成为世界第二大经济体和世界贸易第一大国。中国一直非常重视同东盟的贸易往来，已成为东盟的第一大贸易伙伴，东盟是中国的第三大贸易伙伴。东盟十国中，新加坡、马来西亚、泰国、文莱、印度尼西亚、菲律宾的经济与金融业相对较发达，银行间电子清算渠道畅通，跨境与境内结算涵盖了零售交易、实施全额结算、证券结算等业务；而越南、老挝、柬埔寨、缅甸的经济以农业为主，金融业发展滞后。南亚七国为发展中国家，处于工业化初期阶段和金融业发展的初级阶段，银行网点覆盖面窄、国内电子支付清算通道建设尚不健全，仅开办有限的银行结算业务。这些国家均未建设跨区域的银行间本币清算合作机制，部分国家仅通过加入国际上发达经济体的支付清算组织实现跨国家的支付清算。与此同时，随着"金砖五国"新兴经济体合作的深入，我国与南亚尤其是印度的贸易往来更加紧密，中国已成为印度第二大贸易伙伴国。

而随着人民币加入特别提款权(SDR)、"一带一路"倡议实施、亚洲基础设施投资银行设立，银行业面临着前所未有的跨境金融服务的机遇。人民币国际化步伐不断加快，境内外要素有序高效流动，也为商业银行开展跨境支付提供了历史性的机遇。

在"一带一路"倡议及亚洲基础设施投资银行设立的指引下，国内企业"走出去"的步伐不断加快，境外投融资活动加剧，跨境支付迎来大好时机。随着跨境人民币业务各项政策相继出台，跨境人民币业务规模不断扩大，人民币已成为中国第二大跨境支付货币和全球第四大支付货币。人民币跨境支付结算需求迅速增长，对金融基础设施的要求越来越高。为满足人民币跨境使用的需求，进一步整合现有人民币跨境支付结算渠道和资源，提高人民币跨境支付结算效率，2012年初，中国人民银行决定组织建设人民币跨境支付系统(CIPS),满足全球各主要时区人民币业务发展的需要。

人民币跨境支付系统(CIPS)分两期建设:一期主要采用实时全额结算方式,为跨境贸易、跨境投融资和其他跨境人民币业务提供清算、结算服务;二期采用更节约流动性的混合结算方式,以提高人民币跨境和离岸资金的清算、结算效率。

2015年10月8日,人民币跨境支付系统(CIPS)(一期)成功上线运行。人民币跨境支付系统(CIPS)为境内外金融机构人民币跨境和离岸业务提供资金清算、结算业务。作为重要的金融基础设施,人民币跨境支付系统(CIPS)符合《金融市场基础设施原则》等国际监管要求,对促进人民币国际化进程起到重要支撑作用。

人民币跨境支付系统(CIPS)(一期)的主要功能是便利跨境人民币业务处理,支持跨境货物贸易和服务贸易结算、跨境直接投资、跨境融资和跨境个人汇款等业务。其主要特点包括:第一,采用实时全额结算方式处理客户汇款和金融机构汇款两类业务;第二,各直接参与者一点接入,集中清算业务,缩短清算路径,提高清算效率;第三,采用国际通用的ISO20022报文标准和统一规范的中文四角码,支持中英文传输,在名称、地址、收费等栏位设置上更有利于人民币业务的自动处理,报文设计充分考虑了与现行环球同业银行金融电讯协会(SWIFT)MT报文转换的要求,便于跨境业务直通处理,并支持未来业务发展需求;第四,运行时间覆盖亚洲、欧洲、非洲、大洋洲等人民币业务主要时区;第五,为境内直接参与者提供专线接入方式。

现有人民币跨境清算模式主要包括清算行模式和代理行模式。在清算行模式下,港澳清算行直接接入大额支付系统,其他清算行通过其总行或者母行接入大额支付系统,所有清算行以大额支付系统为依托完成跨境及离岸人民币清算服务。在代理行模式下,境内代理行直接接入大额支付系统,境外参加行可在境内代理行开立人民币同业往来账户进行人民币跨境和离岸资金清算。人民币跨境支付系统(CIPS)上线后,现有人民币跨境清算模式将基于市场需求继续发挥作用。

人民币跨境支付系统(CIPS)(一期)的制度主要包括《人民币跨境支付系统业务暂行规则》《人民币跨境支付系统参与者服务协议》《人民币跨境支付系统业务操作指引》《人民币跨境支付系统运行规则》以及《人民币跨境支付系统技术规范》。其中,《人民币跨境支付系统业务暂行规则》(银办发〔2015〕210号)由中国人民银行制定并在门户网站发布,主要规定参与者的加入条件、业务处理要求、账户管理要求等。经中国人民银行批复后,人民币跨境支付系统(CIPS)运营机构制定并发布了《人民币跨境支付系统参与者服务协议》和《人民币跨境支付系统业务操作指引》,协议以法律文本的形式约定了人民币跨境支付系统(CIPS)运营机构和参与者的权利与义务,操作指引规定了主要业务流程及具体要求。后续,人民币跨境支付系统(CIPS)运营机构还将发布《人民币跨境支付系统运行规则》《人民币跨境支付系统技术规范》。

人民币跨境支付系统(CIPS)(一期)由跨境银行间支付清算(上海)有限责任公司负责运营。该机构(以下简称运营机构)为公司制企业法人。2015年9月8日,运营机构在上海正式成立,全面负责人民币跨境支付系统(CIPS)(一期)的系统运营维护、参与者服务、业务拓展等各方面工作。人民币跨境支付系统(CIPS)(一期)上线后,运营机构按照市场需求,逐步完善人民币跨境支付系统(CIPS)各项功能,强化内部管理,提高人民币跨境支付系统(CIPS)清算效率和竞争力。未来,人民币跨境支付系统(CIPS)运营机构还将加强与国际其他清算组织和金融基础设施运营机构的沟通与合作,努力拓展国际市场。此外,为更好地运营人民币跨境支付系统(CIPS),将视需要考虑增资扩股,选择适当时机改制为股份有限公司。

运营机构接受中国人民银行的监督和管理。中国人民银行已经制定和发布《人民币跨境支付系统运营机构监督管理办法》(银发〔2015〕290号),对经营范围、业务运营等作出了规定。

人民币跨境支付系统(CIPS)(一期)按照北京时间运行,以中华人民共和国的法定工作日为系统工作日,年终决算日是中华人民共和国每年最后一个法定工作日。人民币跨境支付系统(CIPS)(一期)每日运行时序分为营业准备、日间处理、业务截止和日终处理四个阶段,日间处理支付业务的时间为9:00—20:00,今后可视市场需求进一步延长运行时间。

首批参与者共有19家,分别为:中国工商银行、中国农业银行、中国银行、中国建设银行、交通银行、华夏银行、民生银行、招商银行、兴业银行、平安银行、浦东发展银行、汇丰银行(中国)、花旗银行(中国)、渣打银行(中国)、星展银行(中国)、德意志银行(中国)、法国巴黎银行(中国)、澳大利亚和新西兰银行(中国)和东亚银行(中国)。

这19家参与者是中国人民银行根据商业银行的参与意愿,结合境内各银行跨境和离岸人民币业务量、技术开发能力和外资银行国别地域分布情况等,经过技术检验统筹确定的。2015年6月至9月,中国人民银行先后组织了模拟运行、技术验收和业务验收,检验首批参与机构的技术与业务能力是否具备投产上线的条件,确定19家首批参与者于10月8日上线。

人民币跨境支付系统(CIPS)参与者分为直接参与者和间接参与者两类。人民币跨境支付系统(CIPS)为每个参与者分配系统行号作为其在系统中的唯一标识。直接参与者在人民币跨境支付系统(CIPS)开立账户,可以通过人民币跨境支付系统(CIPS)直接发送和接收业务。间接参与者通过直接参与者间接获得人民币跨境支付系统(CIPS)提供的服务。

为了鼓励直接参与者为间接参与者提供更好的服务,人民币跨境支付系统(CIPS)的业务规则和系统功能均支持一个间接参与者与多个直接参与者建立业务关系。

第二节　主要国际性支付系统

各国(地区)经济及历史发展情况不同,支付系统构成各有特点,有很多值得借鉴之处。美国的支付清算系统主要包括联邦储备局管理和运行的联邦电子资金转账系统(FEDWIRE)、纽约清算所协会经营并运行的清算所银行同业支付系统(CHIPS)、美联储的支票清算体系和自动清算所体系。欧元区的大额支付结算系统主要包括泛欧实时全额自动清算系统(TARGET2)以及欧洲银行业协会(EBA2)的 EURO1 系统,持续连接清算(CLS)系统的建立实现了世界各地的银行在外汇交易时能在同一时间得到清算,降低了外汇交易中的风险。这些系统的支付、结算流程以及信息传输格式等都值得借鉴和学习。

世界主要国家或地区都已建立了运行效率高、较为完善可靠的支付系统。尽管各国(地区)支付系统中的支付工具有所不同,支付方式各异,经营机构也不尽一致,但主要的功能相同,即主要用于银行间资金调拨、清算账户和证券交易的清算等。银行间系统构成各国和全球系统重要性支付体系,也构成支付清算体系整体安全、高效、低成本运行的基础。

大致来讲,发达国家的支付清算体系主要包含四个层次,一是商业银行之间代收代付的资金清算层,二是一定区域内的支付清算层,三是连接各区域之间的全国性支付清算层,四是连接全球支付清算网络的支付清算层。其中,国际金融中心主要集中了第三和第四个层次的支付清算系统和网络,鉴于系统和网络的通用性和跨国性,这两个层次的支付清算系统和网络往往又是统一的,兼具辐射国内和国际的双重效能。

一、纽约支付清算体系:美元国际化的技术支持和推动力

美国的支付体系是一个高度发达的系统,到目前已经形成一个规模庞大、结构科学、高效稳定、功能齐全的综合体系。美国的支付体系具有以下特点:其一,除银行外,有众多的金融机构提供支付服务。美国包括商业银行、储蓄与贷款协会、信用社在内的约 27 000 家存款机构为客户提供不同形式的支付服务。其二,私营清算组织众多,这些私营清算组织既包括众多的从事支票托收、经营自动取款机网络及现场销售网络的地方性同业银行组织,又包括经营全国性信用卡支付网络及大额资金转账系统的私营机构。其三,规范支付活动及金融机构支付服务的法律、法规众多,既有联邦、州一级的法律,又有大量各私营清算组织为其成员清算活动制定的规定,这些法律、法规共

同作用，形成制约美国支付活动的基础。另外，各清算体系也有相应的规章以保证其正常运作。其四，中央银行在支付系统中发挥主导作用，中央银行既是支付法规的制定者与金融机构支付服务的监管者，同时又向金融机构提供支付服务，经营大额与小额支付系统。其五，可供消费者、金融机构选择的支付工具众多，既有建立在纸质实物基础上的支付工具，又有各种不同类型的电子支付工具。

美国的支付系统由大额支付系统和小额批量支付系统构成。在小额批量支付系统中，根据经济行为者的不同需求，美国银行体系提供了现金、支票、贷记支付工具、借记支付工具、银行卡等支付工具。其中，支票和信用卡是美国最普遍使用的小额批量支付工具。贷记支付工具主要用于支付诸如房租、煤气、水电费、电话费、工资、社会福利金等；直接借记工具则通常被用于周期性的固定支付业务；现金仍然是人们进行日常购物的一种支付手段，但它在支付业务中所占的比例呈逐渐下降趋势，正逐步被各种更加方便、快捷、自动化的支付工具所代替。

由于美国的国民银行全部在纽约联邦储备银行进行清算，因而纽约联邦储备银行实际上成了美联储的最终清算地，具体承担着美联储监管和运行主要支付清算系统和网络的职责，这也使纽约成为集聚美国重要支付清算系统以及形成联邦基金市场的所在地。为了维系美元的国际货币地位，纽约不仅拥有美元实时全额支付(RTGS)系统，而且实现了外汇清算系统、证券清算系统与美元支付清算系统的“款款对付”(PvP)、“票款对付”(DvP)连接，外汇、证券的交割与美元清算可以同步进行，在提高了美元支付清算效率的同时，也有效降低了全球金融市场以美元计价交易的系统性支付清算风险。

随着纽约支付清算体系的不断成熟和完善，纽约支付清算体系呈现出多元性、竞争性的特征。其中，联邦电子资金转账系统(FEDWIRE)和清算所银行同业支付系统(CHIPS)是支持美元全球清算的两大主要大额支付清算系统。

(一)联邦电子资金转账(FEDWIRE)系统

联邦电子资金转账(FEDWIRE)系统由纽约联邦储备银行建设、管理和运行，是一个高度集中化的系统。

联邦电子资金转账(FEDWIRE)系统的使用者不管是在哪一个联储开户，其大额资金支付清算都要通过纽约联邦储备银行的主处理中心进行，进而实现了全美支付清算规则的一致性。联邦电子资金转账(FEDWIRE)系统由资金转移系统和簿记证券系统两部分组成，资金结算和证券交易可以同步进行，具有极高的处理效率和运行效率。也正因如此，纽约联邦储备银行可以将美国有价证券交易(包括公开市场操作在内)的主要环节有效置于其监管之下，在联邦电子资金转账(FEDWIRE)系统平台上通过公开市场操作向国际金融市场吞吐美元基础货币，迅速扩张或收缩美元的全球市场信用。

现在，大约有 9 500 家机构是联邦电子资金转账（FEDWIRE）系统参与者，可以通过联邦电子资金转账（FEDWIRE）系统进行支付和清算。该系统向大约 8 300 家机构提供在线服务，这些储蓄机构通过计算机或终端直接与联邦电子资金转账（FEDWIRE）系统的网络相连，99%以上的资金转账由这些机构的交易产生，其余的机构通过非在线方式访问联邦电子资金转账（FEDWIRE）系统，其交易量很有限。2012 年，用户通过联邦电子资金转账（FEDWIRE）系统进行了 131 637 349 次资金转账，金额达 5 992 万亿美元，平均每笔交易达 455 万美元。

联邦储备银行分别在 1997 年和 2003 年将联邦电子资金转账（FEDWIRE）系统的营运时间从 10 小时延长到 18 小时和 21 个半小时。这种变化增加了联邦电子资金转账（FEDWIRE）系统与国外市场运行时间的重叠，有助于降低外汇结算风险。

1. 联邦电子资金转账（FEDWIRE）系统资金转账

联邦电子资金转账（FEDWIRE）系统资金转账的主要功能是：通过各商业银行在联邦储备体系中的储备账户余额，实现商业银行间的同业清算，完成资金调拨。该系统成员主要有：美国财政部、美国联邦储备委员会、12 家联邦储备银行、25 家联邦储备分行及全国 1 万多家商业银行和近 2 万家其他金融机构。

联邦电子资金转账（FEDWIRE）系统的资金转账是实时、全额、连续的贷记支付，即支付命令随时来随时处理，而不需要等到既定时间统一处理，且每笔支付业务都是不可取消和无条件的。交易业务量大的用户往往采用专用线路与联邦电子资金转账（FEDWIRE）系统相连，中等或较小业务量的用户则通常采用共享租赁线路或拨号方式与联邦电子资金转账（FEDWIRE）系统连接，而只有一些业务量非常小的用户通过代理行或脱机电话方式向联邦电子资金转账（FEDWIRE）系统发送支付指令。

2. 联邦电子资金转账（FEDWIRE）系统证券转账

联邦电子资金转账（FEDWIRE）系统证券转账始于 20 世纪 60 年代末，它的主要功能是：实现多种债券（如政府债券、企业债券、国际组织债券等）的发行、交易清算的电子化，以降低成本和风险。它是实时的、交割与支付同时进行的全额贷记转账。

具体实施时，各类客户（如金融机构、政府部门、投资者等）在吸收存款机构开立记账证券账户，而各吸收存款机构在储蓄银行建立其相应的记账证券账户，清算交割时，通过各吸收存款机构在储备银行的记账证券账户来进行。目前，已有近 98%、约 20 万种可转让政府债券通过该系统进行处理。

（二）清算所银行同业支付系统（CHIPS）

清算所银行同业支付系统（CHIPS）是由纽约清算所协会（New York Clearing House Association，NYCHA）经营管理的全球较大的私营支付清算系统之一，主要进行跨国美元交易的清算。参加清算所银行同业支付系统(CHIPS)的成员有两大类:一类是清算用户,它们在联邦储备银行设有储备账户,能直接使用该系统实现资金转移,目前共有19个,其中有8个在为自己清算的同时还能代理2～32个非清算用户的清算;另一类是非清算用户,不能直接利用该系统进行清算,而必须通过某个清算用户作为代理行,在该行建立代理账户,实现资金清算。参加清算所银行同业支付系统(CHIPS)的单位可以是纽约的商业银行、埃奇法公司、投资公司以及外国银行在纽约的分支机构。

目前,95%的跨国美元最终清算通过清算所银行同业支付系统(CHIPS)进行。清算所银行同业支付系统(CHIPS)为来自全球21个国家的95家会员银行提供美元大额实时最终清算服务。为了最大限度地提高各国金融机构美元支付清算资金的流动性,该系统采用多边和双边净额轧差机制实现支付指令的实时清算,实现了实时全额清算系统和多边净额结算系统的有效整合。

通过清算所银行同业支付系统(CHIPS)进行的支付转账通常与跨国银行间的交易相关,包括由外汇交易(如当期合约、货币掉期合约)而产生的美元支付,以及欧洲美元的流入与流出。此外,人们也利用清算所银行同业支付系统(CHIPS)调整往来账户的余额,进行与商业相关的支付、银行贷款以及债券交易。

清算所银行同业支付系统(CHIPS)具有很高的可靠性,达到99.99%。它维护着两个数据中心,两者之间通过光纤电缆连接,可以在5分钟内从主系统切换到备份系统,保证支付指令和数据的安全存储与备份。

清算所银行同业支付系统(CHIPS)还支持电子数据交换(EDI),每次付款的同时可以向客户提供客户编码、发票号、折扣等信息。这不仅减少了信息传送错误,而且提高了效率,促进了相互间的合作关系。

从2001年1月起,清算所银行同业支付系统(CHIPS)已成为一个实时的、终结性的清算系统,对支付指令连续进行撮合、轧差和结算。清算所银行同业支付系统(CHIPS)的营业时间是从晚上9时至次日下午5时。对支付指令的处理通常只需几秒,这极大地提高了流动性。一般地,新系统为从清算所银行同业支付系统(CHIPS)队列中释放的支付指令提供实时的最终清算,支付指令的结算可以有三种方式:用清算所银行同业支付系统(CHIPS)簿记账户上正的资金头寸进行支付;由反方向的支付来对冲;以上两者结合。

(三)小额电子支付清算系统

以纽约清算所为典型代表,纽约还建有众多覆盖全美甚至全球的小额电子支付清算系统。如“ACH国际税收”可以为身处英国的纳税人向美国政府纳税提供资金支付渠道。这些多元化且充满市场竞争性的电子支付清算系统,为全球美元小额支付清算提供了基本条件，也更加巩固了美元的国际计价结算地位。

拥有世界上最庞大和最发达的证券托管清算系统工程，是纽约之所以成为全球资本市场中心的基础和前提。1992—2002年，经过充分的整合，在纽约银行法下共同组成了一个统一、特殊的银行组织——美国证券存托与清算公司（DTCC），成为国际上公认的四大全球证券托管组织之一。其中的NSCC系统负责撮合和轧差，DTC系统负责托管和结算。

VISA和MasterCard作为两大国际信用卡组织，其清算银行均为位于美国纽约的大通曼哈顿银行，纽约实际上也就成了全球信用卡的发源地和支付清算中心。

二、伦敦支付清算体系：全球外汇市场交易的枢纽

不断建立和完善全球外汇交易清算系统，是伦敦之所以成为国际外汇市场交易中心，长期占据国际外汇交易量首位的一个决定性因素。伦敦是全球最重要的多币种清算系统——持续连接清算（CLS）系统的业务处理所在地。2002年9月9日，世界上第一个联结各国资金批发清算的实时全额清算系统，提供多币种多边实时跨国外汇交易同步清算的全新系统——持续连接清算（CLS）系统正式启动。持续连接清算（CLS）系统是外汇交易即时清算系统。在外汇交易中，由于时差的问题，各种外汇交易交割时间有先有后。交割时间不同，就会产生各种风险。持续连接清算（CLS）系统建立的目的就是实现全世界各地的银行在外汇交易时能在同一时间得到清算，由此来降低外汇交易中的风险。持续连接清算（CLS）系统事实上是外汇交易行为中连接交易银行双方的一个纽带。持续连接清算（CLS）系统的建立使得全球任何一个地方的银行可以不再依赖于单个跨国银行的外汇清算渠道，而通过该系统直接进入国际外汇清算网络。持续连接清算（CLS）系统具有全额和净额结算功能，所有参与者都是世界上主要的外汇交易银行（2006年中国银行正式成为其会员银行）。一方面，持续连接清算（CLS）系统可以在欧洲、北美和亚洲实现不同时区的不间断清算，而且多种货币的交易和清算在同一个系统内完成并采取对等支付（PvP）清算模式，只有当一种货币的结算在另一货币划转后才得以实现；另一方面，参与持续连接清算（CLS）系统清算的各币种必须拥有自己的实时全额支付（RTGS）系统，并通过它们及时弥补清算成员头寸的不足且具有同等程度的总结性，持续连接清算（CLS）系统最大限度地降低了全球外汇交易的市场风险。

作为关键的基础设施，持续连接清算（CLS）系统处在外汇行业的中心，持续连接清算（CLS）系统社区包括一个由央行、商业银行、投资公司、企业和基金公司组成的全球性网络。持续连接清算（CLS）系统为参与者提供直接的（针对结算成员）和间接的（通过结算成员向他们的客户提供第三方的）结算服务。持续连接清算（CLS）系统

与技术供应商、业务伙伴及监管机构紧密合作，以确保提供有效且可靠的结算服务。

持续连接清算(CLS)系统的主要特性如下：

(一)同时支付模式

持续连接清算(CLS)系统是以对等支付(PvP)模式为基础的多币种外汇清算系统。采用对等支付(PvP)模式，可以在清算中消除从支付指令发出后到完成清算之间的时差，一种货币只有在与之交易的另一种货币最终交割时才能完成最终交割，使得交易的两种货币同时清算，从而达到消除清算风险敞口、降低风险、提高效率的目的。

(二)适用货币

目前可以通过持续连接清算(CLS)系统清算的货币包括美元、欧元、英镑、日元、加拿大元、瑞士法郎等共 17 种。

(三)交易品种

持续连接清算(CLS)系统支付的外汇交易的两个币种必须都是持续连接清算(CLS)系统适用货币，且交易双方必须都是持续连接清算(CLS)系统成员行，交易产品包括即期(spot)、远期(forward)及隔日交收(tomorrow)。

(四)成员组成

持续连接清算(CLS)系统银行是持续连接清算(CLS)系统外汇清算的中介银行，它在各持续连接清算(CLS)系统币种国家的中央银行开有清算账户，并加入当地实时全额支付(RTGS)系统，通过当地实时全额支付(RTGS)系统完成各币种的清算和空头头寸集资。除持续连接清算(CLS)系统银行外，持续连接清算(CLS)系统的主要成员还包括清算成员行和第三方成员行。另外，持续连接清算(CLS)系统中还有两个重要参与者，即清算成员行代理行(nostro account service bank)和第三方成员行代理行。

自推出以来，通过持续连接清算(CLS)系统结算的总金额已超过 8 600 万亿美元，2013 年 5 月，持续连接清算(CLS)系统日结算数量创下纪录：单日结算的支付指令达到 2 978 118 条。每个工作日，持续连接清算(CLS)系统结算的平均金额为 4.5 万亿～5 万亿美元，持续连接清算(CLS)系统能够结算 17 种货币的外汇交易支付指令，占全球货币日交易总价值的 94%。在欧洲中部时间 7：00—10：00，持续连接清算(CLS)系统与全球 17 个实时全额支付(RTGS)系统保持连接。2013 年 2 月，国际金融市场协会标准守则三建议“在外汇交易中活跃的机构应该尽可能成为 CLS 参与者”。

此外，伦敦还建有由英国一些大银行组建的跨国外汇清算系统 FXNET，通过既定的框架协议处理现货和期货外汇交易的双边轧差清算；为了降低国际金融市场上广泛存在的外汇交易结算风险，避免跨时区信用危机引发的连锁性外汇交易市场风险，伦敦还成立了第一家向全球主要外汇市场成员提供14个币种、多边外汇交易轧差清算服务的环球外汇交易清算所(Exchange Clearing House Limited,ECHO)。

清算所自动支付系统(CHAPS)是伦敦的主要大额支付清算系统,提供以英镑计值、以欧元计值的两种独立性清算服务,其中欧元清算与欧洲统一支付平台泛欧实时全额自动清算系统(TARGET)连接。因此,清算所自动支付系统(CHAPS)的成员可以在同一个平台上办理国内英镑支付和跨国欧元支付,确保了英镑和欧元在伦敦金融市场交易中具有同等的计值地位。伦敦还有两个重要的小额零售支付清算系统,一个是BACS有限公司提供的ACH电子支付清算系统,另一个是支票和贷记清算公司提供的纸质票据清算系统。

近年来,伦敦的证券清算机构迈上了公司证券和政府债券、国内证券与欧洲证券一体化清算的道路。采用会员制的伦敦清算所(London Clearing House,LCH)也是一个运作极为成功的独立的跨市场证券托管结算机构,主要为伦敦国际金融期货和期权交易所、伦敦国际石油交易所、伦敦金属交易所、伦敦贸易点投资(Tradepoint Investment)交易所以及某些场外交易产品提供清算服务。

三、法兰克福支付清算体系:泛欧金融市场一体化的桥梁

位于德国法兰克福的欧洲中央银行,其管理和运行的泛欧实时全额自动清算系统(TARGET)是目前最重要的欧元跨国支付清算系统。泛欧实时全额自动清算系统(TARGET)由12个欧元区国家和4个欧盟国家的系统实时全额支付(RTGS)和ECB支付机制构成,通过Interlinking公共网络相互连接,可以处理欧盟国家间所有的欧元贷记转账业务,而且还能够为成员与EURO1系统(位于法国巴黎)、持续连接清算(CLS)系统(位于英国伦敦)之间的欧元支付提供最终结算。因此,泛欧实时全额自动清算系统(TARGET)实际上成了欧元区统一支付清算的核心系统,日均交易金额为1.9万亿欧元,其中跨境业务金额占比约为35%。目前,欧洲央行已经开始了泛欧实时全额自动清算系统(TARGET2)的建设进程,计划以基于单一共享平台(SSP)的泛欧实时全额自动清算系统(TARGET2)替代目前分散化的泛欧实时全额自动清算系统(TARGET),这为欧盟和欧元区中央银行体系的扩大提供了基础准备。此外,位于法兰克福的德意志央行还管理和运行着RTGSplus、EIL-ZV、EAF-2、ELS等多个大额支付清算系统,以及RPS、数据媒体交换等小额支付清算系统。这些系统不仅提供了一个具有竞争性的支付网络体系,有些系统实际上也具有泛欧全额结算、跨境支付以及零售支付的清算功能。正是由于欧洲央行在法兰克福支付清算系统建设上的积极推动,法兰克福已经成为欧洲重要的国际性支付清算中心,国际金融中心的地位不断得以巩固。

德国法兰克福证券清算系统的泛欧整合作用也开始显现。2002年，德国证券交易所集团还与负责国际证券清算业务的世达银行(Cedel Bank)进行了合并，并在卢森堡成立明汛银行(Clearstream)，作为其全资子公司的德国证券交易所明汛结算公司(Clearstream Banking Frankfurt)，则使法兰克福的证券清算系统与全球性的证券托管清算系统有机地联结在了一起。

四、东京支付清算体系：日元国际化的精心安排

目前，东京有四个主要的银行间支付清算系统，分别是由日本银行(日本的中央银行)负责管理和运行的日本银行金融网络系统(BOJ-NET)和外汇日元清算系统(FXYCS)两个大额支付清算系统，以及东京银行家协会管理和运行的汇票和支票清算系统(BCCS)和全银数据通信系统(Zengin)两个小额支付清算系统。其中，日本银行金融网络系统(BOJ-NET)在东京甚至整个日本支付清算体系中处于核心和枢纽地位。

为了加速和巩固日元的国际化进程，日本银行对日元的国际支付清算进行了精心安排，不仅建立了专门的外汇日元清算系统(FXYCS)，而且将其纳入了日本银行金融网络系统(BOJ-NET)运行，使得外汇日元清算系统(FEYCS)中的日元交易实质上都能够通过日本银行账户进行结算，确保了所有东京跨国金融交易中日元清算的支付最终性。外汇日元清算系统(FEYCS)始终处于高效运转状态，日均交易额为28万亿日元左右，为东京外汇市场的国际化尤其是日元的国际化发挥了重要作用。

日本银行是日本政府债券的托管结算机构，通过日本银行金融网络系统(BOJ-NET)以实时"票款对付"(DvP)方式进行证券和资金的支付清算。日本证券存管中心主要托管股票，日本证券清算公司办理清算，通过与日本银行金融网络系统(BOJ-NET)的连接也能够实现"票款对付"(DvP)清算模式。

五、香港支付清算体系：构建国际货币全球实时支付清算网络

经过多年努力，香港金融管理局、汇丰银行、渣打银行分别建成了港币、美元、欧元三个实时支付清算系统并实现了全面联网，使得在香港一地就能够同时完成三种货币的对等支付(PvP)同步交收清算，极大地提升了香港作为国际金融中心的优势地位。其中，2000年香港金融管理局和汇丰银行共同建立的美元/港币外汇交易对等支付(PvP)机制，是世界上第一个跨币种支付撮合处理模式，确保了美元和港币的同时结算，并且清算系统中交易后的货币能够立即投入使用，进一步增强了香港外汇交易市场的流动性。目前，香港的三个实时全额支付清算系统不仅均与香港债务工具中央结算系统(CMU)实现了无缝连接，完成了所有在港债券交易的"票款对付"(DvP)清

算安排，而且也与其他主要国家中央银行的实时全额支付(RTGS)系统实现了连接，能够做到与全球主要金融市场交易的同时支付。

为了争夺人民币国际支付清算中心的地位，1998年和2000年，香港先后与内地的深圳、广州两市建立了联合票据清算便利系统。截至2006年3月，一个专门处理跨境人民币支付的人民币实时结算系统已经开始在香港运作。

香港股票和债券的交易结算是分开进行的。1996年，香港推出了亚洲最先进的银行与债券实时支付清算系统；1998年，香港又推出了股票交易的货银两讫结算服务，全面实现了证券交易结算的“票款对付”(DvP)模式。2000年，香港联合交易所、期货交易所、中央结算有限公司、香港联合交易所期权结算所以及期货交易有限公司进行了股份化合并，统一负责股票的托管清算。香港债券的托管、交易、清算业务则由香港金融管理局的债务工具中央结算系统(CMU)负责办理，该系统与欧洲清算系统和明汛银行两个国际证券结算系统联结，可以为外币债券提供结算服务，极大地提升了香港吸引欧美投资的能力和水平。

本章小结

1. 跨境支付清算是指两个或两个以上的国家、地区之间因国际贸易、国际投资及其他方面所发生的国际债权债务，借助一定的支付工具和支付系统进行清算，实现资金跨国和跨地区转移的行为。目前我国跨境人民币转账主要是有两个渠道：一是国内商业银行和国外银行互相开立账户进行本币结算；二是内地商业银行通过在香港或者澳门代理进行。

2. 跨境支付清算业务是伴随着国际产业分工以及国际交往活动的不断发展而发展起来的，按照历史发展可以主要分为以下四个阶段：一是跨境支付贵金属清算阶段。早期的国际金融制度建立在贵金属充当金属货币的基础上实行的以黄金和白银作为国际货币的复本位制度。二是跨境支付纸币现金清算阶段。纸币是与国家政权紧密结合在一起的国家货币，不可自由兑换的纸币一般只限于在其国内流通，不能作为跨境支付清算手段。三是跨境支付纸质转账清算阶段。伴随着国际化生产、交往活动及各国银行业的不断发展，跨境支付清算业务逐步进入纸质转账清算阶段。四是跨境支付电子转账清算阶段。跨境支付清算业务引入电子数据交换技术后，单据制作和处理出现了“革命性”转变。表现在跨境支付清算中，是使用电子文件代替传统的纸质单证并实现各有关部门之间的电子数据交换处理，使各个金融市场通过电子化交易手段形成了24小时不间断的全球一体化市场，大大简化了跨境支付清算程序，国际资金运转速度进一步加快。

3. 跨境支付清算的主要模式可作如下分类：第一，按照系统结构分类，分为两分模式和整合模式。两分模式是独立于国内系统的专门顺境系统，通常由银行间机构拥有和运作，但通过央行的实时全额支付系统作账户结算。整合模式是指银行间系统同时承担跨境清算。第二，按照账户安排分类，可以分为系统由央行直接拥有和运作，以及非央行系统采用自己的账户资金结算，但是与央行的实时全额支付系统连接，通过清算头寸调入调出央行账户资金。第三，按照清算模式分类，可以分为正式系统和准系统、代理行。在正式系统和准系统中，离岸模式主要适用于国际化程度高的货币在与清算中心时差最大的地区的清算。因此，亚洲是采用离岸美元清算模式最集中的地区。典型案例是中国香港的离岸清算系统，它并非传统的代理行，而是一种介乎二者之间的独特的"准系统"。代理行也有在岸和离岸两种模式。离岸模式也主要适用于国际化程度高的货币。

4. 中国香港的人民币结算系统于 2007 年 6 月通过香港金融管理局的后续升级，成为全面的人民币实时支付结算系统。人民币实时全额支付系统由中国银行(香港)有限公司担任清算行，香港银行同业结算有限公司则负责系统运作事务。该系统连同港元、美元及欧元实时全额支付系统以及债务工具中央结算系统从原有的专用操作平台转至环球同业银行金融电讯协会系统的开放式平台(SWIFT Net)。该系统具备以下功能：银行同业即时支付结算，多种货币组合的外汇"款款对付"交易，以及通过与债务工具中央结算系统的联网进行债券的"票款对付"交易。

5. 随着人民币加入特别提款权(SDR)、"一带一路"倡议实施、亚洲基础设施投资银行设立，银行业面临着前所未有的跨境金融服务的机遇。国内企业"走出去"的步伐不断加快，境外投融资活动加剧，跨境支付迎来大好时机。人民币跨境支付系统分两期建设：一期主要采用实时全额结算方式，为跨境贸易、跨境投融资和其他跨境人民币业务提供清算、结算服务；二期将采用更为节约流动性的混合结算方式，提高人民币跨境和离岸资金的清算、结算效率。

6. 当前国际主要货币跨境支付清算系统及运行方式主要分为五大类型：一是纽约支付清算体系，依托于美元国际化的技术支持和推动力；二是伦敦支付清算体系，优势在于全球外汇市场交易的枢纽；三是法兰克福支付清算体系，特点是泛欧金融市场一体化的桥梁；四是东京支付清算体系，该体系是日元国际化的精心安排；五是香港支付清算体系，目的是构建国际货币全球实时支付清算网络。

思考题

1. 试述改革开放前后我国的跨境支付清算的区别与联系。
2. "代理行"与"清算行"模式相比，存在哪些优劣？
3. 纽约支付清算体系由什么支付清算系统构成？它们如何进行互补完善？

第八章 发展趋势及业务创新

近年来，我国支付清算市场呈现出专业化、市场化、多元化的发展趋势，各类新型支付服务产品和服务组织不断涌现，大大拓展了支付清算服务的深度和广度，使我国的支付清算网络不断完善，支付清算效率和服务水平大幅提高，为畅通货币政策传导、促进国民经济健康发展发挥了重要作用。目前，我国支付清算行业已经发展成一个参与者众多的行业，银行、第三方支付机构、转接清算组织（如银联、中国人民银行清算中心、农信银资金清算中心、城市商业银行资金清算中心）和其他特许支付清算机构（如中债登、中证登、上海清算所）等相互合作与竞争，在互联网时代的大背景下不断推出适应客户需求的创新产品，极大地丰富和满足了市场客户的需求，形成了我国支付清算市场发展的新趋势。

第一节 支付清算行业的监管趋势

一、支付清算行业进入各项政策的全面落实和消化期，监管趋严

2015—2016 年，中国人民银行等部委就支付清算领域密集出台了十余项重大政策。这些政策包括《非银行支付机构分类评级管理办法》《关于信用卡业务有关事项的通知》《非银行支付机构风险专项整治工作实施方案》《关于进一步加强银行卡风险管理的通知》《支付结算违法违规行为举报奖励办法》《银行卡清算机构管理办法》《关于完善银行卡刷卡手续费定价机制的通知》《关于改进个人银行账户服务加强账户管理的通知》《关于落实个人账户分类管理制度的通知》《非银行支付机构网络支付业务管理办法》《关于加强支付结算管理防范电信网络新型违法犯罪有关事项的通知》等。

这一系列政策可分为几个类型。一类是加强管理规范、风险防范的，均有实质性举措，比如分类评级、银行卡风险管理、非银行支付机构风险专项整治等。一类是推动改革的，比如账户分类、刷卡手续费改革以及信用卡利率市场化等。一类是对外开放的，主要是有关银行卡清算市场的开放。

总体看，监管趋严的态势显而易见，对支付市场生态将产生重大影响。随着各项

政策措施的推进，合规要求的不断提升，对打擦边球或纵容违规等行为的约束将越来越强，市场竞争更趋公开透明，整体行业将进入稳定规范的发展时期。支付清算行业的首要任务就是落实政策，实现经营和市场策略与之匹配，做到合规经营，稳健发展。

二、防范风险成为支付清算行业发展的首要任务

2016年中央经济工作会议强调稳中求进，适应新常态，积极应对日趋复杂的国内外经济金融形势。2017年，我国经济增长目标稳定在6.5%左右，增速回落对习惯高速增长的经济社会的各个领域都会产生压力，甚至促使一些薄弱领域暴露风险。同时，制造业竞争力下降、去产能任重道远、银行不良率上升、金融市场风险暴露、保持币值稳定压力趋大等问题构成了现实挑战和压力。

在这种形势下，稳定发展、不添乱是支付行业的基本要求和底线。监管部门与市场必将达成共识、形成合力，务求平稳，确保不发生行业性风险，重点防范资金性风险、业务系统重大宕机风险以及较大规模的违规事件风险。一旦出现问题，监管部门绝不手软。在防风险的主体基调下，原本无力推进"深水区"改革以及涉及重大利益的监管举措将破局出台。支付行业将从注重效率和市场拓展的"狂奔节奏"转向关注效率和安全的"稳健状态"。市场主体的经营策略要作出调整，在求发展和防风险之间做好平衡，更加注重防范风险。

第二节　支付清算主体的发展趋势

一、银行业加大电子银行业务的投入，鼓励客户使用网上银行等方式完成支付

我国银行业发展规模差异明显，五大国有商业银行支付结算量占所有商业银行的七成以上，因此，其行内支付系统解决了主要的支付业务。为适应互联网金融的发展，国有商业银行和股份制商业银行均推出了网上银行和手机银行业务，自营电商和微信银行，大额支付采用UKEY，小额汇兑和消费支付使用取款密码的方式，在其官方主页和主要消费网站提供网关支付的方式，服务其客户消费。民生银行甚至建立了独立的直销银行网站，为普通客户提供理财服务。

二、第三方支付机构围绕其目标客户，深耕市场细分的领域，不断推出便利的支付产品

截至2021年5月，已有228多家支付机构获得央行支付机构牌照，涉及预付卡、

银行卡收单、网上支付、手机支付和电视支付等几个领域。第三方支付机构以电子商务平台为基础，逐步创新和扩大业务范围，如易宝支付最早以航空机票切入，后发展至全行业的支付机构，支付宝以淘宝电商平台为基础建立，后拓展至多领域的支付，并向余额宝、小额贷款等互联网金融领域发展。获得银行卡收单业务牌照的支付机构作为银联的前端商户拓展机构，后台结算以银联跨行支付清算系统为渠道，如拉卡拉、汇付天下等，汇付天下逐步向 P2P 网络金融平台提供账户托管服务。从支付渠道上看，第三方支付机构后台渠道要么逐个联通商业银行系统，要么通过银联一点打通所有银联卡通道；从业务创新上看，第三方支付机构从银行网关支付逐步向快捷支付过渡，从电子商务平台消费向网上投资理财支付领域拓展。

三、转接清算组织以商业银行为主要服务对象，承担跨银行、跨地域的支付骨干清算通道，业务发展呈现向企业机构拓展的趋势

中国人民银行清算总中心负责跨银行汇兑业务的清算，各地市中心支行结算中心利用小额支付系统集中代收付业务逐步向水电煤等企事业单位提供代收代付服务；银联业务以银行卡支付为基础，逐步由传统的 POS 收单业务向银联在线、代收付、收单机构方向发展，并向商户小额贷款、在线理财和手机支付等新兴领域拓展；农信银资金清算中心和城市商业银行资金清算中心则负责对特定的银行机构提供清算服务。这些转接清算组织均作为中国人民银行大额支付系统的直接特许参与者，利用主干支付网络渠道完成零售支付业务。

第三节　支付清算的创新发展

创新驱动是支付清算发展的动力。《中共中央关于制定国民经济和社会发展第十三个五年规划的建议》明确提出创新、协调、绿色、开放、共享的发展理念，创新居国家发展的核心位置。对于作为国家的核心金融基础设施的支付清算体系，金融创新是保持发展的重要动力，也是支付清算体系快速发展的重要特征。在保证国家金融体系健康稳定和大力推进金融服务创新的同时，创新的支付工具、创新的支付清算方式、创新的金融制度、创新的监管制度、方式和手段以及创新的应用市场的出现，将共同推动中国支付清算行业向前发展，并满足日益多样化的社会支付清算需求。

一、支付清算工具的创新

近年来，支付清算行业快速发展，跨界融合逐步深化，新技术、新产品不断出现，新

业态、新场景不断延伸，基于大数据、云计算、区块链、人工智能等关键新技术，条码支付、聚合支付、云闪付、生物识别技术、NFC、主卡仿真技术（HCE）、可穿戴设备等支付应用创新，为支付清算行业发展注入新的活力，新兴的支付清算工具不断出现。

（一）票据业务的创新发展

1. 票据电子化

（1）电子票据进一步替代纸质票据，票据市场加速转型。2016 年 12 月 8 日，上海票据交易所的正式成立，标志着中国票据业务迈入了全面电子化、参与主体多元化、交易集中化的规范统一、高效透明的新时代。电子票据作为革命性的票据业务产品，其使用及普及率逐年提高，电子票据在企业之间流转更为普遍，其作为支付结算工具的作用愈加显著，同时，在票据一级市场和二级市场，随着贴现通道的阻碍被打通，转贴现业务操作流程简化等，企业的融资成本和银行的交易成本将降低，融资效率和资金使用效率将有效提升。在中国人民银行大力推动电票业务发展的利好政策及市场参与主体多元化的背景下，票据交易的电子化以及票据清算的便捷化，使电子票据的优势更加凸显，纸质票据的数量将会逐步萎缩，电子票据将填补纸质票据留下的空白，未来的票据市场将是以电子票据为主的交易市场。随着上海票据交易所的建成和交易主体的扩大，适时引进信托、证券、基金、保险、资产管理公司以及企业、个人进入票据市场，丰富了市场经营主体，也为加快跨市场、跨专业、跨产品业务创新提供了更多的可能和机会，资产业务与中间业务相融合的综合金融产品也将更加丰富。票据资产证券化的成功为票据资管业务创新开辟了新方向。

（2）粤港跨境电子支票业务的开通，标志着我国电子支票业务正式开展。粤港电子支票联合结算业务率先在广东自贸区开展，粤港电子支票为粤港两地提供了一种新兴的互联网支付工具。2016 年 7 月 22 日，中国人民银行广州分行和香港金融管理局在广州联合召开“粤港电子支票联合结算业务”发布会，宣布广东自贸区在全国率先实现香港电子支票的跨境托收，成为广东自贸区金融改革创新的又一新举措。首批参与试点的银行机构包括广东银行、中国工商银行广东省分行、中国光大银行广州分行、广州农村商业银行、汇丰银行广州分行等 15 家银行机构，基本覆盖了各种类型的银行机构。试点期满后，粤港电子支票联合结算业务拓展至广东省全部银行机构，该业务让客户通过试点银行机构即可办理香港电子支票的收款，为粤港两地民生经济往来提供了又一个方便、快捷、安全的电子支付工具。通过粤港两地结算公司和商业银行的共同合作，由广州银行电子结算中心建设的粤港跨境电子支票结算项目顺利投产上线，成为粤港票据联合结算发展进程的重要里程碑。

当前，纸质支票在广泛使用，它在给人们带来方便的同时，也带来了一系列的问题。首先，纸质支票的处理成本过高；其次，纸质支票的处理速度较慢；最后，纸质支票易于变造、伪造引起风险。电子支票的出现使支票的概念发生了巨大的改变，它在继承了传统纸质支票优点的基础上，借助现代科技，实现支付流程的完全电子化，使支票业务发展焕发出新的生机。电子支票与纸质支票相比具有许多优点：一是. 电子支票具有更严谨、更先进的安防措施。电子支票必须具有付款人和签发行的数码签署，电子支票一经篡改即刻失效，再也不能使用存票服务。发票行对电子支票可进行加密和批量自动签署。二是电子支票的使用更方便快捷、环保，更节约成本费用。付款人和收款人都可以随时随地通过互联网或无线接入设备（如手机）签发电子支票、入票、存票和查询，既缩短了支票处理时间，又降低了票据传递风险。另据统计，假设每年 1 800 万张纸质支票被电子支票取代，则可以减少砍伐 1 800 棵树木和 130 吨的二氧化碳排放量。三是电子支票的使用范围更广。与纸质支票比较，电子支票可以不受区域限制，可同城、可同区域、可跨区域、可跨境使用。四是电子支票的退票率较低。据统计，实物纸质支票退票率偏高，超过一半的退票是由提出行或出票行原因造成的，属于出票行原因造成的退票约占 1/3，分析退票原因，有很多是由于打错磁码、书写不规范、印鉴不符、大小写金额不符、非该行票、空头支票等因素引起的，电子验印原因造成的退票亦不少。而电子支票采用数码双签，自动化程度高，退票率较低。五是电子支票业务有利于大数据的采集。由于电子支票具有正反面 PDF 图像、出票日期、金额、收款人和付款人等电子信息，通过对电子信息进行转换，可进行票面图像和账户信息的数据采集，为票据信息的大数据采集、统计和分析提供依据。

2. 票据数字化

自比特币诞生以来，区块链技术被证明可支持数字货币发行流通，从而引起了国际货币基金组织和各国中央银行的广泛关注。数字票据，其承载介质既非纸质实物，也不是虚拟电子信息流，而是基于区块链技术、具备现有的票据属性、符合法规和市场特性所衍生出的一种全新的票据表现形式。相较于传统的纸质和电子商业汇票，数字票据因技术架构上的不同，既具备电子票据的功能和优点，又融合了区块链技术的优势，是一种更安全、更智能、更便捷的票据形态。区块链技术采用分布共享、通识可信、参与可查的公开账本，在确保数字票据真实性的前提下，实现票据信息及交易的去中心化和信任化。数字票据通过时间戳、非对称加密和智能合约等技术手段，运用严格的规则和公开的协议对信息交互和修改行为进行规范。数字票据具备成本较低、风险较小、数据完整、信息透明、智能管理、操作简便的优势，有望快速发展，形成与纸质票据和电子票据共存的格局。基于区块链技术的数字票据基础设施可拓展至其他封闭的应用场景，包括债券、股权、外汇、纸黄金等，拓宽数字货币的应用领域；数字货币也有望运用于开放式的支付结算环境，从而降低传统纸币发行、流通的成本，提升经济交易活动的便利性和透明度。

3. 票据资产证券化

近年来，随着我国资产证券化市场发展提速，在备案制、注册制、试点规模扩容等利好政策的推动下，票据资产规模持续增长，票据资产已成为银行重要的同业投资品种。票据资产证券化（Asset-backed Securities，ABS）业务不仅能够增加票据资产的流动性，丰富票据产品种类和银行产品业务体系，减少风险资本占用，优化盈利结构，提高盈利水平，有效应对票据业务转型的挑战，而且客观上有助于更好地满足企业直接融资需求，缓解企业融资难、融资贵的问题。票据资产证券化是指银行运用自营资金投资，由具有办理专项资产支付计划业务的合格金融机构设立的、以企业持有的商业汇票收益权为基础资产标的、在交易所挂牌交易的专项资产支持计划的行为。票据资产作为一种期限确定性较强的资产，相较于应收账款，其收益权更适合作为资产证券化产品的基础资产。2016 年 3 月，江苏银行“华泰资管——江苏银行融元 1 号资产支持专项计划”的发行，标志着国内票据资产证券化的大幕拉开，成为我国商业银行票据领域资产证券化的有益探索。从票据资产证券化的情况来看，由于票据资产具有现金流稳定、市场容量大等优势，通过票据资产证券化，可对规范票据市场、降低市场风险起到积极作用。监管部门及交易所皆大力支持票据资产证券化，预计未来将有更多银行不断推出票据资产证券化创新产品，这将成为票据业务发展的新趋势。以下列举部分商业银行及财务公司的票据创新产品。

（1）票据资产证券化：以法定票据权利所派生的票据收益权为基础资产开展票据资产证券化，有利于解决中小企业融资难、融资贵的问题，推出银行如江苏银行、徽商银行、中国民生银行、中信银行、上海浦东发展银行、廊坊银行。

（2）票据池业务：银行为客户提供票据鉴别、托管、托收、查询、质押授信、收益权资管、票据池融资额度项下新开电子票据、在线支付、在线融资、在线增信等一揽子服务，实现企业票据业务管理的集中化、智能化，为供应链企业提供更为多元化自主、高效、便捷的金融服务，推出机构如浙商银行、包商银行、中国农业银行、中化集团财务有限责任公司。

（3）商业（承兑）汇票质押（保押）业务：通过质押优质客户商业承兑汇票的方式批量开发上游供应商，或在公司内部建立质押池，通过票据追索、建立体内循环贸易授信圈等方式降低了业务实质风险，发挥供应链金融产品特色，平衡了业务发展和风险控制的压力，推出机构如北京银行、中国华电集团财务有限公司。

（4）票据管家业务：银行依托专业票据服务平台为客户提供基于票据生命周期管理的一揽子解决方案，实现票据的全流程管理、电子归集、风险预警、信息联动、增值服务等功能，推出机构如招商银行、中国邮政储蓄银行、申能集团财务有限公司。

（5）票据与供应链联动融通产品：提供供应链和生态链综合化金融服务，量身定制的票据供应链联动融通产品，集资金归集、票据结算、汽车合格证监管、资金融通业务等业务为一体，全面拓展“厂商银”合作模式，将金融服务延展至汽车生产、销售乃至售后的全生命流程，推出机构如中国财政储蓄银行、吉林银行、中国石化财务有限责任公司、晋商银行。

（二）银行卡及预付卡的创新发展

1. 银行卡走进“芯”时代

信用卡利率市场化的稳步实施以及刷卡手续定价机制政策的落地，进一步释放了银行卡产业的创新空间和活力，为产业发展带来新机遇，引致市场格局新变化。随着国家供给侧结构性改革的深入推进，我国银行卡产业转型升级不断加快，行业整体保持平稳发展态势，产业各方合规经营意识得到强化。银行卡发卡规模和交易规模保持平稳增长，受理环境不断完善。移动支付的快速发展为银行卡产业插上了“隐形的翅膀”，助力银行卡产业创新变革，银行卡发卡业务服务和产品创新不断。银行卡产业各方面更加注重合作共赢，不断挖潜国内、国际市场。随着国内银行卡产业各项政策的落地实施，业务监管以及行业自律机制的持续完善及市场的逐步开放，银行卡产业仍将保持中高速增长势头。

2016 年，中国人民银行发布《关于信用卡业务有关事项的通知》，取消了原统一规定的信用卡透支利率标准，实行透支利率上限、下限区间管理，透支利率上限为日利率 5‱、下限为日利率万分五的 0.7 倍，迈出了市场化的重要一步。发卡机构可自主确定信用卡透支的计结息方式、溢缴款利息标准等。同时，取消了关于透支消费免息还款期最长期限、最低还款额标准以及附加条件的规定，由发卡机构基于商业原则和持卡人需求自主确定。发卡机构收取的违约金和年费、取现手续费、货币兑换费等服务费用不再计收利息。信用卡利率市场化的分步实施，赋予银行卡市场更多的自由空间，将进一步释放信用卡业务的活力，促进信用卡市场的繁荣发展，有助于提升发卡银行的经营自主权和科学经营水平，使其根据自身经营策略和持卡人风险等级灵活组合免息还款期和最低还款额待遇，打造多样化的信用卡产品和服务，从而进一步提升客户服务水平。例如，中国银联作为银行卡组织，通过加强研发和创新力度，构建了相对完善的卡产品体系，按产品性质划分为借记卡、信用卡、预付卡、借贷合一卡等产品，按资信等级划分为普卡、金卡、白金卡和钻石卡等产品，按客群特征划分为主题卡、联名卡等产品，按发放对象划分为个人卡、单位卡，其中单位卡包括单位结算卡、商务卡、公务卡等。银联高端卡是面向具有一定消费能力、追求生活品质的人群发行，同时配套高端服务与权益的银行卡产品。中国银联为高端卡持卡人提供六大类权益，包括旅行类权益、住宿类权益、美食类权益、购物类权益、生活类权益及用卡保障类权益，具有较高的市场认知度与满意度。“无限信用卡”是世界公认的最高等级高端卡，持卡人可以享受尊贵的专属礼遇、权益和服务。2017年，中国工商银行针对高端的私人银行签约客户推出具有私人银行客户“身份识别介质、消费主账户、标准化增值服务入口”三合一功能定位的国内首张钛合金材质的银联品牌黑金信用卡，标志着中国银联首张“无限卡”的诞生。该卡为高端客户提供包括日常商旅、健康、生活、教育、酒店等在内的八大类22项权益，并重点打造10项免费明星权益和服务，其权益远多于普通钻石卡。

银行卡刷卡手续费定价机制改革创新，释放收单市场活力。银行卡刷卡手续费的优化调整，充分考虑了银行卡市场的双边市场特征，在竞争较为充分的收单端实行市场化定价策略，在发卡行服务费端和竞争尚不充分的网络服务费端由政府定价改为实行政府指导价上限管理，在向市场化演进方向上迈出了坚实的一步。政策实施将在显著降低商户经营成本、规范银行卡市场秩序、释放收单市场活力、促进银行卡产业拉动经济增长效用的发挥、打造公平市场竞争环境等方面持续发挥作用。

随着银行卡清算市场的开放，国际银行卡清算机构以及内资机构均可在国内设立经营主体，从事人民币银行卡交易转接和清算服务，但均需接受监管。实行上限管理和市场化相结合的定价策略在为市场竞争预留空间的同时，有利于培育公平、公开的行业竞争环境，通过大幅度降低商户手续费支出，改善商户经营环境，提高商户受卡意愿；通过压缩套利空间进一步规范市场环境，将有利于扩大银行卡刷卡交易覆盖范围和交易规模，进一步发挥银行卡刺激消费、拉动内需、推进经济增长的积极作用。

2. 特色化的预付卡产品及服务

当前，紧贴市场需求的发展，特色化的预付卡产品和服务不断推出。伴随着宏观经济整体环境变化，企业福利和礼品等传统预付卡领域发展空间进一步收窄，同质化竞争和价格战拉低了行业整体利润水平。外部环境压力及行业内在发展需求推动预付卡机构在实践中结合自身资源优势和特征，打造特色化产品和服务，以全方位的服务模式，精心培育差异化品牌竞争优势，为行业突破同质化竞争困局起到了积极作用。例如，云南本元支付管理有限公司致力于打造集收银、营销、会员管理于一体的市民卡综合服务，搭建起公共交通、公共事业缴费、小额支付等领域的“市民一卡通”综合管理应用平台，为百姓提供更为快捷、便利的服务。又如，海南新生通过与大润发超市的收银系统在系统层的对接整合，极大地降低了铺设终端设备成本，快捷地完成了新生易卡的接入。此外，预付卡机构紧随互联网发展趋势加快推进O2O，为线下特约商户提供创新产品，例如，厦门e通卡依托微信公众号和e通卡App，支持线上购卡、充值等，既可在线购买“丢卡险”，还可以地图定位充值点、消费点，查询卡片余额与消费记录等，为持卡人提供更加便捷的掌上服务，其使用范围囊括厦门公共交通（公交、出租车、渡轮、公共自行车、停车）、食堂、农贸市场、早餐车、便利商场超市、邮政报刊亭、自助售货机、旅游景点等，开通了中石油加油站、麦当劳、豪客来、百货店、新华书店等消费网点，满足了持卡人的日常生活支付。一些预付卡机构正积极尝试在合规的前提下突破传统支付领域，丰富产品和服务。

（三）移动支付工具的多样化创新

移动支付也称为手机支付，就是允许用户使用其移动终端（通常是手机）对所消费的商品或服务进行账务支付的一种服务方式。单位或个人通过移动设备、互联网或者近距离传感，直接或间接向银行金融机构或支付机构发送支付指令，产生货币支付与资金转移行为，从而实现移动支付功能。移动支付将终端设备、互联网、应用提供商以及金融机构或支付机构相融合，为用户提供货币支付、缴费等金融业务。移动支付主要分为近场支付和远程支付两种。近场支付是用手机刷卡支付的方式乘车、购物等，非常便利。远程支付是指通过发送支付指令（如网银、电话银行、手机支付等）或借助支付工具（如通过邮寄、汇款）进行的支付方式，如掌中付推出的掌中电商、掌中充值、掌中视频等属于远程支付。

随着移动支付工具的普及，安全且便利的移动受理端不断创新。银联商务推出的移动收款产品“全民付”堪称装在口袋里的收银台，该产品是一款专为小微商户提供收款、提供便民缴费及其他特色增值服务的移动收款和支付产品，IOS、Android 系统的手机和 PAD 都可下载使用。与“全民付”收银台客户端搭配使用的“易 POS”终端，不过名片盒大小，自带密码键盘和显示屏，两者搭配使用能实现的最具特色的功能就是移动收款，磁条卡与 IC 卡均能受理。其创新具有如下优点：一是交易查询更方便。收款支付全程摆脱了各种“线”的束缚，店里断网、断电也可以刷卡还款。作为交易凭证，刷卡人可以选择将电子签购单查看地址发送到手机上，自行下载或打印。点击“当日收款交易查询”，商户能清楚地了解当日发生的总交易笔数、金额以及每笔交易状态（成功/失败/支付中），“历史收款交易查询”更可让商户对过去的交易明细一览无遗。不仅如此，“全民付”收银台还为交易双方准备了一剂“后悔药”，对于操作失误或需要撤销的当日刷卡交易，商家只需选中交易条目向左轻滑屏幕即可撤销交易，交易资金实时返还到付款账户。二是安全性能不打折。刷卡最在意的就是安全问题，传统 POS 机刷卡被普遍认为是最安全的刷卡支付方式。“全民付”收银台客户端配上“易 POS”终端，成就了“会走路”“易携带”的浓缩加强版 POS 机。三是“易 POS”终端采用与线下传统 POS 机一样的有磁有密刷卡方式，完全没有线上支付频发的手机丢失、账号被盗等风险。在终端设计和通信安全上，“全民付”“易 POS”按照传统 POS 机标准生产设计，一机一密，能有效保护芯片内密钥和敏感信息的安全，并保障通信安全。当受到外力损坏或恶意改装、篡改设置时，“全民付”“易 POS”拥有拆机自毁功能，确保不被不法分子利用。四是多种交易集于一体。除最具特色的移动收款功能外，“全民付”收银台还提供了“全民付”的各种便民缴费业务，如信用卡还款、手机充值及其他多种增值服务，这意味着“全民付”“易 POS”不仅适合有收款需要的商户，而且能满足日常的便民支付需求。除“全民付”“易 POS”外，还有即插即用的“全民付”手机刷卡器等多种产品，而主打商家优惠与银行特惠的“全民惠”平台也已登录“全民付”手机客户端。

二、支付清算方式的创新

随着互联网技术、金融科技和现代通信技术的蓬勃发展，支付清算方式不断创新，票据业务和支付产业变革持续推进。票据业务的外延服务创新，为票据业务的发展提供了广阔空间。各种创新支付(条码支付、NFC 支付等)发展迅猛，将交易场景和支付方式有机整合，丰富了收单机构面向实体特约商户的服务渠道，并直接对经济社会和大众生活的方方面面产生了重要影响。

(一)票据交换业务的外延服务创新

为满足各商业银行在票据交换处理方面的需求，部分地区的中国人民银行或结算中心利用自身的业务、技术及数据整合优势，推出了票据交换提出及提入外延业务，为商业银行提供代理票据扫描、录入、复核、提出、二次清分、票据审核、退票和归档等可定制化的专业服务。二次清分是对商业银行跨行提入票据，按照支行、网点、借贷方、金额段等要素进行票据清分，并提供信封内凭证及贷方票据扫描的行内细分服务，同步采集票据图像和磁码数据，这些信息以文本格式存储在电子介质上(比如磁盘等)提交给商业银行，商业银行据此进行行内业务处理或部分委托中心处理，实现记账、退票、归档和查询等自动化操作。商业银行利用中心提供的图像数据及排序服务，可以不依赖实物票据的流转，直接采用图像信息进行票据审核和验印，这既节省了人力投入，提高了票据处理速度，又减少了人为干预，强化了核算工作，降低了资金风险。例如，某银行的广东省分行在未使用票据交换外延业务之前，200 多个网点的票据处理需要 100 多人、4 个多小时，使用该服务后，只需 20 多人操作，两个小时即可处理完毕，大大提高了处理票据的工作效率。

(二)条码支付的创新应用

条码技术从 20 世纪 90 年代开始应用于支付领域。近年来，随着我国智能手机等移动终端不断普及，5G 网络覆盖率快速上升，移动电商、O2O、互联网金融等新业态快速发展，带动了我国条码支付爆发式发展。条码支付具有单技术、多信息的特征。条码支付是二维码技术和移动支付的结合，扫描商品二维码即可通过银行或非银行支付机构提供的手机移动设备端通道完成支付，是连接实物商品与移动应用软件的桥梁。作为一种基于账户体系搭建起来的无线支付方案，条码支付通过运营机构应用条码技术向商户与消费者提供加密并带有账户、金额、付款方或收款方等信息的条码，实现支付指令传递和资金结算，从而实现收付款人之间的货币资金转移。按照支付指令的发起方式，条码支付可以分为主扫模式和被扫模式。主扫模式即付款扫码，是指付款人通过移动终端读取收款人展示的条码来完成支付的行为。被扫模式即收款扫码，是指收款人通过付款人移动终端展示的条码来完成支付的行为。主扫模式和被扫模式都较为普遍，主要立足于小额支付场景，以便民、小额、多频的线上和线下商户便捷支付业务为主。从应用场景方面看，条码支付基于网络支付与传统收单市场进行业务拓展，在移动互联网与移动支付较为普及的区域均有受理基础。从商户端应用场景看，条码支付主要应用于以下三种商户：一是需要丰富支付种类以引流客户的品牌商户；二是认为银行卡刷卡手续费高，需分散交易以及降低成本的中小商户；三是需要解决非现金支付需求但未安装 POS 机具的小微商户以及偏远地区的商户。从个人应用端看，主要应用于个人收付款、转账等小额资金往来场景。

2016 年 12 月，中国银联正式发布二维码支付企业技术标准，包括《中国银联二维码支付安全规范》《中国银联二维码支付应用规范》，从而有效规范了条码支付业务的开展。随着行业标准的逐步明确，各商业银行和非银行支付机构积极布局和创新条码支付的创新应用。非银行支付机构主要基于客户银行账户（快捷）支付账户（余额）开展条码支付业务，如支付宝、财付通等机构，自 2011 年起即陆续尝试推出线上条码支付业务，目前已在餐饮门店、超市、便利店等线下应用场景广泛应用。支付宝、微信支付占据了移动支付市场的主要份额，以其庞大的用户基数和丰富的场景生态为基础，通过补贴营销快速拓展商户并培育用户消费习惯，业务已经覆盖了多种支付场景，以轻量化、小额便捷为特点提供便捷的支付服务，推进线上线下支付进一步融合。商业银行则主要基于手机银行现有业务模式开展条码支付业务，遵循相应的限额和安全体系，应用于客户消费及转账业务，如交通银行、招商银行、中信银行、民生银行、浦东发展银行、兴业银行等多家商业银行积极开展条码支付业务，陆续推出条码支付产品，特别是中国工商银行推出应用标记化技术的二维码支付产品，通过工行“融 e 联”App 扫码完成支付。条码支付业务在满足用户小额便民支付应用方面发挥着积极作用。

随着条码支付在产品形态、用户接受程度、技术安全等方面日趋成熟，其在小额支付场景中已逐渐显现出对零售、便民等行业的现金和银行卡交易的一定替代作用，成为广受欢迎的收银解决方案。对于广大中小商户，特别是边远地区或农村的商户而言，条码支付省去了传统 POS 机硬件设施的投入与维护成本，同时商户结算率更优惠，消费者使用更便捷，符合广大中小微商户以及使用传统收单方式不便的商户的需要。条码支付以其低成本、安全快捷的优势，在小额、便民、高频等应用场景下有很大的市场拓展空间。

（三）移动支付的创新应用

近年来，我国移动支付行业延续高速发展态势。市场主体一方面积极拓展移动支付应用场景，打造支付生态圈，推动业务量加速向移动端迁移；另一方面通过增加服务功能、优化业务流程、降低综合费率、提高优惠补贴等手段，改善用户体验，提升获客能力。同时，移动支付相关基础设施建设和受理环境持续得到改善，消费者对于移动支付保持较高的接受度和使用频率，有力促进了移动支付业务的普及和推广。移动支付是支付行业未来创新发展的重点方向，市场主体将通过资源整合和战略优化调整，保持各自优势领域的主导地位，并通过推动新技术与移动支付应用深入整合，促进移动支付安全性和便捷性的提升，满足客户多样化、个性化的支付需求。

当前，凭借基础网络的不断升级和支付前端产品的不断创新，支付渠道正快速从PC端向移动端延伸，远程支付占绝大部分，移动支付客户数稳步增长，近场特约商户数量迅猛提升，移动支付进入高速发展期。我国移动支付行业运行具有如下特点：一是个人客户对移动支付的接受度和信任度持续提升；二是客户主要基于借记卡、信用卡和支付账户使用移动支付；三是移动支付在创新发展中面临新的风险，亟须化解，支付类病毒增长迅猛，这些病毒可以窃取、截获手机短信验证码，并通过网络进行转移，再结合用户的身份证、银行卡号等信息，窃取用户资金。部分不法分子利用钓鱼网站，或者通过病毒、木马等链接嵌入二维码、伪冒 WiFi 局域网、伪造客户身份证来更换客户手机 SIM 卡等方式，盗取用户信息和账户资金。安全性是移动支付用户最看重的因素。

随着金融新技术的出现和创新应用，商业银行、运营商、清算组织、支付机构、手机厂商等市场主体积极开展合作，探索合作共赢的商业模式，推出一系列特色手机产品及应用软件，并在商家推广部署多种支付方式及相关设备，营造智能支付安全环境，为移动远程支付和近场支付的应用构建良好生态，例如中国工商银行的扫码取现、中国农业银行的农银快 e 付、中国银行的二维码支付产品、中国建设银行的龙支付创新支付产品（扫码支付、手机闪付、声纹取款、手机闪取）、交通银行的立码付、华夏银行的移动银行二维码收款、招商银行的手机取款、浦东发展银行的智慧手机银行、中国银联的云闪付云端移动支付产品、支付宝的城市服务（“智慧城市”）、财付通的微信支付和 QQ 钱包、拉卡拉的拉卡拉手环、天翼电子的翼支付付款码等。

移动支付产品的不断创新推出，大大促进移动支付业务的普及和推广。在安全模块及加密技术方面，市场主体积极进行 HCE、NFC 等技术应用的探索与尝试；在身份识别及认证技术方面，市场主体则继续尝试使用人脸、指纹、虹膜、静脉等生物特征作为身份验证要素，以提升移动支付的安全性；在支付设备方面，以智能手环、WATCH 类产品为主的可穿戴设备已应用于移动支付，并涉及公共交通、旅游、便利店等行业或领域。

随着城乡一体化进程的加快和农民收入水平的持续提高，农村用户的网上购物、娱乐消费等新的消费需求增长迅猛。移动支付已逐步成为解决农村金融支付服务需求的切入点。与实体营业网点相比，移动支付的交易成本和硬件成本更低，同时移动支付服务“三农”已成为各方竞争的新的市场热点，例如，中国农业银行的移动金融终端产品“银讯通”、阿里巴巴集团的“村淘计划”较好地满足了农民迅速增长的金融服务需求。随着智能手机用户的爆发式增长和线上线下业务不断整合，“线上支付＋线下消费”的O2O业务在使用习惯上日益被广大用户接受，带来了使用黏性的提高和应用场景的拓展，同时市场机构为了扩大服务领域，积极扩展O2O应用的深度和广度，逐步向餐饮、酒店、房产、教育等具有较大社会影响力的领域扩展，如大众点评网、携程网、搜房网等。

(四)银联支付技术标准“走出去”取得重大突破

中国银联继续积极支持国家“一带一路”倡议，紧紧抓住机遇，不断拓展沿线国家支付网络。目前，中国银联已在“一带一路”沿线65个国家和地区中的50个市场开展业务，部分国家的银联网络覆盖率达九成以上。继在老挝、泰国协助建立本地银行卡支付系统之后，中国银联又与亚洲支付联盟的会员机构达成芯片标准授权合作。新加坡、泰国、韩国、马来西亚、印度尼西亚等国家的主流转接网络将银联芯片卡标准作为受理、发卡业务的技术标准，标志着中国金融技术标准“走出去”取得了新突破。

(五)NFC支付

在安全模块及加密技术方面，市场主体积极进行NFC等技术应用的探索与尝试。2016年2月，苹果公司在中国上线Apple Pay，采用“NFC＋Touch ID＋SE”的方式，实现了支付体验便捷性和安全性的统一；2016年3月，三星电子公司与10余家国内商业银行及中国银联合作，推出移动支付服务Samsung Pay；华为公司与部分银行签订了合作协议，推出Huawei Pay，采用“eSE＋NFC＋TEE＋指纹识别”的方式实现全手机模式移动近场支付；2016年9月1日，小米公司发布采用NFC技术方案的小米Pay。

(六)云闪付

以Watch类产品为代表的可穿戴设备、手机、银行云闪付卡被成功应用于移动支付，服务于公共交通、生活消费等行业或领域。2016年6月15日，南京银行推出多功能、可穿戴智能支付设备“智e鑫”，可由闪付终端受理，进行小额免密支付，并内置上海公交一卡通应用，支持用户在公交、地铁、轮渡等使用。

(七)新兴的多元化支付为建设智慧城市提供有力支撑

打造智慧交通、建设智慧城市，离不开金融支付的有力支持，多元化的支付方式助力于智慧城市的建设。继广州地铁首创全线网支持银联支付方式过闸乘车之后，中国人民银行广州分行组织中国人民银行肇庆市中心支行、银联广东分公司和辖内金融机构，打造肇庆公交车多元化支付项目，助力广东省打造智慧交通、建设智慧城市。2017年9月，肇庆市公交车多元化支付项目成功上线，不仅在全国首批、全省首个实现银联IC信用卡脱机数据校验(Offline Data Authentication，ODA)乘坐公交车模式，而且支持银联IC借记卡、云闪付手机Pay、云闪付二维码等多种先进支付方式，是目前国内公交车领域金融IC卡及移动支付覆盖最全面、综合应用程度最高的项目，开创了国内公共交通领域多元化支付的新格局！

肇庆公交车多元化支付途径包括：一是脱机数据校验(ODA)模式，乘客使用62开头、带有闪付标识、开通小额免密服务的银联IC信用卡，无须预先充值，即可轻松持卡乘车，交易速度和公交卡持平；二是银联IC借记卡、可穿戴设备、智能手机Pay可通过非接联机小额免密方式快速乘车，同样快捷方便；三是通过银联钱包或银行App展示银联二维码，也可实现扫码便捷乘车。

（八）应用生物识别新技术的新兴支付

在身份识别及认证技术方面，市场主体继续尝试使用人脸、指纹、虹膜、静脉等生物特征作为身份验证要素，以提升移动支付的安全性，如招商银行手机银行推出“刷脸”转账功能，客户通过远程视频进行面部识别确定身份后，能够在线办理20万～100万元的大额转账业务；支付宝于2016年初上线“刷脸”登录功能，支持用户以“刷脸”方式取代“账号密码”方式登录；2016年1月11日，微信首次发布了生物识别认证标准“TENCENT SOTER”，定义了生物识别环节的角色、指标和实现方法；2016年9月，民生银行在其手机银行中成功上线虹膜支付。

（九）聚合支付

聚合支付也称“融合支付”“第四方聚合支付”，是指聚合支付服务机构运用安全、有效的技术手段，集成银行卡支付和基于近场通信、远程通信、图像识别等技术的互联网、移动支付方式，对采用不同交互方式、具有不同支付功能或者对应不同支付服务品牌的多个支付渠道统一实施系统对接和技术整合，并为特约商户提供一点接入和一站式资金结算、对账服务。国内已经出现的钱方好近、PING＋＋、哆啦宝、BeeCloud、Paymax、付钱啦、收钱吧等诸多聚合支付公司，产品同质化较为明显，市场竞争日趋激烈。

聚合支付是支付清算市场热点之一，在帮助特约商户降低系统投入和运营成本、提高支付和对账效率，为消费者提供多元化的支付方式、提升支付体验、改善支付服务环境方面发挥了重要作用。聚合支付的收入来源主要是通过交易返佣和增值服务收费。聚合支付公司通过整合多种支付渠道和海量小微商户，做大长尾的交易流量，获得佣金分成利润，甚至作为大商户以较低费率接入支付机构后，再作为“第四方”向接入的小微商户收取手续费，赚取差价。此外，聚合公司还针对运行维护和终端管理、会员账户、现金管理、库存信息管理、供应链管理、广告营销、消费借贷等服务收取费用。聚合支付的发展能有效降低商户的系统投入成本。

随着非银行支付机构和商业银行纷纷推出覆盖全场景的二维码支付产品抢占市场，扫码支付市场呈现出百家争鸣、百花齐放的繁荣，加之银行卡刷卡支付、NFC近场支付等多种支付方式，“一柜多机”的现象比较突出。聚合支付抓住机会，顺应支付多元化的趋势，满足了商户和用户的实际需求，改善了支付环境，提高了支付效率，再次从供给侧优化了对商户和消费者的服务。从图像识别的聚合到支付渠道的聚合，再到服务方式的聚合，从收单业务前端着眼，试图打破垂直的账户体系，实现多种支付渠道的横向链接，将多种支付方式聚合在一个二维码或终端中。聚合支付的诞生和发展，延续了现代支付产业在细分市场—建立壁垒—自成一体—联网通用—再度细分市场、建立壁垒的循环之路。

（十）互联网支付的创新

各商业银行适时把握“互联网＋”战略带来的重大机遇，紧密围绕客户实际需求，整合优势资源，通过推动产品创新升级、积极打造战略品牌、通过搭建综合金融服务平台，有效应对日益激烈的市场竞争环境，保持在互联网支付行业的优势地位。首先，商业银行结合业务发展和客户需求，推出独立支付服务品牌，进一步提升市场影响力和竞争力，如中国农业银行的农银快e付、中国建设银行的龙支付、中信银行的信e付、华夏银行的E商宝。其次，商业银行积极打造开放式金融服务平台，不断提升业务运行效率，降低综合运营成本，为产品创新和市场拓展提供有力支撑。如光大银行的云支付线上收单平台，将大小额支付、超级网银支付、第三方支付等业务进行整合，通过服务功能包装升级，为外部电商平台提供包括跨行支付、资金托管在内的专业化综合支付解决方案；华夏银行的银商通产品，为客户提供资金支付、清算结算、资金存管、信息查询等服务，支持招投标、销售、现货及产权交易所、企业代发工资等应用场景；北京银行的互联网线上收单平台集成本行支付、跨行支付、订单管理、查询对账、差错处理等功能模块，为特约商户提供“一站式”资金结算方案。另外，商业银行深入拓展特约商户，持续丰富业务应用场景，满足客户多元化、个性化的支付服务需求。如华夏银行E商宝产品的服务商户类型包括保险公司、团购网站、旅游网站、基金公司、票务销售平台等；中国民生银行结合Ⅱ类、Ⅲ类账户的便捷性，大力发展在公交、停车、医疗缴费、会员支付方面的应用，积极打造基于银行账户的支付生态圈。

各支付机构积极拓展互联网应用领域，提供多样化的支付解决方案。非银行支付机构积极拓展行业应用领域，提供个性化的支付解决方案，满足单位客户资金结算需求，并为个人客户提供全面的便民、惠民支付服务。首先，在服务单位客户方面，支付机构针对特约商户所在行业领域特点，为其量身定做相应的产品，满足其资金结算和处理方面的需求。如易宝支付通过深挖 O2O 产业特点，推出“掌柜通”产品，为批发零售、生活服务、物流公司等行业商户提供分账体系和资金归集管理服务，解决商户一体化资金处理需求；连连银通与携程、同程、途牛、驴妈妈等特约商户合作，针对商旅行业提出游易付产品项目；易联支付为上海迪士尼乐园提供呼叫中心语音支付及线上支付服务。其次，在服务个人客户方面，支付机构持续打造支付服务生态圈，满足客户衣食住行、投资理财、生活缴费等高频需求，如在投资理财方面，多家支付机构获批为公开募集基金销售机构提供支付结算服务，支付机构通过与证券公司、基金公司、保险公司等合作，提供包括货币基金、定期理财、保险理财、企业贷理财、券商理财等多类产品。

受益良好政策支持，跨境支付业务蓬勃发展。“一带一路”倡议为市场主体拓展跨境支付业务带来更有力的政策支持。当今经济全球化进程加快，国际贸易合作程度逐步深入，消费者对海外优质商品有着旺盛需求，中国制造在海外市场畅销，因此，跨境支付业务呈现生机勃勃的发展态势。据中国支付清算协会统计数据显示，2019 年中国第三方支付机构跨境互联网支付总额约为 7 415 亿元，较 2018 年增加了 2 471 亿元。

三、互联网金融的创新发展

近年来，在政策催化、消费驱动以及资本推动的联合作用下，互联网金融迎来了重大发展机遇，整体保持规模增长，不同业态呈现分化发展，互联网金融受到资本追逐，行业投融资持续活跃，获得前所未有的爆发式增长，互联网金融的创新产品和创新服务不断出现。

（一）P2P 网络借贷合规创新转型

在经过几年的无序和快速发展之后，P2P 网络借贷行业经历了互联网金融风险专项整治，在《网贷管理办法》严格监管下，市场机构积极进行业务合规调整和战略调整，行业加速优胜劣汰。问题平台数量和投资利率双降，行业呈良好发展趋势。P2P 网贷行业的业务规模、参与人数持续扩大，行业发展势头良好。消费金融、车贷业务、小额信贷等成为行业创新转型热点。此外，部分平台进行品牌创新升级，启动集团化战略，在满足合规监管要求的同时，积极布局大数据风控、资产管理、互联网小贷领域。

（二）互联网消费金融爆发式增长

当前，数亿网购人群、数万亿元的网上零售额和消费者的超前消费意识催生出庞大的互联网消费金融市场。互联网消费金融最主要的产品是商品消费分期和小额消费现金贷款。互联网消费分期类产品主要的场景为 3C、装修、租房、旅游、医疗美容、教育等，此类消费场景的综合电商平台、垂直细分领域销售平台等拥有流量，并利用所积累的用户数据进行大数据风控，给予消费者精准、快捷的分期贷款服务。小额消费现金贷款（俗称现金贷），其主流模式主要借鉴了国外的 payday loan（发薪日贷款）。与国外类似，国内的现金贷也具有快速放款、金额小、期限短、利率高和无场景的特点，这些特点体现了其突出的互联网基因，由互联网金融平台运营和风控，通过线上获客、大数据建模、风控授信，再通过线上放款。

（三）互联网保险产品和服务创新步伐加快

随着区块链、云计算、大数据、人工智能等先进技术在保险领域的应用不断深入，许多创新型保险公司正在通过新技术的应用，改变着传统保险行业的产品设计、定价、营销以及服务方式。在人工智能方面，越来越多的保险公司使用聊天机器人和虚拟代理人在承保和理赔领域进行探索尝试，如众安保险旗下子公司众安科技推出的智能客服机器人，能提供全天候一对一咨询服务和销售服务；在大数据运用方面，大数据为提高保险费率精算水平提供了重要支持，而可穿戴设备、移动医疗设备的兴起也提供了更多数据来源。部分保险公司尝试通过数据分析和概率精算，改善保单设计、实现差异化定价、改善保险索赔欺诈监测等。此外，继安心财险使用腾讯金融云实现 6 个月快速开业，成为国内首个全系统在“云”上的保险公司之后，越来越多的互联网保险公司正在运用云计算服务提升效率，改善用户体验。

（四）网络银行业务快速发展

得益于金融科技的发展、用户消费习惯的转变以及银行利率市场化步伐的加快，网络银行保持增长态势。网络银行通常不设物理网点，客户主要通过网上银行、手机银行、微信银行等远程获取金融产品和服务，因为没有实体网点的运营管理费用，网络银行通常能提供更具竞争力的存贷款价格和手续费。近年来，许多商业银行通过直销银行，拓展网络银行业务，随着民营银行试点的放开，互联网企业也在积极申请设立互联网银行。2016 年月 12 月 30 日，中信银行与百度联手设立的百信银行获批筹建，成为我国第一家具有独立法人资格的直销银行，该类银行的批准设立有望破除直销银行发展瓶颈，改善目前直销银行销售渠道有限、与母银行难以区分、客户感受程度低等问题，进一步促进直销银行发展创新和作用发挥。

（五）互联网小贷成为创新发展方向

由于具备跨区经营和放贷资质，互联网小贷牌照目前在市场上关注度极高。互联网小贷的出现打破了传统小贷的业务范围限制，可通过互联网在全国范围内开展业务，具有“互联网＋金融”双重属性，因而成为各大企业和小贷公司竞相申请的对象。以阿里巴巴、京东、腾讯为代表的知名互联网企业和以海尔、TCL 等为代表的实力雄厚的线下传统企业或上市公司往往拥有大量的客户和交易数据，主要服务的客户群体也是其集团产业链上的中小型企业或其电商平台上的商户。

（六）互联网金融助力农村普惠金融

近年来，互联网金融不断向纵深发展，金融科技在业内的广泛应用大大拓展了普惠金融的实现路径，此外，激烈的市场竞争以及城市流量的日趋饱和，也促进各类互联网金融机构布局广大农村地区这一长期以来金融服务相对匮乏的市场。2016 年底，蚂蚁金服宣布了“谷雨计划”，计划在未来三年内向中国 1 000 个县城落地支付、信贷、保险等综合金融服务，携手合作伙伴发放 10 000 亿元的涉农信贷资金。此外，包括 P2P 网贷、众筹平台在内的越来越多的互联网金融企业开始探索涉足农村金融领域。对互联网金融企业来说，农村市场大有可为，既符合国家政策引导，又是企业在细分领域不断探索新的发展机遇的客观需求。随着智能手机的普及、新一代农民平均学历水平的提升，农村地区尤其是东部地区以及较发达地区的农村，可以被视为互联网金融企业发展的一片蓝海。未来，随着越来越多的互联网金融企业关注、进入“三农”金融领域，互联网金融行业有望在商业模式、业务规模等方面不断取得新的发展成果，为解决“三农”问题、推动精准扶贫提供新的探索路径。

四、支付清算政策制度、监管机制和应用市场的创新发展

支付体系是我国的核心金融基础设施，是金融业乃至整个国民经济运行的基础。党的十八大以来，作为我国支付体系的组织者、监督者和支付基础设施的重要建设者、运营者，中国人民银行认真贯彻落实党中央、国务院的决策部署和创新发展理念，会同相关部门努力深化我国支付体系改革开放，正确处理政府与市场的关系，更好地发挥政府作用和市场在资源配置中的决定性作用，始终把创新摆在支付体系发展全局的核心位置，坚持问题导向，大力推进服务创新、监管机制和方式创新、应用市场创新，努力向创新要动力，以创新促改革，支付清算行业“四梁八柱”式顶层设计基本完成，发展成就举世瞩目。

（一）央行金融服务不断创新

适应商业银行数据高度集中的发展需要，在第二代支付系统中支持法人银行机构“一点接入、一点清算”，助推法人机构提高对清算账户资金的统筹管理水平。为了更好地满足社会经济金融发展对中央银行支付清算服务的新需求，同时考虑中国现代化支付系统（CNAPS）生命周期以及进一步完善备份系统等实际情况，2009 年底，中国人民银行要求清算总中心启动第二代中国现代化支付系统（CNAPS）建设。网上支付跨行清算系统（IBPS）作为第二代中国现代化支付系统（CNAPS）首先投产的业务系统，于 2010 年 8 月上线运行，大额支付系统（HVPS）、小额支付系统（BEPS）于 2013 年 10 月升级为第二代。银行以法人为单位以“一点接入、一点清算”模式接入第二代

中国现代化支付系统(CNAPS),商业银行的各个分支机构均可使用本行统一的清算账户实现资金结算,支付清算效率和银行资金使用效率得以大幅提高,银行流动性状况普遍得到大幅改善,风险控制更加有效。

针对中国人民银行会计核算主体点多面广的实际,投产运行中央银行会计核算数据集中系统(ACS),实现央行会计核算数据全国集中处理、数据集中存储,提升中央银行会计综合服务水平。中央银行会计核算数据集中系统(ACS)是我国中央银行会计核算和管理工作的一次重大变革,实现了会计核算业务处理和数据管理的全国集中,有利于提高中央银行信息化水平和改善中央银行金融服务。

人民币跨境支付系统(CIPS)的投产运行意义重大。随着中国经济在世界经济发展中的地位举足轻重,人民币也加快了国际化进程。2015 年 10 月,作为支撑人民币国际化和“一带一路”建设的人民币跨境支付系统(CIPS)正式投产,标志着国内外统筹兼顾的现代化支付体系建设取得重要进展。人民币跨境支付系统(CIPS)服务于国家全球化发展战略,截至目前,人民币跨境支付系统(CIPS)共有 28 家直接参与者、560 家间接参与者,范围覆盖全球 6 大洲 85 个国家和地区(含自贸区),境外间接参与者占比 61.43%。人民币跨境支付系统(CIPS)具有以下技术特色:

(1)参与者管理。在这个平台上,境内代理行、海外清算行都可作为人民币跨境支付系统(CIPS)直接参与机构开立资金账户。日间支持参与者从支付系统实时划拨或调减资金头寸,日终系统自动完成资金清零。

人民币跨境支付系统(CIPS)采用开放式的参与者管理模式,支持境外直接参与者接入系统,通过和境内直接参与者建立资金托管关系,获取流动性支持。

(2)运行时序。在运行时序上,人民币跨境支付系统(CIPS)覆盖亚洲、欧洲、非洲和大洋洲等主要的人民币跨境业务处理时区,能为外向型企业在全球主要市场的贸易投资提供便利。

(3)人民币跨境支付系统(CIPS)报文。人民币跨境支付系统(CIPS)报文采用 ISO20022 的金融业通用国际标准,通过定制化的报文设计,提高跨境报文处理的直通率,节省资金在途时间,提高资金结算效率。

(4)数据备份。在报文传输层面采用创新的双活技术,主备中心同时接收和转发报文、对外提供服务,并以自主开发自动化切换工具,实现跨站点一键切换。

(5)国产密码算法。人民币跨境支付系统(CIPS)还是国内首次使用 SM2 国产密码算法的跨行资金清算系统,统一了各参与者对国产密码算法标准的理解及实现,为国产密码算法进一步在国内支付清算领域推广应用做出了贡献。

人民币跨境支付系统(CIPS)的建成运行是我国金融市场基础设施建设的又一里程碑事件,人民币国际化将在人民币跨境支付系统(CIPS)这条“高速公路”上进入飞奔时期。它不仅展现了我国支付体系发展的最新成就，而且促进了人民币在全球使用的范围和速度，更好地为实体经济发展以及国家“一带一路”倡议提供有力的支持。

(二)中国人民银行推出数字票据平台，是区块链技术在票据市场的创新应用

近年来，央行大力推动基于区块链的数字票据交易平台建设。2017 年初，浙商银行首个基于区块链技术的移动数字汇票产品正式上线，并完成首笔交易，标志着“区块链”技术在银行核心业务中实现落地应用。未来银行系统的发展方向可能是数据应用、信息共享。第三方支付系统也在探索如何把自己的能力通过金融云的方式共享出去。共享经济、共享金融逐渐成为行业的主旋律。区块链技术的出现给共享的场景提供了想象空间，金融类机构纷纷开始布局区块链，机构研究的场景多数与交易相关，如跨境支付、智能债券、数字资产与交易后清结算等。

(三)创建电子支票存票平台，为电子支票业务开展提供支撑

电子支票是客户向收款人签发的、无条件的数字化支付指令，它通过互联网终端或无线接入移动设备来完成传统实物纸质支票的所有功能。电子支票与实物纸质支票一样受金融条例规管和法律保障。2016 年，广州与香港合作建立跨境存票服务平台，开展粤港跨境电子支票业务，实现跨境支付清算，其存票服务平台主要包括：一是香港电子支票跨境存票系统，实现客户存票、结果反馈、信息跟踪等功能；二是粤港电子支票跨境业务处理系统，依托广州银行电子结算中心的票据交换综合信息系统，实现银行处理粤港电子支票跨境业务；三是粤港电子支票跨境结算系统，与香港银行同业结算有限公司(Hong Kong Interbank Clearing Limited，HKICL)对接实现实时核查、提交、清算、文档交互等功能，与广州票据交换系统对接实现境内清算。其业务流程如图 8—1 所示。

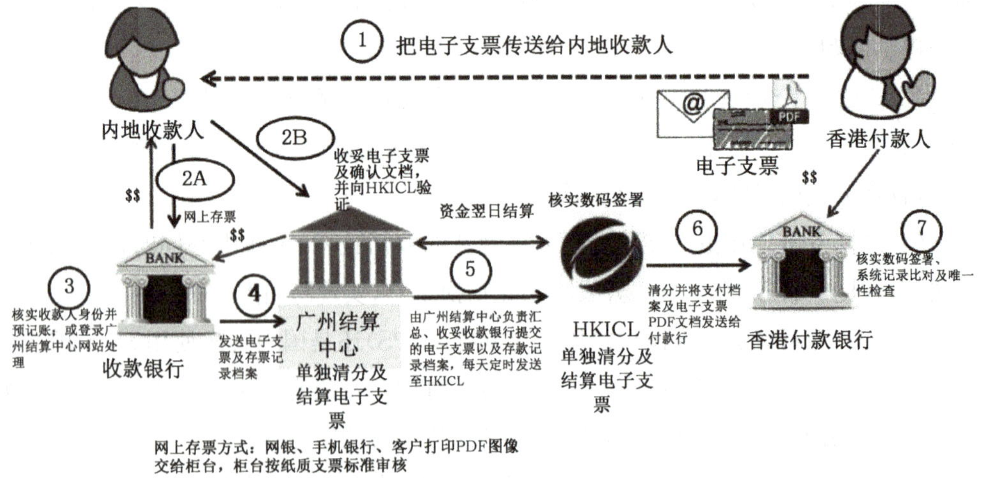

图 8—1 粤港跨境电子支票程

随着我国金融改革的不断深入，支票业务萌生创新驱动的发展动力，新兴的电子支票将广泛使用，未来可能形成区域电子支票存票平台、跨区域电子支票存票平台、跨境电子支票存票平台。积极开展电子支票业务，探索构建我国多次层电子支票存票平台体系，将有利于中国金融业扩大对内对外开放，提升金融服务水平。

（四）网联支付清算平台的建设，将开创支付清算新格局

中国人民银行针对非银行支付机构与商业银行多头连接开展业务成本高、清算效率低的实际问题，指导市场主体本着“共建、共有、共享”理念，建设运行非银行支付机构网联支付清算平台，为非银行支付机构提供统一、透明的资金清算服务，促进市场主体的业务创新。与传统清算平台建设不同，网联支付清算平台作为我国重要的金融基础设施，首次运用分布式架构开发建设，在我国支付行业发展历史乃至金融基础设施建设发展史上都具有划时代的意义。

网联支付清算平台的主要职责是成为网上交易的清算平台，把清算功能从第三方支付公司剥离，切断第三方支付和银行的直连，并充当银行与第三方支付的桥梁，保证用户通过第三方支付的交易信息能够公开和透明（见图 8－2）。央行明确规定，至 2018 年 6 月 30 日为止，网络支付的“直连模式”由“网联模式”取代。

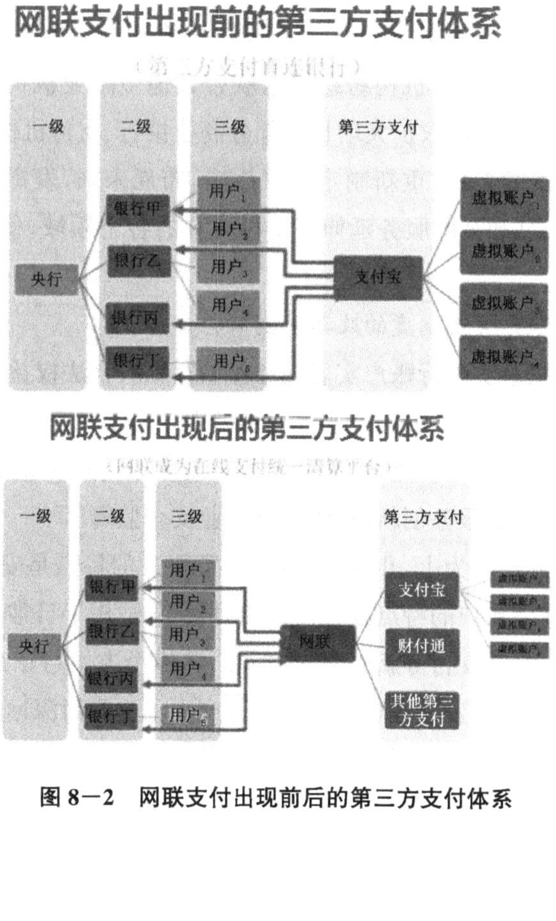

图 8－2　网联支付出现前后的第三方支付体系

网联支付清算平台承担非银行支付机构的线上转接清算职能，在它的支撑下，非银行支付机构将摆脱传统模式下束缚业务发展的桎梏，迎来再一次腾飞。一是将非银行支付机构的支付服务提供主体身份与转接清算职能分离，确保各种类型的市场参与机构站在同一起跑线上，在业务处理、业务价格等方面享受同等待遇，充分发挥面向终端用户的业务创新优势，形成价格和服务的差异化竞争。二是为规范备付金管理提供技术支撑。备付金风险是支付市场不能承受的“重中之重”。因此，《非银行支付机构网络支付业务管理办法》规定，通过对支付账户余额、交易设置限额，限制账户功能，减少沉淀资金规模来控制风险。在网联平台的支撑下，通过系统监控抓住资金转移的链路和环节，寓监管于服务之中，进一步提高非现场监管的覆盖和作用，实现有效监管和高效监管，改写现有条件下一定程度上以牺牲效率为代价的安全策略。三是提升系统稳定性，为服务创新和产品创新提供支撑。

网联支付清算平台结合非银行支付机构业务特点与系统特性，设计了多层次、递进式的风险防控机制，防范参与者信用风险、流动性风险和平台运营风险，同步搭建同城备份系统，保障网联平台具备高可靠性，制订日常监控制度和应急方案，确保业务的连续性。稳定可靠的网联平台将为支付机构的业务创新和服务创新提供有力支撑。部分原本以单一业务起家的支付机构在网联机制的新形势下，将会产生强大的变革需求和面临巨大发展机遇。考虑到单一的业务形态对行业风险抵抗力较弱，原有行业增长趋向平稳或受到冲击，支付机构纷纷寻求联合其他金融业机构或者互联网企业合作，抱团形成产业链优势，以求扩大增长。部分商业银行、支付机构或清算机构正好利用网联测试运行上线的契机，重新制定发展战略，布局未来，发挥自身优势资源和技术，将创新的金融产品和金融服务延伸至支付清算的各个领域，积极发掘和培育利润增长点。

（五）个人银行账户管理制度的改革和创新

中国人民银行以落实银行账户实名制和保护存款人合法权益为核心，按照鼓励创新与防范风险相协调的思路，实施个人银行结算账户分类管理，根据不同开户渠道及其核验程度赋予不同的账户功能，推动我国账户制度改革迈出重要步伐，有利于建立账户安全屏障，推动金融服务创新，强化支付行业安全监管。

个人银行结算账户分为Ⅰ、Ⅱ、Ⅲ三类。Ⅰ类账户的特点是安全性高，资金量大，适用于大额支付；Ⅱ类账户的特点是资金量相对较小，适用于日常支付；Ⅲ类账户便捷性突出，尤其适用于移动支付等新兴支付方式。实施个人银行账户分类管理机制，对中国的个人银行账户体系发展和银行业务经营产生了重要而深远的影响：一是有利于强化账户实名制，通过实施分类管理，根据开户渠道对客户身份实名验证程度的不同，划分银行账户功能，在满足创新的同时强化了实名要求，有效应对了支付业务创新要求。对远程开户采取绑定账户验证身份和使用的制度安排，解决了远程开户身份信息验证不充分、间接认证叠加实名制风险的问题。二是有利于建立账户安全屏障，兼顾支付的便捷性和安全性，便于个人分类管理自己的账户，合理分配账户用途，通过主辅账户实现需求分层管理，满足个人日益多样化、个性化的支付服务需求和其他金融服务。三是有利于推动金融服务创新。开户渠道得以拓展和延伸，银行的获客方式多元化，必将为银行带来新的发展机遇，银行可以此为契机推动经营战略定位调整，重新布局线上线下业务，整合互联网金融和传统运营管理资源，加快电子银行业务创新步伐，提升账户服务的便捷性和客户体验。

（六）银行卡清算市场全面开放及中外银行卡组织同台共舞

银行卡清算市场对外开放，有助于培育公平竞争的市场环境，提升银行卡清算服务水平，构建良好的产业生态体系，加快中国支付服务市场的改革开放和创新转型，充分发挥银行卡拉动居民消费、促进经济增长、助推经济转型升级，以及强化国际经济合作等多重积极作用。银行卡清算市场开放是我国银行卡产业市场化进程中的关键一环，相关政策的出台，搭建了制度框架，为申请人提供了公开透明的准入机会，符合条件的境内外企业均可依法定程序提出申请，依法合规开展银行卡清算业务。国际卡组织进入中国市场，其带来的商业模式、服务理念以及风险控制经验将对我国银行卡产业产生搅动效应，增强银行卡产业的运营和服务的竞争能力，稳固银行卡卡基产业的市场地位。

（七）监管机制和监管方式的创新

通过建立激励与约束相结合的非银行支付机构分类监管机制，进一步提高监管效率。一是明确了支付机构分类评级指标，二是明确了支付机构分类评级的标准及评级结果的运用。对支付机构分类评级管理，有利于进一步调动支付机构发展的积极性。风险管理、系统安全等综合指标水平高的支付机构将在业务开展方面享受一定的政策优惠。业务不规范、管理薄弱的支付机构则需要加强整改、规范业务。对非银行支付机构实施分类评级管理，是中国人民银行在监管方面的积极创新和有益尝试。

（八）非银行支付机构客户备付金存管模式的创新

支付机构客户备付金规模巨大、存放分散，存在巨大的风险隐患。一是客户备付金存在被支付机构挪用的风险；二是一些支付机构违规占用客户备付金用于购买理财产品或其他高风险投资；三是支付机构通过在各商业银行开立的备付金账户办理跨行资金清算，超范围经营，变相行使中央银行或清算组织的跨行清算职能，甚至有些支付机构借此便利为洗钱等犯罪活动提供通道，从而增加了金融风险跨系统传导的隐患；四是客户备付金的分散存放，不利于支付机构统筹资金管理，存在流动性风险。针对上述问题，2013 年 6 月，中国人民银行发布了《支付机构客户备付金存管办法》，明确和细化关于客户备付金的监管要求，对客户备付金存放、归集、使用、划转等存管活动作了严格规定，强化支付机构的资金安全保护意识和责任，以及备付金银行的监督责任。

(九)结算违法违规行为举报奖励机制的创建设施

中国人民银行发布的《支付结算违法违规行为举报奖励办法》指出，任何单位和个人均有权举报支付结算违法违规行为。举报奖励的实施主体为中国支付清算协会；适用主体涵盖支付市场的各类参与主体，包括银行业金融机构、非银行支付机构、清算机构，以及无证经营支付结算业务的单位和个人；适用范围针对支付结算领域，包括银行账户、支付账户、支付工具、支付系统等支付结算业务的各类违法违规行为。举报奖励机制的建立对维护公开、公平、公正的支付结算秩序具有积极意义。

(十)银行卡收单业务风险信息共享平台的创建

风险信息共享平台包括行业风险信息共享系统、银行卡收单外包机构登记及风险信息共享系统、风险事件协查管理系统三个系统。行业风险信息共享系统主要支持会员单位对不法商户和不法个人风险信息进行共享。银行卡收单外包机构登记及风险信息共享系统通过对从事银行卡收单业务的会员单位的合作外包服务机构的信息进行登记，掌握外包服务机构信息全貌，当外包服务机构发生风险事件时，由相关会员单位录入对应的风险信息，系统将风险信息推送至该外包机构有合作关系的系统用户，为会员单位防范银行卡收单外包业务风险提供及时有效参考并采取相应措施，切实发挥风险警示作用。风险信息共享平台以信息共享为手段，以加强风险联防能力、降低行业风险水平为目的，通过构建行业统一的风险信息共享渠道，为会员单位事前预警、事中控制和事后处置支付业务风险搭建公共平台。

(十一)客户信息安全受到高度重视

《中国人民银行金融消费者权益保护实施办法》强调对金融消费者个人金融信息的保护，保障金融信息安全。与此同时，针对个人敏感信息泄露、窃取事件时有发生的情况，为强化银行卡信息安全管理，打击和预防银行卡盗刷案件，中国人民银行还发布了《中国人民银行关于进一步加强银行卡风险管理的通知》，要求各商业银行、非银行支付机构、银行卡清算机构加强对支付敏感信息的内控管理和安全防护工作，加强银行卡风险管理，开展整治非法买卖银行卡信息专项行动，保护消费者的资金和信息安全。

(十二)创建电信网络新型诈骗涉案账户紧急止付和快速冻结机制

自 2016 年 6 月 1 日起，各银行业金融机构、公安机关通过接口方式与电信网络新型违法犯罪交易风险事件管理平台连接，实现对涉案账户的紧急止付、快速冻结、信息共享和快速查询功能，对紧急止付、快速冻结业务流程进行了规范，并要求银行、支付机构对涉案账户或可疑账户采取业务限制措施，大幅提升了公安机关查询、止付和冻结涉案账户的效率，有效切断了电信诈骗资金链。另外，从加强账户实名制管理、转账管理、银行卡业务管理、可疑交易监测等七方面入手，有效遏制买卖账户和假冒匿名账户势头，阻断电信网络新型违法犯罪资金转移的主要通道，最大限度地保护群众资金安全。

本章小结

1. 我国的支付清算市场发展逐渐呈现专业化、市场化、多元化的趋势，各类新兴支付工具层出不穷，极大地丰富了支付清算服务的深度和高度，使我国的支付清算网络不断完善，支付清算效率和服务水平大幅提高，为畅通货币政策传导、促进国民经济健康发展发挥了重要作用。

2. 清算市场主体的发展趋势主要有以下三个方面：第一，银行业加大电子银行业务的投入，鼓励客户使用网上银行等方式完成支付；第二，第三方支付机构围绕起其目标客户，深耕市场细分领域，不断推出便利的支付产品；第三，转接清算组织以商业银行为主要的服务对象，承担跨银行跨地域的支付骨干清算通道，业务发展呈现向企业机构拓展的趋势。

3. 创新驱动是支付清算发展的动力，创新居国家发展的核心位置。对于作为国家的核心金融基础设施的支付清算体系，金融创新是保持发展的重要动力，也是支付清算体系快速发展的重要特征。具体而言，呈现以下几个方面：一是支付清算工具的创新，主要包括：票据电子化，票据数字化，票据资产证券化，银行卡走进“芯”时代，特色化预付卡产品服务；二是支付清算方式的创新，主要包括：票据交换业务的外延服务创新，条码支付创新应用，移动支付创新应用，银联支付技术标准“走出去”取得重大的突破；三是互联网金融的创新发展，主要包括：P2P网络借贷合规创新转型，互联网消费金融爆发式增长，互联网保险产品和服务创新步伐加快，网络银行业务快速发展，互联网小贷成为创新发展方向；四是支付清算政策制度、监督机制和应用市场的创新发展，主要包括：央行金融服务不断创新，中央银行会计核算数据集中系统(ACS)投产运行，人民币跨境支付系统(CIPS)投产运行。

思考题

1. 随着技术的变革，我国的支付清算业务呈现出哪些发展趋势？
2. 人民币跨境支付系统(CIPS)存在哪些特色？
3. 监管当局应该如何监管创新，保证创新支付清算合规健康发展？

参考文献

[1]国际清算银行. 国家支付体系发展通则[J]. 支付结算工作简报,2006(5).

[2]中国支付清算协会. 支付清算理论与实务[M]. 北京:中国金融出版社,2017.

[3]苏宁. 支付体系发展指南[M]. 北京:中国金融出版社,2010.

[4]中国人民银行支付结算司. 中国人民银行大额实时支付系统简介[J]. 金融电子化,2005(9).

[5]杨涛. 中国支付清算发展报告(2014)[M]. 北京:社会科学文献出版社,2014.

[6]杨涛,程炼,等. 中国支付清算发展报告(2020)[M]. 北京:社会科学文献出版社,2020.

[7]中国人民银行支付结算司. 非银行支付机构网络支付业务管理办法[EB/OL]. http://www. pbc. gov. cn/zhifujiesuansi/128525/128535/128629/3301282/index. html.

[8]中国人民银行支付结算司. 网上支付跨行清算系统运行管理办法[EB/OL]. http://www. pbc. gov. cn/zhifujiesuansi/128525/128535/128626/2853924/index. html.

[9]Thammarak Moenjak. 中央银行学[M]. 北京:中国金融出版社,2015.

[10]周小川. 保持金融稳定,防范道德风险[J]. 金融研究,2004(4).

[11]祖天殊. 我国金融监管体系存在的问题及对策[J]. 黑龙江对外经贸,2011(3).

[12]中国银行保险监督管理委员会. 中华人民共和国外资银行管理条例实施细则[EB/OL]. http://www. cbrc. gov. cn/index. html.

[13]许君荣. 支付清算系统发展中面临的主要问题及建议[J]. 财经界,2011(6).

[14]艾瑞. 2019 年中国第三方支付行业研究报告[EB/OL]. http://souhu. com/a/298149877_313170.

[15]中国期货历史上十大案例——触目惊心的多空大战金融从业者必读:中国期货历史上十大案例[EB/OL]. http://blog. sina. com. cn/s/blog_d3789d880102xmzf. html.

[16]胡慧芳. 复盘:支付宝与微信的五年攻防战[EB/OL]. https://www. huxiu. com/article/258726. html? h_s=f4.

[17]中国人民银行. 河北省第二代支付系统成功上线运行[EB/OL]. http://www. pbc. gov. cn/.

[18]什么是第二代支付系统[EB/OL]. http://www. gaoyou. gov. cn/,2013—11—07.

[19]胡波. 解析央行第二代支付系统及其影响[J]. 银行家,2012(4).

[20]巴曙松. 网联的成立对第三方支付格局会有哪些影响? [EB/OL]. http://www. sohu. com/a/193000686_116173.

[21]温绍军. 中央银行支付清算服务收费研究[EB/OL]. http：//www. doc88. com/p??97539989352. html.

[22]王召. 我国商业银行收费存在五大问题[J]. 上海证券报，2007(11).

[23]李义奇. 我国商业银行服务收费问题研究[J]. 中国经济时报.

[24]李东卫. 对我国商业银行服务和收费问题的思考[J]. 金融教学与研究，2012(4).

[25]任丽丽. 支付结算服务收费的法律、政策和监管问题研究[J]. 经济师，2009(11).

[26]卢义良，吴文新，程银生，等. 商业银行支付结算服务收费标准透析[EB/OL]. http://b2b. toocle. com/detail-6231531. html.

[27]中国证券市场上的乌龙指事件[EB/OL]. http://www. fxsola. com/jiaoxie/jx741. html.

[28]中国支付清算协会. 支付清算理论与实务[M]. 北京：中国金融出版社，2015.

[29]褚伟. 国际金融中心支付清算体系比较及对上海的启示[J]. 上海金融，2007(1).

[30]王广谦. 中央银行学[M]. 北京：高等教育出版社，2011.

[31]何军学. 人民币跨境清算研究[EB/OL]. http://www. m. xzbu. com.

[32]申蕊. 人民币跨境支付清算系统研究[EB/OL]. http://www. m. xzbu. com.

[33]PayPal 平台收汇案例引发的洗钱风险思考[EB/OL]. http://blog. sina. com. cn/s/blog_ee39bcb60102wyxz. html.

[34]中国支付清算协会. 中国支付清算行业运行报告(2017)[M]. 北京：中国金融出版社，2017.

[35]范一飞. 我国支付体系发展与展望[J]. 中国金融，2017(12).

[36]杨涛. 以电子支付创新助力普惠金融[J]. 中国支付清算，2016(3).

[37]徐忠，姚前. 数字票据交易平台初步方案[J]. 中国金融，2016(17).

[38]张威. 央行明确网络支付必须通过网联平台“直连模式”即将终结[EB/OL]. http://www. caijing. com. cn/，2017—08—06.

[39]肇庆公交实现银联云闪付、ODA 产品全面综合应用[J]. 南方金融，2017(9).

[40]谢平，邹传伟，刘海二. 互联网金融手册[M]. 北京：中国人民大学出版社，2014.

[41]马梅，朱晓明，周金黄. 支付革命：互联网时代的第三方支付[M]. 北京：中信出版社，2014.

[42]张娟. 人工智能给支付清算带来哪些变革[EB/OL]. https://www. iyiou. com/p/85268. html.